ZHUANXINGQI XINSHENGDAI
QINGNIAN QUNTI YU
SHEHUI WENDING GUANXI YANJIU

转型期新生代青年群体与社会稳定关系研究

吴晓燕　李赐平　关庆华　著

人民出版社

责任编辑：翟金明
封面设计：周方亚

图书在版编目（CIP）数据

转型期新生代青年群体与社会稳定关系研究/吴晓燕,李赐平,
　关庆华 著. —北京：人民出版社,2020.6
ISBN 978－7－01－020583－0

Ⅰ.①转… Ⅱ.①吴…②李…③关… Ⅲ.①青年-关系-社会发展-
研究-中国 Ⅳ.①C913.5

中国版本图书馆 CIP 数据核字（2019）第 055692 号

转型期新生代青年群体与社会稳定关系研究
ZHUANXINGQI XINSHENGDAI QINGNIAN QUNTI YU SHEHUI WENDING GUANXI YANJIU

吴晓燕　李赐平　关庆华　著

人 民 出 版 社 出版发行
（100706　北京市东城区隆福寺街 99 号）

中煤（北京）印务有限公司印刷　新华书店经销

2020 年 6 月第 1 版　2020 年 6 月北京第 1 次印刷
开本：710 毫米×1000 毫米 1/16　印张：20.5
字数：370 千字

ISBN 978－7－01－020583－0　定价：75.00 元

邮购地址 100706　北京市东城区隆福寺街 99 号
人民东方图书销售中心　电话 （010）65250042　65289539

目　　录

前　言

实现社会稳定是国家治理的重要目标,而社会活动中的主体——人的因素会对社会稳定产生重大影响。这一主体中的青年群体,他们的认知、态度、思想、行为以及生活状态会影响到当下和今后的社会稳定,需要引起学界和相关部门的高度关注。

我国正处在重大的社会转型期,在从传统社会向现代社会、从半农业半工业社会向工业社会和信息社会转型的过程中,一方面是社会进入个体化时代,另一方面是社会生活的公共性日益彰显。个体化与公共性之间的张力使得由独立个体结成的群体与社会发展、社会稳定之间的关系日益凸显,尤其是在一个社会中充满希望的青年群体,他们对这个社会如何认知、如何评判、如何选择以及如何行动都会影响到社会结构的稳定和社会秩序的建构。

党的十九大报告指出,青年兴则国家兴,青年强则国家强。青年一代有理想、有本领、有担当,国家就有前途,民族就有希望。当下的青年被称为新生代青年群体,他们对社会稳定的影响,学界认为既有积极的一面,也有消极的一面。当下的新生代青年群体充满朝气,精力旺盛,学习和行动能力强,其成长和发展指向了国家的未来。他们成为社会建设的积极担当者,成为社会主义核心价值观的积极践行者,我们的社会发展就充满希望,社会稳定就有了坚实的基石。但由于转型期经济结构转型、社会结构变迁和社会阶层分化的加剧,青年群体会因成长经历、事业发展、人际交往、家庭婚姻等的个体差异,加之权利意识的增长、社会情绪的积累、互联网的发展等,其思想认识、价值观和行为都会更加多元和分化,从而既可能使他们成为社会责任的主流担当者,也可能因个人处境的劣势化,他们中的部分人会把个人的焦虑、抑郁、抱怨等情绪向他人或社会迁移,进而出现一些有损公众利益和社会秩序的行为。比如,就像研究公平正义的学者指出的那样,青年群体正处于人生的成长期,既缺乏一定的经济基础,也缺乏一定的社会阅历,并不善于深层思考和系统辨析,一些负面信息可能加剧他们的负面认知,导致部分青年成为社会中的不安定因素。在多元文化的冲击下,青年群体对于公正观的态度在很大程度上反映了当下的社会环境,他们的心理感受也表达了他们的生活态度和未来的行动方向①,必须引起高度关注和重视。

习近平总书记在《在庆祝中国共产党成立 95 周年大会上的讲话》中指出:"95 年来,我们党取得的所有成就都凝聚着青年的热情和奉献。全党要关注青年、关心青年、关爱青年,倾听青年心声,做青年朋友的知心人、青年工作的热心人、青年群众的引路人。"②关心青年,就要关心他们的诉求,关注他们的所思所想所为。为此,需要对转型期这个群体与社会稳定的关系进行深入调研和专门考察,毋庸置疑,新生代青年群体对社会稳定有着非常积极的价值,本书侧重分析新生代青年群体的政治经济社会认知、态度、行为等对社会稳定的影响,以便更好地建立社会风险预警机制,采取积极的应对措施防患于未然,促进社会的长期稳定。

新生代青年中有两类非常重要的群体,一类是在校青年大学生,一类是新生代青年农民工。青年大学生是正在接受高等教育的一群年轻人,他们走入社会后期望实现自己和家人、父辈的理想,希望能够顺利乃至成功地融入社会,成为社会的建设者,因此他们的所思所想所为以及他们对社会的认识和对未来的期望,是影响社会稳定的重要因素;新生代农民工是大多没能进入大学的一个群体,年纪轻轻就成为流水线上的工人,甚至需要承载家庭的重任,一旦这个群体及其子女的生存和发展受到影响,或

---

① 刘江宁:《青年群体公平正义问题及其维护机制研究》,《中国青年社会科学》2017 年第 1 期,第 61—66 页。
② 习近平:《在庆祝中国共产党成立 95 周年大会上的讲话》,《人民日报》2016 年 7 月 2 日。

发展空间受到挤压,将会引发这个群体的负面情绪,这种负面情绪如果不能得到有效地释放和化解,就会损害社会的稳定。正如有研究者指出的,我国社会结构转型中最为核心和根本的问题就是农业和农村人口向工业、非农产业和城市的转移。社会流动的增强虽然从某种程度上改变了原有的城乡二元格局,但城乡二元社会格局还未彻底破除。党的十九大报告明确指出"农业农村农民问题是关系国计民生的根本性问题,必须始终把解决好'三农'问题作为全党工作重中之重。"这说明农民问题在以后一段时间内仍是中国社会发展和现代化过程中的主要问题,解决农民问题的路径之一就是农民的城市化,农村人口和农业人口向城市和工业、第三产业的转移主要是依靠青年农民这个群体的转移和转变来实现的。随着大批青年农民进城谋生,成为青年农民工(即新生代农民工),他们能否实现由农民(工)向工人和市民的转变,在很大程度上决定着社会转型和变迁的进程,成为中国社会转型中一个十分重要的关键群体。①为此,对他们进行专门的关注和研究就显得很有必要。

本书专门选取新生代青年群体中的在校青年大学生和新生代农民工为研究对象,专门考察他们对社会稳定的影响。为考察新生代青年群体与社会稳定间的关联,本书分别从政治、经济、社会和文化四个方面设计问题,因为这四方面既关乎新生代青年群体及其家人目前的生存生活状态,也构成他们今后的发展环境与条件,他们对社会的这四个面相的认知、态度及评价既包括对现实的评判,也涉及对未来的期望,社会能否满足其现实的需要和未来的期许无疑会影响他们在社会生活中的行为,进而影响社会的稳定。为此,本书通过采用问卷调查、座谈交流和实地观察等方法获取第一手资料,根据调查资料分析了解青年大学生和新生代农民工的政治认知和态度、政治行为选择、本人及家庭的生存和生活状态、对经济社会发展现状和自我社会适应能力的认知、社会文化生活与观念、城市生活融入状况等,以此分析这些方面与社会稳定的关系,在此基础上

---

① 李人庆:《青年农民:社会转型的关键群体》,《中国青年研究》1998 年第 2 期,第 50—53 页。

寻找其影响社会稳定的原因。党的十八大以来,在习近平总书记关于青年工作的重要论述的指导下,通过制度和政策的完善、企业与社会组织的介入、学校和家庭教育的参与、新生代青年群体自身素质和能力的提升、国家治理和社会建设的推进等方面协同发力,功能互补,落实《中长期青年发展规划(2016—2025 年)》,使新生代青年群体的面貌和发展呈现出崭新的变化,这必将有利于社会的和谐发展与长期稳定。

绪　论

社会稳定是社会和谐的前提和基础,是社会进步和发展的重要保障。在我国,党和国家高度重视社会稳定问题,并在不同时期采取不同的措施维护社会稳定,促进社会协调发展。

当前,我国的经济社会转型正处在关键期,且随着改革开放程度的不断加深,人们的物质生活水平不断提高,现代化的深度、广度和速度都在加速推进。现代化过程中实施的经济、政治、社会、文化的变革与社会稳定有关密切的关系。随着现代化的加速,一些社会矛盾也会不断凸显,能否采取有效措施缓和并化解社会矛盾,是事关国家长治久安的大事。

邓小平同志曾指出,压倒一切的是稳定。没有稳定的环境,什么事也干不成。党的十八大以来,习近平总书记站在党和国家发展全局也强调要妥善处理好改革、发展与稳定之间的关系,"稳定是改革的前提,必须坚持改革发展稳定的统一。只有社会稳定,改革发展才能不断推进;只有改革发展不断推进,社会稳定才能具有坚实基础"①。我国改革开放以来所取得的巨大成就,得益于稳定的国际、国内环境。而我国当下所面临的发展环境,不管是国内环境还是国际大环境,都是复杂多变的。应对这一复杂多变的国内外环境,维护社会稳定,促进社会协调发展,确保全面建成小康社会,是党和政府必须应对的重大挑战。

社会稳定是一种处于动态之中的相对稳定,因为其所处的环境是不断变化的。其中,社会活动中的主体——人的因素会对社会稳定会产生

① 《习近平谈治国理政》,外文出版社2014年版,第68页。

重要影响。这一主体中的青年群体,他们的认知、态度、思想、行为以及生活状态会影响当下和今后的社会稳定。尤其是在当今社会,科学技术日新月异,使得人们的日常生活瞬息万变,青年群体成长的环境发生了并且也发生着巨大的变化。能否正确分析这些变化不仅影响着青年群体的健康成长,更关乎国家的稳定与发展。

正是基于此,本书致力于探讨新生代青年群体与社会稳定的关系。为了解新生代青年群体对社会稳定的影响,课题组在青年群体中选取了两类对象展开研究,一类是在校青年大学生,一类是新生代农民工。在我国,人们对"80 后"和"90 后"青年群体的认识存在一些分歧,有人认为他们是"最没责任心的一代"和"最自私的一代",部分人被贴上了懒惰、狂妄、冷漠、拜金的标签;也有人认为他们仍是有担当和奉献精神的一代,是祖国的未来。他们是理所当然的新生代青年群体。青年大学生是正在接受高等教育的一群年轻人,他们走入社会后期望实现自己和家人、父辈的理想,希望能够顺利乃至成功地融入社会,成为社会的建设者,因此他们的所思所想所为以及他们对社会的认识和对未来的期望,是影响社会稳定的重要因素。

新生代农民工大多数是没能进入大学的一个群体,年纪轻轻地就承载了家庭的重任,开始在外务工,为了生存、为了改变命运、为了前途或是为了理想而奔波。他们出生在农村,但年少或成年后在城市谋生,与他们的父辈外出打工只是为了挣钱回农村过上更好生活的目标不同,他们离开农村是想在城市扎根,没有把回到农村作为最后的退路,但却面临融入城市的一些障碍,成为城市的"边缘人"或城市的新型弱势人群。如此庞大的群体立志在城市落脚,但如果未充分享受到城市人的待遇,一旦这个群体及其子女的生存以及发展得不到很好的保障,不仅关乎他们的前途,更关系到城乡社会的稳定和发展。因此,本书把这一群体也作为研究对象,期望通过了解他们的所思所想,梳理他们的生存状况及其生存发展诉求,提供利于其发展的对策建议,消除社会不稳定的影响因素。

总之,青年大学生和青年农民工以其庞大的社会人口数量、独特的社会思想观念、特殊的社会阶层地位和成长的时代背景构成了青年群体的重要组成部分。本书将青年大学生和青年农民工作为主要考察对象,对二者进行重点研究与考察,就是把握住了青年群体的关键部分。①

一、研究价值与意义

青年是国家和社会的未来,是民族的希望与寄托。从五四运动中青年群体觉醒并作为一支独立的力量登上政治舞台以来,在社会发展的每一阶段,都能看到青年群体强大的社会影响力。当今世界以经济全球化、政治多极化、科技发展日新月异为重要特征,在这样时代特征下成长起来的青年群体,其思想观念、群体结构、具体需求和行为方式也日益多元化,如果转型社会带来的体制机制摩擦加剧了青年群体的现实获得与理想诉求的脱节,可能引起青年群体对社会现实的不满,给社会稳定以及和谐社会的建设带来挑战。

青年大学生和青年农民工以其庞大的数量、多样化的社会思想观念、特殊的社会阶层地位成了青年群体的重要部分。以青年大学生为代表的青年知识分子和以青年农民工为代表的城市建设者,是当下和将来中国社会的精英和劳动大军的重要来源,并将成为未来中国社会的"白领阶层"和"蓝领阶层",对我国经济建设和社会发展产生着重大影响。故本书将青年大学生和青年农民工作为新生代青年群体的主要考察对象,研究新生代青年群体与社会稳定的关系,其价值和意义在于:

(一) 有助于引导青年群体健康成长,成为推进社会稳定的力量

近年来,青年群体的发展状况不仅引起了各级政府和社会各界的广泛关注,也成了国内外众多理论工作者探讨的热点问题。毛泽东同志关于青年人"好像早晨八、九点钟的太阳……世界是属于你们的,中国的前途是属于你们的"的论断充分说明青年是推动人类社会不断向前发展的

---

① "青年大学生"就是本书的研究对象"在校青年大学生",包括专科生、本科生和研究生,一般简称为"青年大学生"或"大学生""青年学生";"青年农民工"和"新生代农民工"指代的是同一对象,经常互用。

重要力量。党的十八大以来,以习近平同志为核心的党中央高度重视青年工作,反复强调"青年一代有理想、有担当,国家就有前途,民族就有希望"①,勉励青年一代要在实现中华民族伟大复兴中国梦的伟大征程中建功立业,并认为中国梦必将为当代青年实现人生理想、创造美好生活打开无比广阔的空间,他还要求全党全社会要努力为广大青年成长成才创造条件。②

　　青年大学生和青年农民工是新生代青年群体的重要组成部分。在我国,这两个群体数量庞大,《中华人民共和国 2018 年国民经济和社会发展统计公报》显示,2018 年我国研究生和普通本专科在学总规模超过 3100 万,其中在学研究生 273.1 万人,毕业生 60.4 万人;普通本专科共有在校生 2831.0 万人,毕业生 753.3 万人③;2019 年全国普通高校毕业生预计 834 万人,如果考虑到近几年逐年增长的海外回国毕业生人数,2019 年毕业生将接近 900 万之众。④ 来自《中华人民共和国 2018 年国民经济和社会发展统计公报》的数据显示,全国农民工总量 28836 万人,比上年增长 0.6%,在农民工总量中,外出农民工 17266 万人,增长 0.5%,本地农民工 11570 万人,增长 0.9%。⑤ 国家统计局发布的《2017 年农民工监测调查报告》显示,在外出农民工中,进城农民工 13710 万人,比上年增加 125 万人,增长 0.9%。2017 年农民工平均年龄为 39.7 岁;从年龄结构看,40 岁及以下农民工所占比重为 52.4%,1980 年及以后出生的新生代农民工逐渐成为农民工主体,占全国农民工总量的 50.5%,比上年提高 0.8 个百分

---

① 《习近平给华中农业大学"本禹志愿服务队"回信,勉励青年志愿者以青春梦想用实际行动为实现中国梦作出新的更大贡献》,《人民日报》2013 年 12 月 6 日。
② 楚国清:《十八大以来习近平关于青年工作重要论述研究》,《北京青年研究》2015 年第 2 期,第 6—9 页。
③ 国家统计局:《中华人民共和国 2018 年国民经济和社会发展统计公报》,新华网 2019 年 2 月 28 日。
④ 《2019 年全国高校毕业生人数再创新高》,新民网 2018－12－18,https://js.qq.com/a/20181218/012452.htm。
⑤ 国家统计局:《中华人民共和国 2018 年国民经济和社会发展统计公报》,新华网 2019 年 2 月 28 日。

点,这是新生代农民工占比首次过半。① 据此推算,青年大学生和青年农民工的总数量近 2 亿,这个群体的生存发展状况如何,事关这代人的成长,也关乎社会与国家的稳定。

要了解这个群体与社会稳定有何种关联,就需要了解他们对我国经济、政治、社会和文化各方面的认知、态度、思想及评价,因为这些认知、态度及其评价是基于他们自身的生存发展条件形成的,其所处的社会地位和生存环境决定了他们的认知水平和评价结果。为此,关注他们的生存与发展现状,关注他们的所思所想,才能为他们的成长创造有利条件,促使他们成为合格的建设者和社会稳定的推动力量。

(二) 有助于掌握并消除影响社会稳定的因素,促进社会和谐发展

党的十九大对我国社会主义现代化建设作出了新的战略部署,并明确以"五位一体"的总体布局推进中国特色社会主义事业,从经济、政治、文化、社会、生态文明五个方面,制定了新时代统筹推进"五位一体"总体布局的战略目标。社会建设事关人民的美好生活、社会和谐、社会活力、公平公正,肩负着化解新时代社会主要矛盾,推进国家治理现代化建设,促进经济建设、政治建设、文化建设、生态文明建设顺利推进的使命和功能。党的十九大明确提出中国特色社会主义进入新时代社会主要矛盾已转化为人民日益增长的美好生活需要和不平衡不充分的发展之间的矛盾。民生事业是社会建设的首要工作。解决好民生中的不平衡、不充分发展问题,补齐民生短板,促进社会公平正义,使全体人民都能分享到改革开放和发展的成果,提升人民的生活质量,增强人民的获得感、幸福感,促进社会和谐发展。

现实社会中,社会稳定受到多种因素的影响,如政治因素(政府部门的办事效率、公共服务的内容、基层官员的行为、体制的开放度、受教育机会的公平度、政治参与的机会及其效果等)、经济因素(现行经济体制、家

---

① 国家统计局:《2017 年农民工监测调查报告》,2018 年 4 月 28 日,https://www.tuliu.com/read-79449-2.html。

庭经济状况、收入分配与社会资源占有状况、个人职业前景及其收入水平等)、文化因素(教育体制及其发展状况、家庭教育环境等)、社会因素(社会信任程度、诚信状况、社会关系网络的开放度、个体的社会适应能力与社会交往能力、城市社会融入的可能及能力)等都会从不同角度和层面影响社会的稳定。人是构成社会的最重要主体,如果从社会主体看,各个社会主体及其构成的社会阶层或社会团体同样会对社会稳定带来不同的影响力和影响效果。

正如上文所述,新生代青年群体因其庞大的人口数量构成了一个重要的社会群体,他们的一举一动对社会的稳定都会产生重大影响。尤其是我国正处在社会转型的关键期,经济社会发展在取得巨大成就的同时,由于历史的和现实的、观念的、体制的、政策的、外在的以及社会成员自身的原因,使得新生代青年群体"丰满的理想与骨感的现实"之间存在一定反差,如青年大学生就业难的问题、青年农民工入城定居难以及其子女读书难等问题。如果积累的问题长期得不到解决、窘迫的处境长久得不到改善都可能让青年群体产生不满情绪。更值得注意的是,有些新生代青年大学生群体对其自身的处境极为敏感,这种敏感不仅表现在具体感知这一层面,还体现在善于利用各种形式的传播媒介(如网络)放大这种感知,形成各种"社会舆论"效应方面。而个别青年农民工群体因受自身认知水平的制约,容易受到一些舆论的鼓动,在改变自身命运的努力方式上易走极端。"问题如得不到妥善解决,就会导致诸如社会对抗与排斥的'马太效应',长此以往甚至可能导致人为的与制度性的社会断裂"[①],这无疑会成为影响社会稳定的重要因素。

社会稳定本是一个系统工程,专门研究社会群体中的新生代青年有利于及早发现来自这个群体的可能损害社会稳定的现实和潜在因素,以便尽早构建预防预警机制,系统制定疏导和化解对策,避免出现头痛医头、脚痛医脚的被动局面,从根本上消除不利于社会稳定的因素,为建设

---

① 参见黎野:《构建和谐社会视野下的农民工问题研究的现实意义》,《现代商业》2010年第36期,第283—284页。

和谐社会奠定坚实基础。

（三）有助于我国"三农"问题的解决，实现城乡共享发展成果

党的十九大报告指出，增进民生福祉是中国特色社会主义事业发展的根本目的，要保证全体人民在共建共享发展中有更多获得感。但当前我国经济社会的突出问题是发展不平衡不充分，包括城乡之间发展的不平衡。为此，党的十九大报告继续明确指出，农业农村农民问题是关系国计民生的根本性问题，必须始终把解决好"三农"问题作为全党工作重中之重。作为新生代青年群体主体成员的在校大学生和青年农民工，他们中有相当部分来自农村，承载着父母的期望和个人的理想进入城市求学或打工，希望不再重复父辈的命运，能在城市里扎根并长期安稳地生活下去。他们能否顺利就业、能否在城里安居既关系其个人梦想的实现，也关乎其家庭甚至家族命运的改变，同时关系社会的稳定与和谐。因此，研究这一群体，了解他们的生存生活状况，关注他们的愿望和要求，以及他们对国家、政府和社会的期望，进而更好地实现这一群体与社会的良性互动，使其成为社会发展的建设力量、维护社会稳定的促进力量，让他们在城市能安心生活和工作，既有助于我国"三农"问题的有效解决，也是实现城乡共享发展成果的重要路径。

二、相关研究综述

青年是一个国家和民族的希望，是社会中最具活力的群体，其与社会稳定的关系得到了学界的广泛关注。一些学者认为青年群体对社会稳定具有双重影响，从积极影响来看，青年群体更加关注社会公平正义、关注公共安全（比如食品安全、医药卫生安全、信息安全等），参与意识和参与能力都比较强，加之对网络的熟悉使得他们获得了相对充分的参与机会，这种权利意识的不断增长和安全需要的日益凸显有助于形成新的社会稳定观和稳定共识，进而促进社会稳定。青年群体接受新鲜事物的能力强，愿意承担社会责任，其态度和行为容易对他人产生示范效应，对整个社会

的价值观产生重要的引领作用①,成为社会文明进步和社会公序良俗形成的重要推动力量。青年群体不仅是中国的"未来",也是中国的"现在",这个群体有序、稳定、积极健康的发展有助于青年与社会的和谐,形成良好的社会风尚,并使转型期的中国社会顺利航行。②

当然,因为青年群体的价值观尚未完全定型,市场经济带来的价值多元化、利益个体化等倾向容易让他们的政治态度世俗化,加上社会转型期存在的社会差别、社会分化可能引发他们的不满情绪,如果再遭遇个人婚恋或家庭生活的不幸,受到其他群体性事件的诱导等,容易使部分青年群体对主流价值观形成消极的态度,自我疏离于主流社会或采用激烈的方式表达权利诉求,出现行为失范,③这就将对社会稳定带来消极影响。本书在梳理相关成果的基础上,主要关注新生代青年群体的政治经济社会认知、态度、行为等对社会稳定可能产生的影响,以采取积极的应对措施,防患于未然,实现社会的长治久安。

(一) 影响社会稳定的因素的相关研究

1. 国内相关研究

综合学界对影响社会稳定的因素的考察,总体上可以归纳为政治、经济、文化和社会等因素。④

(1)政治与社会稳定

这里的"政治"是广义理解的政治,进而政治方面影响社会稳定的因素,又可以细分为政治权力的运用、政治合法性、政治参与、政治信仰、政治文化、政治现代化的程度、领导集团的调适能力等。如韩玲梅的研究

---

① 姚亮、吕东霞:《结构与重构:青年对社会稳定的双重影响》,《中国青年研究》2017 年第 8 期,第 110—117 页。

② 栗婉瑛:《中国转型期青年群体对社会稳定的影响及对策分析》,硕士学位论文,太原理工大学 2015 年,第 17—19 页。

③ 姚亮、吕东霞:《结构与重构:青年对社会稳定的双重影响》,《中国青年研究》2017 年第 8 期,第 110—117 页。

④ 笔者汇总了 20 世纪 80 年代至今的研究成果,由于时间跨度较大,个别研究 100 案例和结论仅具有参考意义,同时带有一定的主观性和片面性,其观点需要结合时间与空间重新审视。

认为影响社会稳定的政治因素涉及:政治权力、政治合法性、政治文化、政治参与、政治制度等。① 前述因素是有利于还是不利于社会稳定,具体研究涉及的领域十分丰富,这里对相关研究主要从以下几方面进行归纳:

①政治权力滥用引发政府信任危机,成为社会不稳定的根源

杨海蛟和李宏昌都分析了权力对社会稳定的影响。杨海蛟是从积极的方面分析建立权力制约机制的重要意义,强调了权力制约对社会发展的重要作用②;李宏昌则是在分析 2000 年左右我国发生的重大权力腐败案件的基础上,指出了权力滥用导致权力腐败并进而对社会产生消极影响③。汤啸天同样分析了权力滥用对社会稳定的影响,他更加鲜明地指出政治权力的滥用和不作为是社会不稳定的根源,"政府各职能部门都有明确的分工和权限,如果每个部门都能'看好自己的门、管好自己的人、办好自己的事',就不会有那么多的不稳定因素"④。对此,学界的观点认为,随着经济社会的发展,如果政治权力的运用越来越呈现出扩张的趋势,甚至有可能发展为权力滥用,那么将引发严重的腐败问题。如果不重拳反腐,可能导致对政府的信任危机,或引发社会不稳定。韩宏伟在此基础上进一步指出:为避免政府公信力削弱对社会稳定带来的伤害,政府必须积极营造健康的权力观,努力建构友善互信的政民关系。⑤

②关于亚政治文化影响社会稳定的研究

当今社会是一个多元化的社会,多元文化的共存对社会稳定产生了非常大的影响。曹德本从正相关的角度分析了中国传统政治文化对社会稳定产生的积极影响,认为(中国传统政治文化)"对优秀传统

①　韩玲梅:《影响社会稳定的政治因素分析》,《理论与现代化》2003 年第 3 期,第 61—63 页。
②　杨海蛟:《权力制约与社会稳定》,《政治学研究》1988 年第 5 期,第 27—30 页。
③　李宏昌:《略谈影响当代中国社会稳定的政治因素》,《吉林师范大学学报(人文社会科学版)》2003 年第 3 期,第 86—87 页。
④　汤啸天:《维护社会稳定与提高执政能力》,《社会科学》2006 年第 5 期,第 153 页。
⑤　韩宏伟:《超越"塔西佗陷阱":政府公信力的困境与救赎》,《湖北社会科学》2015 年第 7 期,第 29 页。

实行弘扬超越,实现文化价值观的升华,成为中国特点社会稳定的文化底蕴"①。在政治文化方面,一些与主流政治文化相左的非主流政治文化的传播,易导致政治认同的丧失和政治信仰的淡化,致使人们的政治价值观模糊。在新时期,面对国内出现的种种政治亚文化,郝丽②从积极与消极两个方面全面分析了政治亚文化对社会稳定的影响,认为亚政治文化作为一种观念形态,会在很长一段时间对社会稳定产生影响。就消极方面来说,政治亚文化削弱了主流政治文化的社会化效果、制约着社会的政治认同、影响着政府权威的合法性、束缚着人们社会行为的规范性、影响社会的政治建设,进而危及社会稳定。刘光英认为当代中国社会深刻变革、经济快速发展使政治文化呈现多元并存的格局,多元化政治亚文化的存在不仅影响公民对政治体系的认同,还可能成为社会稳定的潜在威胁。③ 张晶和刘燚专门分析了青年群体中的亚文化,那些身处亚文化群中的青年群体倘若长期受到异质文化、反主流文化的熏染,极易产生越轨行为,甚至走上犯罪的道路,从而对社会稳定构成潜在的威胁。④

③关于政治参与与社会稳定关系的研究

随着人们物质和精神文化水平的不断提升,政治参与意识也不断增强。在政治参与同社会稳定的关系方面,国内的研究成果很丰富,杨亚佳、刘艳梅、廖传忠⑤等,都分析了制度化的政治参与对社会稳定的积极意义,指出"政治参与并非一定能带来政治的稳定,政治参与与政治稳定的统一,不仅有赖于政治系统的开放性,也有赖于政治参与的法制化"⑥;

---

① 曹德本:《中国传统政治文化与社会稳定》,《吉林大学社会科学学报》2000 年第 5 期,第 58 页。

② 郝丽:《政治亚文化是社会稳定的"双刃剑"》,《中共福建省委党校学报》2012 年第 9 期,第 32—35 页。

③ 刘光英:《简论当代中国政治亚文化》,《吉林省社会主义学院学报》2007 年第 2 期,第 49 页。

④ 张晶、刘燚:《文化冲突中的青少年亚文化群特征和成因探析》,《青少年犯罪问题》2006 年第 6 期,第 18 页。

⑤ 廖传忠:《人民政治参与与社会稳定》,《社会科学战线》2002 年第 2 期,第 202—205 页。

⑥ 杨亚佳、刘艳梅:《政治参与与政治稳定》,《社会主义研究》2001 年第 3 期,第 50 页。

如果国家没有建立相应的制度来保障人们政治参与的顺畅实现,个人利益诉求得不到恰当表达,容易引发社会不稳定。程瑜、陈世明主张维护社会和谐稳定,必须鼓励和支持利益相关群体积极主动参与到地方决策和发展中来。①

就农民工的政治参与现状,一些学者也进行了研究。白呈明②、张胜利、孙良③、张祝平④等都分析了农民工政治参与对社会稳定的影响,认为城乡二元的户籍管理制度,使得农民工住地政治参与的渠道缺乏,其非制度化的政治参与呈扩大趋势,参与方式的工具性等都可能影响到社会的稳定。

④政治现代化与社会稳定的研究

聂运麟的《政治现代化与政治稳定》一书,从纵向(政治现代化进程)与横向(各个不同类型国家典型个案)两个维度分析了政治现代化与政治稳定之间的关系。⑤ 同样,李延华、王云江等也从政治现代化的角度阐释了其对社会稳定产生的影响,指出政治现代化的程度、政治思想上是否一致和领导集团的调适能力都影响着社会稳定;而政治现代化包括决策科学化、管理高效化、政治生活民主化等多维度。政治现代化的程度越高,社会的稳定性越强;政治思想上的一致性主要是指人们对现行社会制度的认同,对党和国家的路线、方针和政策的认同,以及对该社会的价值观念的认同等;领导集团能否利用自身制度的优势,采取正确的路线、方针和政策,有效地调适利益失衡,缓和、化解尖锐的矛盾,把社会引出危

① 程瑜、陈世明:《从"维稳"到"参与":社会稳定风险评估新探》,《广西民族大学学报》2015年第3期,第55页。
② 白呈明:《法治下的农民政治参与与农村社会稳定》,《理论导刊》2002年第10期,第35—37页。
③ 张胜利、孙良:《农民工政治参与的现状及对社会稳定的挑战》,《中国青年研究》2008年第7期,第14—18页。
④ 张祝平:《农民政治参与的现实困境与发展路径——基于社会稳定视角的分析》,《浙江师范大学学报(社会科学版)》2009年第5期,第96—102页。
⑤ 聂运麟:《政治现代化与政治稳定》,湖北人民出版社2000年版,第34页。

机,导向坦途,也对社会稳定带来影响。① 任剑涛则在政治现代化视野下从国家转型的角度进一步指出了从根本上维护中国社会和谐稳定的总体思路,即必须有效解决国家与社会的关系问题,探索一个国家与社会健康互动的崭新格局。②

⑤政治体制与社会稳定关系的研究

社会稳定是一个包含很多内容的复杂系统,政治稳定是其重要内容,是社会稳定其他内容的重要前提。为此,研究影响社会稳定的因素就离不开对影响政治稳定的因素进行分析。杨晋川和张传亮③都认为,政治制度的有效性直接关系一个政治体系的稳定,"政治制度的完善和发展是政治稳定所要达到的目的,也是政治稳定最可靠的条件和保证"。④ 容志、陈奇星等也专门论及了政治稳定问题,他们认为:"当政治系统的输出偏离社会群体的需求、甚至不能被有效认同时,政治系统就会因为缺少社会支持而出现不稳定状态。"⑤并主张要深化政治经济体制改革,以巩固政治稳定的社会基础。顾爱华在论及推进国家治理能力和治理体系现代化时也曾阐释了政治稳定、制度创新与社会稳定之间的关系,"稳定的政治结构为社会发展提供了秩序前提,制度创新则为社会发展提供了动力源泉。二者在一'静'一'动'中,为社会和谐关系的达成了发挥各自的优势作用"⑥。

⑥政治文明与社会稳定的研究

周贵卯和赵延民从政治文明的角度分析了政治文明与社会稳定的内在关系。周贵卯从我国当前面临的国内外形势入手,结合政治文明建设

---

① 李延华、王云江、王育德:《浅论我国现阶段社会发展的不稳定因素》,《邢台职业技术学院学报》2003 年第 4 期,第 66—68 页。
② 任剑涛:《国家转型、中立性国家与社会稳定》,《社会科学》2014 年第 11 期,第 13 页。
③ 张传亮:《政治制度的有效性:我国政治稳定的基本前提》,《北京邮电大学学报(社会科学版)》2006 年第 4 期,第 32 页。
④ 杨晋川:《政治稳定与政治制度的完善》,《科学社会主义》1992 年第 6 期,第 50 页。
⑤ 容志、陈奇星:《"稳定政治":中国维稳困境的政治学思考》,《政治学研究》2011 年第 5 期,第 94 页。
⑥ 顾爱华:《国家治理现代化的前提与基础:政治稳定与制度创新》,《行政论坛》2016 年第 2 期,第 30 页。

的特征,指出"……政治文明建设得好有助于维护社会稳定,政治文明每推进一步,社会稳定的力量也就多了一分"①。李建雄和金伟进一步阐释了政治文明与社会稳定的辩证关系,"社会稳定是政治文明的基本特征和重要保证,社会主义政治文明为实现社会稳定提供了重要条件"②。赵延民则从政治文明内容中更小的角度——行政机关政治行为的角度,分析其对社会稳定的意义。赵延民分析了行业不正之风对社会稳定的影响,他认为有些地方和部门,巧立名目,乱收费、乱摊派、乱罚款,有的在执行公务过程中,态度恶劣,作风粗暴,这些不正之风,虽然发生在少数人身上,但却严重地损害了党和政府的形象,破坏了党群干群关系,影响了社会稳定与和谐。③ 这实际上讨论的是政治行为文明与社会稳定的关系。张恒山从文明转型的视角来分析当代中国的社会稳定状态,认为当代中国处在包含着诸多不稳定因素的社会基本稳定状态,并指出当代中国的维稳要点是防止和纠正各级政府的不当行为,深化改革、及时完善各项社会制度。④

⑦司法公正与社会稳定的研究

司法活动作为保护人们权利的最后一道防线,对稳定人们的情绪,促进人与人之间的和谐、人与社会的和谐均具有重要的意义。唐锦宗⑤和吴春莲⑥都从司法的角度分析了司法实践与社会稳定的关联。他们都认为,司法公正是社会稳定的前提、内容和保障,只有司法公正,才能使人民群众内部矛盾得到解决,有效地维护社会安定和国家的法制秩序,即司法公正有助于实现社会稳定。陈柏峰专门对领导干部干预司法问题进行研

① 周贵卯:《试论社会稳定与政治文明建设的内在联系》,《学术论坛》2004 年第 3 期,第 9 页。
② 李建雄、金伟:《社会稳定是实现社会主义政治文明的重要保证》,《理论月刊》2006 年第 7 期,第 25 页。
③ 赵延民:《现阶段影响我国社会稳定与社会和谐的因素分析》,《学术交流》2007 年第 12 期,第 159—162 页。
④ 张恒山:《从文明转型看当代中国社会稳定状态》,《中共中央党校学报》2014 年第 3 期,第 11—14 页。
⑤ 唐锦宗:《司法公正与社会稳定问题研究》,《学术探索》2007 年第 6 期,第 75—80 页。
⑥ 吴春莲:《司法公正与社会稳定问题研究》,《法治研究》2011 年第 7 期,第 90—95 页。

究,他认为这种干预既有基于人情、关系和金钱的腐败性干预,也有基于地方经济发展和社会稳定的治理性干预,并指出这种行政干预不仅对司法公正构成威胁,还有可能给社会稳定带来挑战。①

⑧国际环境与社会稳定的研究

王彩元、左岫仙和汪树民等都分析了国际环境对我国尤其是对边疆地区社会稳定的影响。王彩元认为,国际恐怖主义活动和国际环境、特别是我国周边的环境对我国的社会稳定具有很大的影响。② 汪树民指出,近年来境外敌对势力对我国文化、意识形态和价值观的渗透,构成了影响我国社会稳定的重要外部因素。③ 杨智则在此基础上进一步构建了包括意识形态渗透、境内外敌对势力干涉等外部环境在内的社会稳定综合指数,借以衡量和评判当代中国的社会稳定程度。④

总之,学界对政治与社会稳定的关系的研究内容十分丰富,涉及政治权力、政治文化、政治制度、政治行为等众多领域,揭示了影响社会稳定的多元因素。

(2)经济与社会稳定

与上文的"政治"一样,这里的"经济"也是广义的。经济活动在社会生活中具有多重功能,良好的经济发展不仅能够为社会稳定创造雄厚的物质条件和基础,而且也可以为社会稳定创造良好的社会心理条件,但是如果没有处理好一些关系,那么经济不仅不能促进社会稳定,反而成为社会不稳定的助推力。

①有关公平分配与社会稳定关系的研究

有学者指出,我国初次分配领域结构不合理,再次分配领域不公平,

---

① 陈柏峰:《领导干部干预司法的制度预防及其挑战》,《法学》2015 年第 7 期,第 37—45 页。
② 王彩元:《21 世纪初期影响我国社会稳定的因素分析》,《求索》2005 年第 6 期,第 92—94 页。
③ 汪树民:《当前影响我国社会稳定的多种因素及对策分析》,《政法学刊》2011 年第 6 期,第 74—78 页。
④ 杨智:《转型时期社会稳定指标体系与评价指数体系研究》,《法学评论》2014 年第 3 期,第 138 页。

由此引起的收入差距拉大,成为影响社会稳定的重要因素。汪树民、陆冰、金民卿等①都从社会财富分配的角度分析了其对社会稳定的影响,认为收入的不平等可能会引起对社会的不满情绪②,以致社会秩序遭到破坏,即是说分配不公平影响社会稳定。贾冰在分析收入分配与社会稳定关系时也指出:合理的收入分配能够促进社会稳定,而平均主义和两极分化等不合理的收入分配形式都会对社会稳定造成威胁,并主张要建立一个既有效率又不失公平的收入分配格局,而这种分配格局的形成对于促进社会的和谐稳定至为关键。③

　　②有关就业与社会稳定的关系的研究

　　高校的不断扩招、金融危机的冲击、产业结构的转型等多重因素叠加,使得近年来就业形势愈发严峻。每年几百万大学毕业生涌入劳动力市场,一职难求已成为高校毕业生心中的痛。而就业是人们牟取社会财富,满足生存需要的重要保障,能否实现充分就业不仅仅是求职者自己的事情,也事关家庭、社会的稳定和国家的发展。就业与社会稳定的关系,国内不少学者都高度关注,如龚绵春④、宋林飞⑤、白书祥⑥都认为就业不充分是影响社会稳定的重要因素。

　　农民工群体的就业状况同样会影响社会稳定,钱正武从农民工就业的角度分析了其对社会稳定的影响,指出农民工就业存在职业歧视、就业成本大、劳动强度大、劳动时间长等问题,同时农民工的工资水平低、劳动条件差、缺乏安全保障、缺乏社会保障、劳动合同签约率低,这些都是引发

①　金民卿:《影响我国社会稳定的几个因素简析》,《中国浦东干部学院学报》2010 年第 6 期,第 15—20 页。

②　陆冰:《底线公平:社会稳定的基本保障》,《湖北社会科学》2007 年第 5 期,第 77—80 页。

③　贾冰:《政府稳定偏好下中国收入分配制度变迁研究》,博士学位论文,辽宁大学 2011 年,第 35 页。

④　龚绵春:《试论劳动就业的社会稳定机制作用》,《江西社会科学》1990 年第 4 期,第 149—150 页。

⑤　宋林飞:《当前我国社会稳定性评估与对策》,《南京大学学报(哲学社会科学版)》1996 年第 2 期,第 10 页。

⑥　白书祥:《就业不充分是影响社会稳定的重要因素》,《宁夏社会科学》2008 年第 3 期,第 55—57 页。

社会不稳定的因素。①

③社会保障与社会稳定的关系研究

社会保障具有经济功能,不仅受经济发展状况的制约,而且反过来也影响着经济的发展,对社会经济运行的各个环节有着直接或者间接的影响。社会保障承担着"安全网""稳定器"的角色,在维护社会稳定方面发挥着重要的作用。目前,我国的社会保障体系还不完善,尚未建立城乡一体的社会保障体制,且这种城乡分隔的社会保障制度与城乡民众的期望还存在不小差距,这会成为社会稳定的威胁。吴施楠②、青连斌③、徐广路④等人都分析了社会保障对社会稳定的积极意义。青连斌结合我国目前的社会保障现状,指出了我国社会保障体系的不足及其对社会稳定带来的负面影响。徐广路则是从流动人口的角度探讨社会保障对社会稳定的积极功能,即社会保障有助于提高流动人口的公平感、安全感、信任感、幸福感,从而增进和维护社会稳定。

农民占我国人口的大多数,农村社会是否稳定对整个国家的发展具有牵一发而动全身的影响。杜胜利⑤结合农村社会保障的现实,分析了农村社会保障中出现的问题及这些问题对农村社会稳定带来了哪些威胁,说明农村社会的保障制度和水平与稳定之间存在正相关的关系。李海鸣和詹明也认为完善的社会保障制度对于维护农村社会和谐与稳定的极端重要性,而农村社会面临的疾病、养老、贫困、失业等风险问题业已成为农村社会和谐稳定的重要威胁,其破解之道在于建立起一套

---

① 钱正武:《农民工问题事关社会稳定》,《前沿》2006年第2期,第219—222页。

② 吴施楠:《论社会保障与社会稳定发展》,《延边大学学报(哲学社会科学版)》2000年第1期,第85—88页。

③ 青连斌:《当前中国社会稳定的影响因素及其对策》,《科学社会主义》2012第2期,第103—106页。

④ 徐广路、张聪、李峰:《社会保障对社会稳定的促进作用分析》,《现代管理科学》2015年第4期,第82—84页。

⑤ 杜胜利:《农村社会保障与农村社会稳定关系的研究》,《安徽农业科学》2008年第1期,第368—369页。

较完善的农村社会保障体系。① 余永和则在城乡一体化发展的背景下,进一步廓清人们对农地保障和农村社会保障等有关问题的一些错误思想认识,旨在通过增强农地保障功能与建立现代社会保障制度等综合手段强化农村社会保障体系的功能,维护和增进广大农村的社会稳定。②

（3）文化与社会稳定

文化是社会稳定之魂,有学者从宏观的角度探讨了文化对社会稳定的价值。比如范玉显、雷卫平都从正面阐述了文化对社会稳定的积极效应,指出社会的稳定和发展,国家的独立和振兴,人民的幸福和尊严,都离不开强大的文化支撑。社会成员的思想观念、道德观念、政治观念等都不可避免地要受到文化的影响,在净化人的心灵、人心思稳社会氛围的营造方面,文化都功不可没;文化可以规范社会成员的行为,避免和减少社会冲突,进而保持和实现社会稳定。③

①不良思想文化影响社会稳定

观念影响行动,思想指引行为,一个人思想是否健康,关系到其行为是否符合社会道德要求。毛锋④、王彩元⑤持相同的观点,认为精神文明与人们健康的心理素质和文化行为息息相关,如果一个人的心理素质和文化水平较高,对社会的丑恶现象认识就清楚,对其污染的抵抗就坚决,对不合理、不公平和危及自身利益的行为既敢于反抗,也会产生一定程度的理性容忍,从而有助于缓解社会矛盾和保障社会秩序的稳定。反之,人们若受到不良思想文化的影响,难以辨别是非,处理问题容易走极端,导致矛盾激化进而危及社会秩序。

① 李海鸣、詹明:《农村社会保障制度建设与农村基层社会稳定》,《求实》2006 年第 10 期,第 92 页。
② 余永和:《农地保障的论争与农村社会保障体系的完善》,《农村经济》2015 年第 7 期,第 92 页。
③ 雷卫平:《社会稳定的文化方略》,《学术交流》2012 年第 6 期,第 135—138 页。
④ 毛锋:《论社会稳定与可持续发展》,《北京大学学报(哲学社会科学版)》2000 年第 3 期,第 19—27 页。
⑤ 王彩元:《21 世纪初期影响我国社会稳定的因素分析》,《求索》2005 年第 6 期,第 92—94 页。

②民族文化差异对社会稳定的影响

我国 56 个民族形成的是"大杂居,小聚居"的居住方式,由于长期的地理、历史等因素的影响,不同民族特殊的生产、生活方式塑造了其特殊的民族文化类型,民族间的冲突也主要表现为民族文化的冲突。左岫仙①、杨贺男等比较全面地分析了民族文化差异对社会稳定的影响,认为"民族文化冲突造成的价值观念、民族心理和政治文化的嬗变是影响民族地区社会稳定的隐性文化因素"②;而"伴随着人口较少民族地区现代化进程的加快,在诸多外来因素的冲击下,传统民族文化消亡与重构的趋势日益加剧,对现代化的不适应将越来越深刻,由此产生的矛盾也越来越多"。可见,民族地区的社会稳定有赖于民族文化的沟通和相容。

当然,也有一部分学者看到了文化矛盾、文化冲突对社会稳定构成的潜在威胁。例如,周正刚等人便认为文化矛盾和文化冲突是社会不稳定的内在诱因,文化中的精神信仰、思想理论、道德风尚、价值观念等对维系社会秩序和稳定具有特殊功能,一旦这些因素受到冲击或控制力减弱,社会稳定便会遭遇严重挑战,从而主张采取措施化解文化矛盾和文化冲突。③

(4)社会因素与社会稳定

与前文的政治、经济和文化范畴一样,这里的社会也是一个广义的概念,涉及社会人口、社会阶层、社会关系、社会结构、社会流动等多个方面。不同的学者从这些多元角度去探讨社会因素与社会稳定的关系。

①有关人口流动与社会稳定关系的研究

据国家统计局统计,2018 年全国人户分离的人口 2.86 亿人,其中流动人口 2.41 亿,约占全国总人口的 17.3%。④ 数量如此庞大的人口流

---

① 左岫仙、谷文双:《论人口较少民族的社会稳定》,《黑龙江民族丛刊》2010 年第 1 期,第 30—35 页。

② 杨贺男、齐宏伟:《文化冲突视角下民族地区社会稳定的影响因素及对策》,《学术界》2010 年第 7 期,第 202—209 页。

③ 周正刚:《文化矛盾与社会稳定》,《广东社会科学》2001 年第 5 期,第 31—36 页。

④ 国家统计局:《中华人民共和国 2018 年国民经济和社会发展统计公报》,新华网 2019 年 2 月 28 日。

动,不仅影响着流出地的社会稳定,对流入地的社会秩序也会带来很大的冲击。方秀娟[①]和王彩元[②]分别探讨了人口流动对社会稳定带来的影响,其中方秀娟既考察了人口流动对社会稳定产生的消极影响,也分析了其积极意义。指出人口的大量流动给国家管理带来了压力,比如可能出现违法犯罪的增多、新的犯罪类型和犯罪手段不断产生、群体性事件的高发态势、治安灾害事故和安全事故的增多等,而这些都是引发社会不稳定的因素,即大规模的人口流动会对社会稳定形成冲击。程建新、刘军强、王军等运用社会学的分析方法,分析了人口流动、居住模式与地区犯罪率之间的关系,得出人口流动在某种程度上促进了地区犯罪率的提高,从而对社会稳定构成威胁,但这种影响在很大程度上是通过居住状态等因素起作用的,并号召大家反思城市化的进程及其意外后果,审视住房政策的社会政策属性。[③]

②社会舆论与社会稳定

一般而言,人们把社会舆论理解为公众的意见与看法,是一定社会里某一时期全体成员或大多数人的共同认知和信念,也被视为社会意识形态的特殊表现形式。从这个意义上讲,社会舆论应归为"文化"要素。但考虑到社会舆论的形成离不开社会成员在社会生产和生活交往中的互动,离不开交往中的沟通、碰撞和感染,社会舆论是相关成员信息交流后的一种共鸣,其形成和发挥作用具有强烈的实践意向。基于其社会交往、互动、实践的属性,本书将其归入社会因素,进而分析其对社会稳定的影响。

社会舆论一旦形成,往往会对个体形成强大压力,影响公众看待问题的态度和行为规范。正如斯坦福大学社会学教授格兰诺维特在研究集体行为时提出的"多米诺效应"时指出,社会骚乱往往只需要第一个人的参

---

① 方秀娟:《人口流动与社会稳定》,《中国人口科学》2005 年增刊(S1 期),第 39—43 页。
② 王彩元:《21 世纪初期影响我国社会稳定的因素分析》,《求索》2005 年第 6 期,第 92—94 页。
③ 程建新、刘军强、王军:《人口流动、居住模式与地区间犯罪率差异》,《社会学研究》2016 年第 3 期,第 218 页。

与,"集体意识"被第一个人的行为激活,集体行为就可能全部卷入骚乱,并可能升级为"社会动乱"。

周显超①、安徽社会科学院课题组②和张学涛③分析了舆论对社会稳定的影响,认为社会舆论以其传播的广泛性、自由性等特征影响社会稳定。安徽社会科学院课题组采用实证研究方法,通过问卷分析,得出的结论是,"社会舆论往往会对公众个体形成强大压力,导致公众心理趋同倾向,成为公众看待问题的规范和行为规范,并进而影响部分或整体社会价值观念的变更……从而影响整个社会的稳定"。

在网络社会来临的今天,网络舆论、网络舆情等问题越来越引起政府和社会各界的关注。王晨④阐述了网络舆论与社会稳定的正负双面效应,一方面,网络舆论在表达民情、维护民权、化解矛盾、强化监督等方面都是社会稳定的积极因素,另一方面,网络舆论处置不当造成网络舆情危机,则可能成为社会稳定的消极因子,进而主张加强对网络舆论的正确引导,以维护和促进社会稳定。王灵芝⑤、石新宇⑥等人等则进一步将目光聚焦到青年学生群体中,探讨了青年学生网络舆情与社会稳定的关系,重点研究了青年学生网络舆情的生成机制、治理策略和引导机制问题。张鹏翼⑦则将研究视角放到了新生代农民工的网络舆情问题,主张缩小数字鸿沟进而促进新生代农民工融入城市,维护社会稳定。

---

① 周显超:《舆论引导与社会稳定》,《贵州社会科学》1989年第12期,第21—24页。

② 安徽社会科学院《舆论监督与社会稳定》课题组:《舆论监督是社会稳定的重要手段——"舆论监督与社会稳定"问卷调研报告》,《江淮论坛》2000年第3期,第71—74页。

③ 张学涛:《浅议社会舆论与社会稳定》,《理论导刊》2008年第10期,第63—64页。

④ 王晨:《和谐社会视域下的网络舆论与社会稳定》,《郑州大学学报》2015年第1期,第46—47页。

⑤ 王灵芝:《高校学生网络舆情分析及引导机制研究》,博士学位论文,中南大学2010年,第128—139页。

⑥ 石新宇:《当代大学生网络舆情分析及对策研究》,博士学位论文,辽宁大学2015年,第71—100页。

⑦ 张鹏翼:《基于网络舆情的数字鸿沟与数字融入问题研究——以"新生代"农民工为例》,《情报杂志》2013年第11期,第95—100页。

　　③有关农村社会稳定以及农民流动与社会稳定的关系研究

　　我国是一个农业大国,也是一个农民大国,农村的稳定对全社会的和谐发展具有重要影响。随着国家对"三农"问题的重视程度不断提高,许多学者也将其研究视域转向了农村,张乃剑、窦效民、中国人民武装警察部队学院课题组等都重点研究了影响农村社会稳定的因素。比如中国人民武装警察部队学院课题组通过实证调研,从农民就业和农村社会的利益分化、社会保障、文化建设、基层民主、土地征用等方面,系统地考察了影响农村社会稳定的因素。

　　就农村社会稳定的研究看,一方面是探讨农民外出后对农村社会稳定的影响,指出大量农民外出务工对农村社会稳定也产生了非常大的影响。由于"能人"外出,村庄中难以找到合适的基层干部,一些基层组织软弱涣散,陷入瘫痪或半瘫痪状态,导致法纪教育、义务教育、治安管理等工作难以落实,给农村社会治安乃至全社会的政治稳定都带来了隐患。

　　另一方面是考察农村社会的利益分化对稳定的影响。指出在市场经济冲击下,农村社会出现利益分化,利益过度分化会使低收入者产生相对被剥夺感,如果农村利益过度分化突破了政治制度发展和社会整合力量的可承受限度,并伴随不合理、不合法暴富者既得利益的过分膨胀,这些因素叠加在一起,农村社会的稳定就受到威胁,而不合理、不合法暴富者既得利益的过分膨胀是农村社会不稳定的直接诱因。[1]

　　再一方面是分析农村社会分层对稳定的影响。认为随着城镇化的推进,农村人口尤其是精英的大量外流,使得农村精英缺失与社会控制弱化,成为我国农村社会稳定的隐患。如吴海燕[2]、林建鸿基于改革开放以来我国农村社会分层的演变进程,指出当前我国农村社会"经济型"分层体系下农村精英层缺失、中间层不足、底层群体庞大。致使我国农村目前的社会结构为模糊的"金字塔"形结构,这一结构的抵抗力非常弱,非常

---

①　刘立宏:《农村社会稳定关联因素分析》,《探索》2007 年第 6 期,第 122—126 页。

②　吴海燕:《社会分层体系与农村社会稳定》,《浙江社会科学》2005 年第 3 期,第 111—116 页。

不稳定。①

就农民流动与社会稳定的关系研究来看,一是从农民外出就业所遭遇的困境考察其对社会稳定的影响。指出农村大量的剩余劳动力需要寻找新的就业岗位,尤其是多数农民受教育程度不高,本身择业能力弱,加之现实中存在的农民非公平就业、无保障就业乃至难以就业,容易引发其对社会的认同危机和自我心理危机,进而滋生出对社会的不满情绪乃至仇视、报复心理,出现偏激乃至违法行为,成为社会不稳定因素。

二是从农民进城后权益保障的角度考察其对社会稳定的影响。大量人口从农村流入城市,给城市的社会建设、社会管理带来了极大挑战。钱正武②、张胜利等③分析了农民涌入城市后其面临的境遇对城市社会管理的影响。认为农民工在城市面临政治参与的"边缘化",由于制度化参与的不足导致非制度化参与扩增,这些都影响着社会的稳定。同时,农民工与城市居民之间缺乏实质性的交往与互动;农民工虽在城市,但其社会身份有时无法得到认同,在就业、社保、子女教育等方面无法享受到与城市居民同等的待遇,自己主观上的市民身份有时遭到城市社会和城市居民的排拒。这些都会成为引发城市社会不稳定的潜在因素。

④社会阶层分化对社会稳定的影响研究

除了研究农村社会分化对社会稳定的影响外,还有学者从一般意义上研究社会分层与社会稳定的关系。社会分层是人类社会历史中的一种必然的社会现象,其存在和发展具有深刻的历史合理性,只要有阶层的区别,冲突就不可避免地会作为一个社会事实而存在。蒋俊明④、龙春霞⑤、张素云等⑥

---

① 林建鸿:《合理社会分层与农村稳定》,《云南社会科学》2005 年第 5 期,第 30—33 页。
② 钱正武:《农民工问题事关社会稳定》,《前沿》2006 年第 2 期,第 219—222 页。
③ 张胜利、孙良:《农民工政治参与的现状及对社会稳定的挑战》,《中国青年研究》2008 年第 7 期,第 14—18 页。
④ 蒋俊明:《阶层分化中社会稳定的挑战及政府应对——基于马克思主义利益观视角》,《云南行政学院学报》2008 年第 5 期,第 22—25 页。
⑤ 龙春霞:《当代中国的社会分层对社会稳定的效应分析》,《新疆社科论坛》2009 年第 2 期,第 65—68 页。
⑥ 张素云、李晓燕:《30 年来中国阶层结构变迁中的社会稳定问题研究》,《中国特色社会主义研究》2009 年第 1 期,第 65—68 页。

都分析了合理的社会分层对社会稳定发展的积极意义,同时也剖析了不合理的社会分层可能带来的社会动荡。闻英认为合理的社会分层是社会稳定的关键,她分析了如何通过构建合理的社会分层体系来促进社会稳定,指出应按照机会平等原则、按贡献分配原则、开放合理的流动原则和利益协调原则来构建社会分层体系。① 马传松②、杨文伟③、杨柳④探讨了转型时期我国社会出现的阶层固化现象及其对社会稳定的潜在威胁问题,如损害社会公正、迟滞社会流动、侵蚀社会认同、诱发社会冲突等,并探讨了打破阶层固化、维系社会稳定的若干策略问题。邵红蕊⑤、熊志强⑥、仲怡帆⑦则进一步聚焦青年群体,探讨了阶层固化在青年群体中的表象、特征与成因,分析了阶层固化对青年群体的人格发展的多方面影响,借助"社会变迁—政治系统失衡—政治认同危机"的分析框架,探讨了青年阶层固化对政治稳定的潜在威胁及其破解策略。

(5)有关宗教与社会稳定关系的研究

宗教作为一种意识形态,是一个极其古老的社会现象,其作为一种异己的、超自然的力量在政治统治过程中发挥着重要作用。

辛世俊⑧、胡联合⑨、戴继诚等都分析了宗教对社会稳定产生的影

---

① 闻英:《论合理社会分层结构体系的建构》,《河南大学学报(社会科学版)》2006 年第 2 期,第 74—78 页。

② 马传松、朱挢:《阶层固化、社会流动与社会稳定》,《重庆社会科学》2012 年第 1 期,第 35—39 页。

③ 杨文伟:《转型期中国社会阶层固化探究》,博士学位论文,中共中央党校 2014 年,第 179—199 页。

④ 杨柳:《社会阶层固化:应积极应对的严峻挑战》,《理论探索》2012 年第 5 期,第 50—53 页。

⑤ 邵红蕊:《我国社会转型期青年阶层固化与政治稳定研究》,硕士学位论文,西北工业大学 2015 年,第 29—38 页。

⑥ 熊志强:《当前青年阶层固化现象及其原因探讨》,《中国青年研究》2013 年第 6 期,第 19—20 页。

⑦ 仲怡帆:《阶层固化趋向对大学生人格发展的影响研究》,硕士学位论文,山东大学 2017 年,第 23—40 页。

⑧ 辛世俊:《宗教与社会稳定》,《青海社会科学》1991 年第 4 期,第 96—101 页。

⑨ 胡联合:《辩证认识宗教对社会稳定与发展的双重作用》,《毛泽东邓小平理论研究》2004 年第 11 期,第 71—76 页。

响。戴继诚通过系统考察从古至今、从国外到国内统治阶级利用宗教进行统治的现象,指出宗教因其特殊的意识形态功能与强大的现实力量,在影响社会稳定的诸多因素中扮演着特殊的角色。宗教的"鸦片"功能"固然可以使他们(统治阶级)陶醉于虚幻的梦境,而一旦梦境破灭,或其中的隐秘被识破,他们(被统治阶级)也会'以其人之道还治其人之身'……以'批判的武器'或'武器的批判'回敬统治者"①。这种情况史不绝书,而其对社会稳定的冲击甚至是致命的。同时,不同的宗教之间、同一宗教的不同门派之间的排斥与冲突也会导致社会的动荡与分裂,进而危及社会稳定。当然,也有部分学者主张要全面看待宗教对社会稳定的双面影响,充分发挥宗教对社会稳定的促进作用。高永久便认为宗教整合和调适是构建民族社会稳定机制的十分重要的要素,要积极发挥宗教整合的正向功能,妥善处理好宗教滞后性、触发性对民族社会发展的制约问题,进而维护社会和谐稳定。② 翟希瑞进一步将视角缩小,探讨了农村宗教组织对农村社会稳定的正反双重作用机制,并主张要对农村宗教组织进行引导和规制,以维护促进农村社会稳定。③

2. 国外相关研究

(1)政治与社会稳定的关系研究

世界范围内研究政治与社会稳定关系的学者当数亨廷顿、阿尔蒙德,虽然他们各自研究的侧重点不同,但都对发展中国家社会动荡的原因进行了深刻剖析。美国学者亨廷顿的《变革社会中的政治秩序》一书,从政治制度、政治参与、政治现代化、政治变迁、政治革命、政治改革、政党与政治安定等层面,系统地分析了导致政治不稳定的因素,构建了其影响巨大、结构严谨的政治秩序理论模型。指出现代化产生不稳定性,在由传统社会向现代社会转型的过程中,社会结构发生着巨大的变化,原有的政治

---

① 戴继诚:《宗教与社会稳定》,《青海民族研究》2008 年第 3 期,第 70—73 页。

② 高永久:《宗教对民族地区社会稳定的双重作用》,《甘肃社会科学》2003 年第 4 期,第 5 页。

③ 翟希瑞:《农村宗教组织在社会稳定中的作用机制研究——以河南新村为例》,硕士学位论文,浙江财经大学 2016 年,第 45 页。

体系越来越难以适应社会转型的要求,必然产生社会矛盾与问题。但同时,他又提出,政治不稳定终结于政治制度化:"另一方面,那些已经建立了庞大的现代政治制度的国家,足以对付比现存状态下广泛得多的政治参与,可以认为这些国家是稳定的。"①亨廷顿还特别强调政党对一个国家的稳定作用不可忽视,在高度发达的传统政治制度国家,政党对于政治参与扩大的组织和安排作用是必不可少的,"为了尽量减少政治意识和政治参与的扩大酿成政治动荡的可能性,必须在现代化进程的早期就建立现代的政治体制,即政党制"②。

阿尔蒙德以美国、英国、墨西哥、德国、意大利五个国家为考察对象,历时五年,借助各种形式开展实证调查,完成力作《公民文化》,此著作旨在说明政治文化的构成要素及其对政治稳定的影响。他指出公民文化是一种现代和传统的混合政治文化,政治偏好和认知倾向决定人的政治行为,从而影响政治结构的稳定。并且政治文化的破裂也伴随着普遍的文化破裂,而政治意识、政治的传播模式、党派活动模式、政治参与程度、公民的意识能力等都会影响政治文化的稳定,进而对政治稳定、社会稳定带来威胁。

(2)经济发展与社会稳定的关系研究

马克思、迪尔凯姆、亨廷顿等都认为经济利益的不同,经济方面的不平等,会引起社会动荡。马克思主义者认为,经济利益的不同是引起社会不稳定的深层次根源。迪尔凯姆在《社会分工论》一书中强调了良好的社会分工与社会团结间的关系,但他也分析了变态的分工与社会冲突与矛盾间的关联,并尖锐地指出无法律的分工、强迫的分工和组织不恰当的分工三种变态的分工方式是社会矛盾的导火线。③ 托克维尔和亨廷顿持有类似的观点,他们都认为,经济的停滞并不会引起社会动荡,相反,经济

---

① [美]塞缪尔·亨廷顿:《变革社会中的政治秩序》,李盛平等译,华夏出版社1988年版,第367页。
② [美]塞缪尔·亨廷顿:《变革社会中的政治秩序》,李盛平等译,华夏出版社1988年版,第368页。
③ [法]迪尔凯姆:《社会分工论》,王力译,商务印书馆1933年版。

的发展却会导致社会的不稳定。托克维尔在《旧制度与大革命》一书中分析法国大革命爆发的原因时指出,在法国大革命开始前的二十多年时间里,法国的经济以惊人的速度增长,而其他的配套政策并不完善,所以经济增长就成为法国大革命爆发的导火线。① 在亨廷顿看来,贫困本身就是动乱的障碍,绝对的贫困并不导致社会动荡,唯有经济发展才会导致社会动荡。经济发展水平低,经济增长率和政治动乱之间呈正比的关系;经济发展水平中等,经济增长率和政治动乱之间无明显的关系;经济发展水平高,经济增长率和政治动乱之间呈反比的关系。而且,经济迅速增长的集中受益者往往是少数人,经济发展使经济上的不平等现象越来越严重,进而影响社会稳定。② 即在经济发展水平很低的时期,随着经济增长率的提高,社会的不稳定则不断加剧。

(3)文化因素与社会稳定的关系研究

文化的差异是引起矛盾与冲突的根源,许多社会矛盾与冲突都可以从文化的角度找到其产生的原因,尤其国际上的冲突与对立。从文化角度分析其与社会稳定关系的也当数美国学者亨廷顿,他从 20 世纪 90 年代以来从不同角度分析强调文化的重要作用,在《文化的重要作用——价值观如何影响人类进步》一书中,他录用了十几位不同国家的学者所写的文章,运用交叉分析的方法,结合原殖民地国家的发展实践,分析文化并不是一种孤立的存在,对经济、民主、社会都具有重要影响。③ 而亨廷顿在其另一本著作《文明的冲突与世界秩序的重建》中,更是直接地指出了引起世界冲突的主要根源是文化上的差异和对立,文明之间的冲突是对世界和平的最大威胁。冷战后世界由西方文明、印度文明、中国文明、东正教文明、日本文明、伊斯兰文明、拉丁美洲文明组成,而不同文明的存在,是国际政治局势紧张的根源。只要有多种文明的存在,"一个世

① [法]托克维尔:《旧制度与大革命》,冯棠译,商务印书馆 1992 年版。
② [美]塞缪尔·亨廷顿:《变革社会中的政治秩序》,李盛平等译,华夏出版社 1988 年版,第 368 页。
③ [美]塞缪尔·亨廷顿、劳伦斯·哈里森:《文化的重要作用——价值观如何影响人类进步》,程克雄译,新华出版社 2002 年版。

界:'欢欣而和谐',只能是一种幻影,防止战争的最佳安全保障是重建以文明为基础的国际秩序"。

有关文化与社会稳定的研究中,宗教与社会稳定的关系始终是绕不开的话题。恩格斯在《路德维希·费尔巴哈和德国古典哲学的终结》中强调了宗教对社会稳定的影响,他指出,"中世纪把意识形态的其他一切形式——哲学、政治、法学,都合并到神学中……当时任何社会运动和政治运动都不得不采取神学的形式……要掀起巨大的风暴,就必须让群众的切身利益披上宗教的外衣"①。在马恩之后,埃德蒙·柏克、马克斯·韦伯等西方学者也探讨了宗教对社会稳定的影响。

(4)社会行为、社会分化与社会稳定的相关研究

生活在社会关系网络中的个人会参与不同的社会行动,表现出不同类型的社会行为,个人尤其是群体的社会行为会直接影响社会的稳定。西方学者将多人聚合在一起的行为,分为乌合行为、群体行为和组织行为。乌合行为是一种自发的或有组织却有众多人自发参与的社会行为,一般有行为的自发性、偶然性、匿名性,时间的短暂性,人际互动的敏感性和行为过程的不可控性。组织行为是完全有组织的群众性的社会行为,具有周密的行动计划、严格的组织纪律和明确的目标指向,对社会稳定产生非常大的影响。群体行为会使小规模的上访、请愿逐步酿成大规模的社会运动,在没有很好的引导和处置的情况下,会带来巨大的负面社会效应,将不利于社会和谐。②

社会分化(分层)如何影响社会稳定,是西方学者研究的重要领域。以马克思为代表的"阶级分层理论"、以韦伯为代表的"阶层分层理论"、以涂尔干为代表的"分工分层理论"为社会分层的三大理论,虽然其社会分层依据不同,但都关注"谁得到了什么"和"为什么得到"。这三种社会分层理论对后来学者的思想产生了重大影响。科塞和达伦多夫的社会冲

---

① 《马克思恩格斯选集》第4卷,人民出版社1995年版,第225页。
② 丁水木:《维护社会稳定的两个理论问题》,中国社会学会编:《中国社会学会学术年会获奖论文集NO.1》,社会科学文献出版社2000年版;另见《党政论坛》2000年第11期,第17—20页。

突思想就是建立在这些理论之上的,尤其是建立在"阶级分层理论"和"阶层分层理论"之上。科塞与达伦多夫都认为社会的不稳定是一种正常现象,社会是在冲突中存在与发展的,指出社会冲突现实存在的内在根源是社会利益的不平等分配。

比如科塞认为,处于统治地位的人总是制定出一些政策使社会不平等合法化,倘若这些超过了被统治者能够承受的范围,就会引发社会不稳定。① 达伦多夫从社会结构和社会关系的角度入手,认为所有的人都处于一定的社会结构中,"强协体"决定了人的活动是不可能完全自由的,这种统治与被统治的关系,决定了社会冲突的存在,而这归根结底是由于人处于不同的社会阶层所导致的。他还认为社会始终只能以权威结构形式存在,所以冲突也就会始终存在。② 在这些西方学者看来,社会冲突(其剧烈表现的形式就是社会不稳定)是社会分层的伴随物。

社会稳定作为社会结构和社会关系的一种状态,是社会和谐的基础和前提。没有社会稳定就没有社会和谐,社会主义和谐社会建设的目标就不会达成。前述国内外学者从政治、经济、文化和社会等角度,对影响社会稳定的因素做了较为深入的分析,涉及不同领域的具体问题也做了一定的理论探讨。但专门从社会主体的角度来研究社会稳定,尤其是探讨新生代青年群体与社会稳定的关系的研究成果还不够多。在我国,农民工是个特殊的群体,青年农民工又有着不同于他们父辈的成长环境、社会经历、教育水平、利益诉求和行事方式,是特别需要关注的一个群体;而随着高校的扩招和就业形势的日益严峻,在每年几百万青年学生进入大学校园的同时,又有几百万大学毕业生涌入劳动力市场,这批青年学生的所思所想,他们的生存状况及其成长空间严重地影响着他们对社会的认同,这种认同会影响他们的行为方式进而影响社会秩序。所以对新生代青年群体与社会稳定之间的关系进行研究,既可以为这个群体的生存、发展营造更加有利的条件,也有利于及时发现和化解社会矛盾,建立有效的

---

① [美]刘易斯·科塞:《社会冲突的功能》,孙立平等译,华夏出版社1989年版。
② [德]达伦多夫:《现代社会冲突——自由政治随感》,林荣远译,中国社会科学出版社2000年版。

社会风险预警机制,实现社会的稳定与和谐。

(二)青年大学生与社会稳定关系的相关研究

1.国内相关研究

国内关于青年学生①与社会稳定的关系研究主要集中在青年学生的就业与社会稳定、青年学生的家庭经济状况与社会稳定、青年学生的政治认知、政治情感、政治动机、政治态度、政治价值观、政治信仰、政治行为等与社会稳定方面,具体涉及以下内容:

(1)探讨青年学生的就业与社会稳定的关系

就业作为民生之本是社会稳定之源②。青年学生就业难是目前的现实社会问题,日益引起社会各界的广泛关注,国内的研究普遍认为青年学生就业难不利于社会稳定。比如袁金辉等人的研究虽然考察的是青年群体,当然也包括大学生群体,他们指出青年就业程度与社会稳定息息相关。事实上,在当代,青年问题常常与政治紧密联系在一起③,青年就业问题不仅是个社会问题,也是政治问题④,特别是部分青年在面对就业艰难、难以实现自我价值的时候,内心深处产生焦虑、失衡、对抗、抱怨等情绪,这种情绪如果得不到合理、及时、有效的宣泄和引导,在特定环境的刺激下,可能会使青年群体因情绪失控而做出危害他人生命、公众利益和社会秩序的行为⑤,因而必须采取措施予以化解。张剑从社会稳定的视角对青年学生就业压力产生的原因进行阐释,并且关注青年学生就业压力

---

① 国内多数研究指向的对象为"青年学生",而不是专门使用"青年大学生"这一概念,但其实际上研究的是大学生群体。所以本书在梳理时也多使用青年学生来指代青年大学生。特此说明。

② 白书祥:《就业与社会稳定的关联性探析》,《武警学院学报》2008年第3期,第45—48页。

③ 方俊:《青年与现代化:转型社会中的政治问题》,《中国青年研究》2014年第8期,第30页。

④ 袁金辉、刘琳娜:《基于社会稳定背景下的青年就业问题研究》,《北京行政学院学报》2011年第4期,第102—106页。

⑤ 张婷婷:《青年就业:中国就业面临的新难点》,《河北青年管理干部学院学报》2008年第2期,第25—28页。

对社会稳定的双重作用,适当的就业压力有助于促进青年学生成长,而过大的就业压力则可能诱发一系列心理与行为问题,成为社会稳定的潜在威胁,从而主张构建青年学生就业的社会支持系统,缓解就业压力的同时,增进和维系社会稳定。① 才立琴则进一步聚焦青年群体面临的发展需求和社会压力,并认为过大的社会压力不仅会压制青年健康发展,更会成为社会稳定的潜在威胁。②

(2)考察青年学生的家庭经济状况与社会稳定的关系

青年学生的家庭经济状况对青年学生的成长、家庭教育、心理健康,乃至未来的就业选择都会产生广泛的影响,这些因素又会反射到青年学生的政治认知、政治评价并作用于政治行为。相关研究表明,家庭经济条件较为落后的青年学生长期承受着来自物质和精神的双重压力,更容易发生社会越轨行为,对社会稳定构成威胁。比如阎秀丽等认为,家庭经济状况与学生心理健康的相关性表明,家庭经济条件较差的学生由于经济收入的窘迫和经济地位的低下,使得他们的生活与学习不堪重负,容易出现自我认知偏差,也可能走向孤僻、自卑、脆弱、敏感、虚荣、焦虑等心理误区③,进而出现不利于社会稳定的过激行为。

许晓鸿认为,高等院校的青年学生来自社会各个阶层,家庭环境不同、经济状况各异④,家庭经济困难的学生体验着物质和精神的双重贫困,面临着经济和心理的双重压力⑤,容易滋长自卑、焦虑和沮丧心理,严重影响了身心健康,其中一部分学生甚至还会出现盗窃、抢劫、打架等行为,影响社会稳定。熊志强进一步关注到了当代青年阶层固化的种种表现及其对社会和谐发展与安全稳定的潜在威胁,并从先赋性因素代际复

---

① 张剑:《从社会稳定的视角解读青年大学生的就业压力》,《中国青年研究》2014 年第 10 期,第 16—17 页。
② 才立琴:《压力下的青年发展与社会稳定》,《中国青年研究》2014 年第 10 期,第 5 页。
③ 阎秀丽、苑旸、宋真:《家庭经济状况与学生心理健康的相关性研究》,《济南职业学院学报》2013 年第 2 期。
④ 许晓鸿:《影响高校青年学生稳定问题分析及对策》,《求索》2004 年第 3 期。
⑤ 钱结海:《当前影响社会稳定的高校学生因素分析》,《广西青年干部学院学报》2011 年第 3 期。

制加强和后致性因素改变命运作用日趋弱化等两个角度进行归因分析,进而主张采取措施防止和破除青年阶层固化。①

（3）从政治方面讨论青年学生与社会稳定的关系

一是探讨青年学生的政治心理与社会稳定的关系。政治心理主要由政治认知、政治情感、政治动机以及政治态度等要素构成。②

政治认知过程是整个政治心理体系的基础。在政治认知的过程中,人们不仅会习得各种各类的政治常识,而且会形成一定的政治认同意识和获得成员的归属感。青年学生的政治认知是青年学生对所有政治现象、政治关系的主动反映以及评价性认识。③ 于涛认为,我国高等学校学生的政治认知中普遍存在政治常识不足、政治关注度、敏感度和鉴别力不强等问题④,因而容易受到别人的影响,甚至被利用,做出有损于社会稳定的事情。

青年学生的政治情感是其政治行为的内驱力,是学生政治心理的反馈。青年学生的政治情感对其政治行为乃至社会稳定会产生双重影响。一方面,良性的政治情感,表现为对祖国、对人民、对党、对集体的热爱。青年学生对政治体系的积极政治感情,有利于学生提高对政治体系的认同感、归属感,提高社会凝聚力,从而有利于维护社会的稳定;另一方面,失控的政治情感,特别是受民族主义情感鼓动的政治情绪,则带有较大的盲目性、非理智性,极其容易被不法分子利用,进而做出危害社会稳定的行为。比如尹学朋认为,一定时代的社会矛盾往往在特定青年身上得到集中体现。青年心理发展的不稳定性使之感性多于理智,其高昂的政治热情、积极的态度以及所产生的一系列行为,如果发挥得当,必定将推动社会的进步。反之,则易被不良势力利用,破坏和阻碍社会发展进程。⑤

政治动机作为一个心理过程,包括社会成员的利益需求和政治目标

---

① 熊志强:《当前青年阶层固化现象及其原因探讨》,《中国青年研究》2013 年第 6 期。
② 王浦劬:《政治学基础(第二版)》,北京大学出版社 2006 年版,第 253 页。
③ 程颖:《谈当代青年学生的政治社会化》,《现代教育科学》2003 年第 1 期。
④ 于涛:《大学生群体政治心理研究》,硕士学位论文,内蒙古大学 2012 年,第 19 页。
⑤ 尹学朋、龙志芳:《成长中的政治人——对当代青年学生的政治心理透视》,《天府新论》2007 年第 5 期。

两个重要方面。学者们对青年学生的政治动机进行分析时指出,当前青年学生的政治动机存在功利化的现象,政治价值判断的利己行为,不利于社会的和谐稳定。比如于涛认为,当前我国的部分大学生政治权利动机强烈,个人功利化、现实化动机倾向凸显。① 他们参与政治活动和社会活动往往从个人实际利益出发,兼顾国家、集体利益的意识不强,呈现出鲜明的功利化和现实化倾向。

除此之外,青年学生的政治态度也直接影响青年学生的政治行为,是政治教育和政治影响的结果。比如尹学朋认为,改革开放以来,我国青年学生的政治态度发生了一些变化:首先,一部分大学生的政治价值取向出现问题,日益向世俗化、功利化的方向发展,庸俗的实用主义一度风靡于大学校园。其次,有部分青年学生的思想观念由社会本位倒向个人本位、从理想本位倒向权力本位,对实惠的价值认同导致"经商热""从政热"大肆兴起②,大学生就业时热衷于考公务员或选择到银行、大型企业就是一个例证。彭希林也认为政治态度是影响青年政治行为的主要因素,他还结合青年群体政治态度的特征,提出了转变青年政治态度的机制和方法,并主张通过强化思想政治工作促进青年政治态度转型,以维护和促进社会的和谐稳定。③

二是考察青年学生的政治价值观与社会稳定的关系。学者们认为,青年学生政治价值观既存在积极、务实的政治价值取向,也有政治心态的幼稚、政治选择的功利化以及政治信仰迷茫等个别倾向。青年学生的政治价值观的这种内在冲突,促使青年学生可能会对社会不合理现象做出非理性的、不成熟的价值评价和政治行为选择,进而对社会稳定构成潜在威胁。刘细发指出,当前我国正处在社会转型时期,青年学生遇到了价值的冲突、信仰危机的阵痛。他们是同龄人中最具活力、最有知识且最易接

---

① 于涛:《大学生群体政治心理研究》,硕士学位论文,内蒙古大学 2012 年,第 19 页。
② 尹学朋、龙志芳:《成长中的政治人——对当代青年学生的政治心理透视》,《天府新论》2007 年第 5 期,第 9—11 页。
③ 彭希林:《论青年政治态度的结构、特征与转变》,《中国青年研究》2012 年第 11 期,第 39—43 页。

受新思想、新观念的群体,但由于他们总体上存在着思维方式单一、社会经验缺乏等特点,因此,一方面他们有着强烈的主体意识,能异乎寻常地去关注社会的变化,而另一方面他们的逆反心理又对传统的东西持一种怀疑和批判的态度,对社会中的不合理现象常以旁观者的身份发表议论和批评①,潜在地威胁着社会稳定。董翔进一步从历史的角度考察了改革开放以来青年政治价值观的历史演进与变迁特征,探讨了青年政治价值观教育的基本原则、工作机制以及实践路径问题,特别重要的一点是强调以社会主义核心价值体系为统领和根本作为推进青年政治价值观教育。②

三是探讨青年学生的政治信仰危机与社会稳定的关系。青年学生的政治信仰,主要是指对马克思主义、对共产主义的信仰与追求。国内有不少学者对政治信仰与社会稳定的关系展开过论述,但对青年学生的政治信仰与社会稳定的直接论述则相对较少。一些学者针对现实生活中少部分青年大学生在信仰方面出现的困惑及迷失等问题,指出了现阶段引导青年大学生树立正确的马克思主义信仰观,对坚持及巩固马克思主义在我国意识形态领域的指导地位,缓解社会冲突,实现社会稳定有重要现实意义。③ 邱钰斌以宏观的历史视野为背景,阐释了新中国成立以来我国青年大学生政治信仰的变迁轨迹,深刻指出了当代大学生在政治信仰呈现的模糊多元化、世俗功利化、去政治化倾向等特点,主张以思想政治教育活动以培育与引导大学生的政治信仰。④

四是探讨青年学生的政治参与同社会稳定的关系。学术界对青年学生的政治参与同社会稳定的关系研究得出了如下结论:其一,认为青年学

① 刘细发:《转型时期青年学生价值观教育若干问题的探析与对策研究》,硕士学位论文,江西师范大学 2005 年。
② 董翔:《改革开放以来青年政治价值观变迁研究》,硕士学位论文,天津商业大学 2011 年,第 48—56 页。
③ 徐秦法:《当代青年大学生政治信仰问题研究》,《理论月刊》2011 年第 3 期,第 181—184 页。
④ 邱钰斌:《我国当代大学生政治信仰培育研究》,博士学位论文,西南交通大学 2011 年,第 68—89 页。

生政治参与的理性诉求有助于实现社会稳定。学者通过探讨青年学生的政治狂热现状与政治不稳定的内在关联,建议要帮助青年学生树立正确的政治参与观,引导他们合理、理性地表达政治参与诉求。比如张逸认为,一些青年学生在政治参与中难免受到情绪的影响,情绪化行动则是往往容易导致冲动的行为,所以这些不理性的行为往往成为社会稳定的不利因子。基于此,他认为要培养青年学生政治参与的自律理性,培养青年学生的政治鉴别力以及自控力,同时必须不断提供、拓展制度化的政治参与渠道,为青年学生营造良好的有助于培养政治诉求理性的外部环境和氛围,从而把广大青年学生的政治热情及愿望有效地吸纳到政治体制之中,转化为我们的政治活力。① 因此,青年学生理性、适度的政治参与行为可以不断地化解社会矛盾,促进政治稳定。

其二,认为青年学生的政治冷漠对社会稳定具有一定消极影响。部分青年学生的政治冷漠,在政治参与过程中的盲目、服从等特征,不仅会扼杀青年学生的批判精神和创造精神,还容易被人利用,导致政治不稳。比如罗艺认为,从 20 世纪 90 年代到现在,青年学生的一个明显特点就是对政治的冷漠,缺乏年轻人应有的政治热情和积极参与,甚至对政治活动产生厌烦和抵触②,这是不利于政治生活的良性运转和社会稳定的。孙兴春也指出青年特别是大学生"政治冷漠"现象会诱发政治道德和社会责任的滑坡,甚至导致社会问题的滋生,进而对政治安定和社会稳定构成威胁。③

其三,认为部分青年学生的政治参与不理性不利于社会稳定。部分青年学生的不理性政治参与主要表现为对特定的政治事件政治现象以一种非理性的方式表达政治情感,影响政治体系的行为。20 世纪六七十年代青年学生政治参与不理性的集群行为对我国的社会稳定造成了严峻冲

---

① 张逸:《论青年学生政治参与的诉求理性》,《江西社会科学》2002 年第 11 期,第 210—212 页。
② 罗艺:《青年学生政治参与冷漠的原因分析及对策》,《当代经理人》2006 年第 17 期,第 177—178 页。
③ 孙兴春:《对当代青年的"政治冷漠"现象的分析与思考》,《中国青年研究》2006 年第 9 期,第 72 页。

击,对我国社会秩序的和谐稳定构成挑战。基于此,国内学者对于青年学生的政治参与不理性行为进行了分析,普遍认为青年学生的政治参与不理性不利于社会稳定。周若辉分析了青年学生政治参与不理性的原因①;赵晶认为,我国青年学生集群政治行为与社会主义民主政治的发展和社会稳定存在密切关系。② 张月和马玉海则深度聚焦当代青年的非理性政治参与产生的主客观原因,并主张从提高立法水平、提升治理能力、关注利益诉求等举措逐步实现消解当代青年群体非理性政治参与行为的目的。③

其四,认为青年学生政治参与意识的多重性不利于社会稳定。由于青年学生自身素质的特殊性以及环境的复杂性,当代青年学生的政治参与意识带有明显的多重性,这些相互冲突的价值观念往往会导致青年学生在政治行为选择中的角色冲突,进而以一种非理性的政治参与向政治体系施加压力,对社会的和谐稳定构成威胁。高发水等指出,当代青年学生的政治参与意识带有明显的多重特征:强烈的政治参与热情与片面的自我认识并存,政治参与的理想性和不现实性并存,强烈的主体意识和自身素质的孱弱并存。因此,在政治参与过程中,由于自身政治上的不成熟、情绪上的偏激、法制意识淡薄等,如果青年学生一味追求理想的政治模式,希望超越我国初级阶段条件下政治、经济和文化状况,极易导致社会的不稳定。④

2. 国外相关研究

国外这方面的研究主要集中在对特定青年群体的研究。比如 W.怀

---

① 周若辉:《关于青年学生狂热病的反思》,《中国青年论坛》1989 年第 6 期,第 36—38 页。其研究认为青年学生政治狂热的原因在于:第一,青年独特的生理和性格特征为狂热病的产生提供了可能;第二,青年学生强烈的使命感和对社会负责的精神淡薄之间相互矛盾;第三,理论与实际相悖使得行为与效果产生反差;第四,强烈的民主意识与低下的民主素质之间的矛盾;第五,虽有强烈的参与要求,但缺乏参与社会事务的能力和经验。
② 赵晶:《我国青年学生集群政治行为的心理研究》,硕士学位论文,复旦大学 2009 年。
③ 张月、马玉海:《当代青年非理性政治参与的原因及消解》,《中国青年研究》2016 年第 1 期,第 33—34 页。
④ 高发水、王建基:《青年学生的政治参与意识及其在社会发展中的作用》,《新疆大学学报(哲学社会科学版)》1992 年第 2 期,第 20—23 页。

特在《街角社会》一书中的研究,其研究主要是在青少年不良行为发生率很高的意大利贫民窟进行的,他通过与这个地区的人们一起生活,观察、记录并分析了作为社会底层的街角青年团伙与处于上层社会和底层社会之间的、以意大利男大学生为主体的意大利人社区俱乐部之间的区别,从核心的形成标准、决策形成、目标等方面揭示了两个帮派(群体)之间的不同结构,不动声色地探讨了各自对社会结构及其稳定的影响。塞缪尔·亨廷顿则认为,青年学生与政府是处于持久性的对抗关系之中的,"不管政府的性质如何,也不管政府所遵循的政策的性质如何,学生总是反对政府的"①。青年学生心中有两类极大的差距:"一是现代性原则——平等、公正、共同体、经济福利——和这些原则在他们的社会中实现的程度之间的差距;二是世界先进国家的实际状况和他们自己国内的具体状况之间的差距。"②在与自己的家庭以及传统的规范和行为准则相疏离的情况下,学生们更加彻底地与抽象的现代性准则相认同。"这些抽象的准则成了他们评价自己国家的绝对标准,非把社会加以彻底重建,不足以满足他们的愿望。"③

(三) 新生代农民工的相关研究

"农民工"问题被称为中国的"四农"问题,而新生代农民工作为农民工的重要群体,与其父辈或第一代、第二代农民工在成长环境、价值观念、生活态度、文化水平以及行为方式等方面都有很大的不同,他们的个人成长、对社会的认知、态度以及他们基于此而产生的行为都事关社会的和谐与稳定。为此,新生代农民工问题引起了社会的广泛关注,也成为学术研究的重要课题。

---

① [美]塞缪尔·亨廷顿:《变化社会中的政治秩序》,王冠华等译,上海人民出版社 2008 年版,第 306 页。

② [美]塞缪尔·亨廷顿:《变化社会中的政治秩序》,王冠华等译,上海人民出版社 2008 年版,第 308 页。

③ [美]塞缪尔·亨廷顿:《变化社会中的政治秩序》,王冠华等译,上海人民出版社 2008 年版,第 308 页。

1. 国内相关研究

（1）新生代农民工的概念界定及群体特征的相关研究

①新生代农民工的概念及群体性特征的探讨

农民工是中国社会转型时期的特殊产物，是指具有农村户籍但却在城镇工作、生活的工作者。"新生代农民工"是农民工的一个特殊组成部分，是相对于第一代农民工而言的，学界对其的界定通常和特征联系在一起。"代际"即按出生年代界定新生代农民工是学术界的通用模式，并具体分为"代际+年龄"界定模式、"代际+户籍"界定模式和"代际+户籍+产业"界定模式。

其一，"代际+年龄"界定模式。"新生代农民工"一词最早是由王春光研究员于 2001 年提出的，并将 20 世纪 80 年代初次外出的农村流动人口看作第一代，年龄在 25 岁以下于 20 世纪 90 年代及以后外出务工经商的农村流动人口算作新生代农民工。① 邓大才根据农民工的不同出生年代把 20 世纪 70 年代末、80 年代初期外出打工的农民称为第一代农民工，20 世纪 90 年代外出的打工者称为第二代农民工，2000 年以后外出的打工者称为第三代农民工。并认为第三代农民工相比第一代农民工具有知识水平高、视野宽、打工的动机和行为的利益逻辑高等特点。② 2010 年国务院发布的一号文件《关于加大统筹城乡发展力度进一步夯实农业农村发展基础的若干意见》首次使用了"新生代农民工"这一提法。农业农村部部长韩长赋认为农村 20 世纪 80 年代末出生的可称为"90 后"的农民工就是新生代农民工。他们具有对土地依赖小、文化水平较高、忍耐力和吃苦精神不够、心理平衡度较差等特点。③

其二，"代际+户籍"界定模式。韩余、张旭东、崔永红认为"'新生代农民工'通常指 1980 年、1990 年后出生的，登记为农村户籍但是工作在

① 王春光：《新生代农村流动人口的社会认同与城乡融合的关系》，《社会学研究》2001 年第 3 期，第 63—76 页。

② 邓大才：《农民打工：动机与行为逻辑——劳动力社会化的动机—行为分析框架》，《社会科学战线》2008 年第 9 期，第 83—93 页。

③ 韩长赋：《谈"90 后"农民工》，《农村·农业·农民（A 版）》2010 年第 2 期，第 22—23 页。

城镇的人群"①。并认为他们具有"三高一低"的特征,"三高"指受教育程度高、职业期望值高、物质和精神享受要求高,一低是指工作耐受力低。沈蕾、周豫洁在分析以往学者提出的新生代农民工概念的基础上将新生代农民工界定为生于 20 世纪 80 年代以后,户籍是农村户口,经历了改革开放,经历了九年义务教育普及阶段,由计划经济到市场经济的转型以及网络的高速发展时期,进入城市同时以打工为主的人群。② 并与上述学者一样认为其拥有"三高一低"的群体性特征。

其三,"代际+户籍+产业"界定模式。全国总工会新生代农民工问题课题组于 2010 年 6 月 21 日在《工人日报》上发布的《关于新生代农民工问题的研究报告》将"新生代农民工"界定为:"我国 20 世纪 70 年代末改革开放以后外出务工或在家务农的农民的后代,符合劳动法规定的最低就业年龄,在户口所在地的县市以外,以在第二产业、第三产业就业为主的农业户籍人口。"③并指出新生代农民工与老一代农民工相比具有发展性、双重性、边缘性和时代性等特征。杜斌、李松柏等把在 1980 年以后出生、成长并接受教育,并在 20 世纪 90 年代中学毕业或辍学后,进入城镇从事非农产业但依然保留耕地的农村户口的群体称为新生代农民工。他们具有与其父辈那一代农民工迥然不同的特征。④

②专门探讨新生代农民工群体特征的研究

上述关于新生代农民工概念的界定与其群体特征的研究融合在一起,也有些学者专门探讨其特征。黄晓赟、马建富认为新生代农民工具有成长环境优越、务工年龄提前、职业期望高、归属预期转移等主要特质。⑤

① 韩余、张旭东、崔永红:《高校在新生代农民工教育培训中的作用、模式与路径—以承德地区高校为例》,《中国成人教育》2013 年第 3 期,第 61—62 页。

② 沈蕾、周豫洁:《生活方式细分下新生代农民工消费决策研究——基于全国六省市的调研数据》,《消费经济》2013 年第 2 期,第 46—50 页。

③ 全国总工会新生代农民工问题课题组:《关于新生代农民工问题的研究报告》,《工人日报》2010 年 6 月 21 日。

④ 杜斌、李松柏:《新生代农民工城市认同的影响因素研究——以山东 Y 县为例》,《特区经济》2013 年第 4 期,第 188—189 页。

⑤ 黄晓赟、马建富:《基于新生代农民工需求的职业教育与培训体系建构研究》,《职业技术教育》2010 年第 34 期,第 69—73 页。

张玉鹏在以往学者总结的新生代农民工"三高一低"特征的基础之上,还认为这个群体具有成长经历城市化、融入城市愿望迫切的特征。[①] 宋春玲、曲彩练从时代的角度分析新生代农民工的特质,提出其具有基本信息差别性、基本素质优化性、就业动机精神性、就业选择趋优性、权益追求平等性等时代特性。[②]

　　根据以上有关新生代农民工概念界定以及群体特征的相关研究,本书所指的新生代农民工不仅包括"80 后"农民工,还包括 20 世纪 70 年代后期出生的农民工,即"新生代农民工"是指 20 世纪 70 年代后期及以后出生的农民工,因为 20 世纪 70 年代后期出生的农民工年龄在 40 岁左右,与他们的父辈即"60 后"和 20 世纪 70 年代前期出生的农民工在观念、经历、受教育程度、生活方式、人生规划等方面存在较大差别,可以视为两代人,因此本书讨论的新生代农民工年龄范围更广一些。他们是户籍属于农村性质、在农村保留土地并进入城市以打工为生的社会群体。他们相较于"老一代农民工"具有更高的知识水平、更广阔的视野、更低的抗压能力、更理性的经济利益追求,是农民工群体的特殊组成部分。

　　(2)新生代农民工价值取向的相关研究

　　思想意识在人的社会实践中有着十分重要的作用。因此学术界对新生代农民工的思想状况十分关注。此方面的研究主要集中在以下几个方面。

　　①新生代农民工道德及价值观的相关研究

　　其一,新生代农民工道德及价值观状况研究。新生代农民工道德及价值观状况是学术界关注的重点之一。史成虎从道德信仰的角度分析了新生代农民工的价值取向,认为当前新生代农民工的道德信仰由于制度缺位、人文关怀的"稀缺"、社会主义道德信仰的弱化以及打工受挫引发的巨大心理落差,导致了新生代农民工道德信仰迷失、道德信仰失衡甚至

---

①　张玉鹏:《后人口红利时代新生代农民工就业趋势探析》,《经济研究导刊》2013 年第 5 期,第 8—11 页。

②　宋春玲、曲彩练:《新生代农民工就业路径探究》,《当代世界与社会主义》2013 年第 1 期,第 160—164 页。

道德信仰荒芜等问题。① 廖元新、卢忠萍、王欣认为新生代农民工的思想道德现状存在着以下几个问题:不清晰的社会定位,难以形成正确的自我认识;吃苦耐劳精神缺乏,缺少敬业精神,抵抗挫折的能力低;严重的不平等感,潜藏愤世嫉俗的心理,思想陷入窘境;思想和行为缺乏科学的引导和教育。②

其二,有关新生代农民工自我认知和追求的研究。王艳艳运用社会学的角色理论分析了农民工的自我认同,认为新生代农民工对自我角色的认同程度比较高,加之其社会适应能力较强,他们对自我的城里人认同度也较高。③ 陈曦影通过对新生代农民工的实地调查,分析探讨新生代农民工在进城前的身份认同变化的过程,并认为他们将逐步形成兼具城市和乡村两种社会特质的身份认同。④ 钟承志立足浙江杭州、嘉兴、宁波、温州四地的实地调研,探讨了城镇化背景下新生代农民工对自我身份认知存在失调性、模糊性、不确定性和多元性等特点,并从社会、制度、经济、文化、心理等方面探讨其内在原因,进而主张完善政策、加强引导等方式促进新生代农民工自我认知转型。⑤ 钱正武认为随着新生代农民工群体文化素质的提高,他们的人生追求趋向更加多元化,并通过一些实际行动来表达他们的人生追求,实现自身的价值。⑥

其三,有关新生代农民工的心理与人格状况的研究。许若兰、许传新通过回归分析发现新生代农民工的现代性人格已经发展到了一个较高的水平,属于从传统向现代转变但更倾向于现代人格的过渡

---

① 史成虎:《新生代农民工道德信仰的现状及对策》,《西安文理学院学报(社会科学版)》2012 年第 1 期,第 48—51 页。
② 廖元新、卢忠萍、王欣:《新生代农民工思想道德建设思考》,《江西社会科学》2012 年第 11 期,第 210—213 页。
③ 王艳艳:《浅谈新生代农民工的自我认同、发展困惑及路径选择》,《山东行政学院·山东省经济管理干部学院学报》2010 年第 3 期,第 77—79 页。
④ 陈曦影:《媒介"镜中我":新生代农民工身份认同研究》,硕士学位论文,南京大学 2015 年,第 1—2 页。
⑤ 钟承志:《城镇化背景下新生代农民工身份认知影响因素研究》,硕士学位论文,浙江理工大学 2012 年,第 53 页。
⑥ 钱正武:《新生代农民工的主观诉求与政策建议》,《中国青年研究》2006 年第 4 期,第 18—20 页。

人格类型。① 贾庆文也认为新生代农民工正处于由传统人格向现代性人格转型的关键时期,并指出社会经济特征、家庭背景、大众传媒接触、城市生活经历、工作组织化程度和社会交往等都是新生代农民工现代性人格形成和发展的重要因素。② 韩雪松从心理学的角度分析了新生代农民工的自我心理。认为由于受到体制和自身素质等条件的约束,当他们的理想与现实碰撞时,往往会陷于某些尴尬的境地,产生了相对被剥夺感,由此出现不满情绪、自卑心理、抵触心理、过客心态以及孤独等心理问题。③

②有关新生代农民工价值取向演变的研究

价值观是社会意识的一种表现形式,它会随着社会发展状况的变化而变化。随着我国社会的高速发展,新生代农民工的价值观念也随之发生着巨大的变化。该领域研究主要涉及以下方面。

一是探讨新生代农民工价值观的基本变化趋势。全国总工会新生代农民工问题课题组在 2010 年发布的关于新生代农民工问题的研究报告中指出其在观念上有着“六个根本转变”④。高韧认为新生代农民工在价值观上具有多元、异质、矛盾、冲突、困惑等典型群体性特征,并指出与传统农民工相比,新生代农民工是兼具传统与现代双重价值观的“过渡人”,是兼具农民与市民价值观的“边缘人”,是兼具农业户口和非农职业双重身份的“半城市化”人。⑤ 赵海鹏也指出了新生代农民工价值观嬗变的轨迹特点,即出现了自我意识增强、法律意识增强、竞争意识增强、权利

---

① 许若兰、许传新:《新生代农民工现代性人格发展状况及影响因素》,《南京人口管理干部学院学报》2007 年第 3 期,第 19—20 页。

② 贾庆文:《转型中新生代农民工现代性人格研究》,《江苏师范大学学报》2013 年第 4 期,第 85 页。

③ 韩雪松:《新生代农民工的心理困境与解决策略》,《西安社会科学》2009 年第 4 期,第 121—123 页。

④ 即对城市生活的追求,从忽略向期盼转变;外出务工动机从简单挣钱向追求梦想转变;对务工所在城市的态度,从过客向期盼长期生活转变;对职业的态度由农民向工人转变;对劳动权益的诉求,从要求基本劳动权益向追求体面劳动权益转变;维权意识增强,维权方式由被动向积极表达转变。参见全国总工会新生代农民工问题课题组:《关于新生代农民工问题的研究报告》,《工人日报》2010 年 6 月 21 日。

⑤ 高韧:《塑造、传播与提升:新生代农民工价值观管理》,《求实》2012 年第 2 期,第 83 页。

意识增强、市民化意识增强等一系列重大变化。①

二是探讨新生代农民工价值观变化原因及其结果。乔靖认为城市生活的理念、价值观念从各个方面对新生代农民工进行了重塑,在潜移默化中使得他们的视野得以拓宽,转变了他们的价值取向以及人生追求,出现了与城市青年的价值观趋近趋同的情况。② 冯菲菲、史春林认为新生代农民工是国家经济发展尤其是城市经济建设和发展的重要贡献者,同时也是国家经济改革政策的直接受益者,并在此过程之中提升着自己的生活水平,但也同时"在快乐与痛苦的矛盾中不断转变着思想观念,其中反映农民工较深层精神诉求的利益思想观念、伦理道德思想观念以及人生价值思想观念发生了明显变化"③。

三是对新生代农民工与"老一代农民工"的自我价值和社会价值进行比较研究。何瑞鑫、傅慧芳在对传统型农民、老一代农民工、新生代农民工的价值观进行比较的基础上,提出新生代农民工在政治观、社交观、从业观、生活观、婚恋观以及消费观等方面都发生了巨大变化,并总结了新生代农民工在价值观上所呈现出的价值主体的自我性、价值观念的多元性和价值目标的务实性等一些新特点。④ 洪巧俊通过对新老生代农民工进行比较,认为新生代农民工是有梦的一代,内心埋藏着"城市梦",但是城市梦的实现,仅凭着自身能力,很难达到。"在思想观念、生活方式等方面,新生代农民工已经与老一代农民工迥异。其中一个非常重要的区别,就是新生代农民工对于城市的认同,要远远大于对农村的认同,同时在他们的心里已经感到了乡村生活与城市生活的落差。"⑤

---

① 赵海鹏:《浅议我国新生代农民工价值观的嬗变》,《学术交流》2011 年第 2 期,第 43 页。

② 乔靖:《新生代农民工价值观的变迁及对策研究》,《南京广播电视大学学报》2011 年第 1 期,第 92—94 页。

③ 冯菲菲、史春林:《论农民工思想观念的嬗变》,《东北师范大学学报(哲学社会科学版)》2013 年第 1 期,第 14—17 页。

④ 何瑞鑫、傅慧芳:《新生代农民工的价值观变迁》,《山东省青年管理干部学院学报》2005 年第 6 期,第 3 页。

⑤ 洪巧俊:《新生代农民工的青春与梦想》,《政工研究动态》2009 年第 4 期,第 11—12 页。

③加强新生代农民工价值观的引导研究

价值观在行为主体的社会实践中具有巨大的指导作用,因此,对新生代农民工价值观取向的引导显得尤为重要。当前学术界对新生代农民工价值取向引导方面的研究有一定的共识,大体上认为应加大对新生代农民工的思想道德培育力度、引导他们形成正确、科学的人生观、价值观、世界观。而在具体的措施方面又各有侧重。如郭宁月从伦理学的角度指出新生代农民工思想道德培训是一个庞大的工作体系,要将"敏而好学""以人为本""公正""激励""宽容""效率""利义"等伦理理念贯穿始终。并提出从"农民工自身、用工单位、政府、社会"四个方面来创新和完善新生代农民工思想道德培训的策略。① 廖元新、卢忠萍、王欣在分析了新生代农民工的思想道德现状及其所体现出来的问题之后提出了有针对性的对策:建立城乡统筹发展的农民工思想道德教育体系,逐步建成各部门齐抓共管的良好局面;稳步推进我国城镇化建设,破除城乡二元体制格局,努力为新生代农民工思想道德建设创造优良的社会环境;完善有关农民工的职业教育培训制度,加强对他们的基础素质和职业技能培训等。② 朱曼和杨秋莲阐述了社会主义核心价值观对新生代农民工价值观塑造方面的诸多影响,并主张以社会主义核心价值观为引领加强新生代农民工价值观建设。③

有的学者还探讨了高校在新生代农民工培训及其价值观取向引导方面的作用。从地方高校在新生代农民工的教育培训中的作用的角度,提出了新生代农民工培训的"民办公助"、就业—权益保障一体化、"订单加定向型"、补偿教育培训四个模式,并指出了发挥地方高校在新生代农民

---

① 郭宁月:《新生代农民工思想道德培训研究——基于伦理学的视角》,《河北大学成人教育学院学报》2013 年第 1 期,第 63—66 页。

② 廖元新、卢忠萍、王欣:《新生代农民工思想道德建设思考》,《江西社会科学》2012 年第 11 期,第 210—213 页。

③ 朱曼、杨秋莲:《社会主义核心价值观对新生代农民工的影响现状及培育策略》,《知识经济》2016 年第 22 期,第 8—9 页。

工教育培训中作用的两条路径——即发展职业培训和远程教育培训。①

（3）有关新生代农民工就业的研究

农民工就业是学界关注的重要内容之一，其研究主要涉及以下方面。

一是关注新生代农民工的自身就业能力与素质。多数学者的研究表明，虽然新生代农民工群体受教育的水平有所提高，但职业技术技能欠缺，使得他们主要集中在劳动密集型和体力劳动部门，因此，获得的收入也相对较低。长子中认为新生代农民工就业主要集中在二、三产业中对技术要求不高、门槛比较低的劳动密集型企业。② 赵进东认为新生代农民工虽具有一定的知识与技能素质，但他们的心理素质和思想道德素质有所缺失，不能很好地适应现代城市社会的要求。③

二是关注新生代农民工的就业环境。学术界对该问题的研究多是从外在社会、制度、政府等环境来探讨。杨前蓉认为新生代农民工陷入就业困境的根源在于国内经济社会发展不平衡、政府方面的支撑不足、企业方面的努力不够和新生代农民工自身条件限制等。④ 樊欣欣从城乡二元户籍、城市社会排斥、市场竞争激烈、培训体系不健全、就业途径不畅、就业保障不健全等方面来探讨这一问题，并有针对性地提出了解决方法⑤。咸星兰⑥、毛业昆⑦等都将研究视野聚焦到新生代农民工群体的就业歧视问题，并且认为这一现象的存在不仅会导致就业市场的不公正，更会影

---

① 韩余、张旭东、崔永红：《高校在新生代农民工教育培训中的作用、模式与路径——以承德地区高校为例》，《中国成人教育》2013 年第 3 期，第 61—62 页。

② 长子中：《新生代农民工值得关注的"动向"》，《人民论坛》2009 年第 8 期，第 46—47 页。

③ 赵进东：《提高新生代农民工素质的对策分析》，《山西建筑》2009 年第 19 期，第 190—191 页。

④ 杨前蓉：《新生代农民工就业问题及解决对策》，《新乡学院学报（社会科学版）》2012 年第 3 期，第 13—15 页。

⑤ 樊欣欣：《新生代农民工就业影响因素及其对策》，《宁波职业技术学院学报》2013 年第 1 期，第 79—83 页。

⑥ 咸星兰：《中国新生代农民工就业歧视与收入不平等问题研究》，博士学位论文，东北师范大学 2016 年，第 107 页。

⑦ 毛业昆：《新生代农民工城市就业歧视问题研究》，硕士学位论文，郑州大学 2017 年，第 30 页。

响社会的和谐与安定。毛业昆更加关注新生代农民工在就业机会、就业待遇、就业保障等方面遭遇的就业歧视问题,而咸星兰更加注重运用市场分割理论、歧视理论等理论模型进行分析解读,探讨了新生代农民工在就业中遭遇的歧视问题及其歧视程度。

三是关注新生代农民工的就业保障。新生代农民工因其底层的社会地位被冠以"弱势群体"之名,学术界对其就业保障的关注从未减弱过。该领域的已有研究主要涉及原因和路径两个方面。魏博洋、耿平、张严冰从政治权益、劳动权益、精神文化权益三个方面研究了城乡统筹背景下农民工权益保障现状,认为城乡二元结构、法律制度不健全是导致农民工权益保障缺失的重要原因,并提出了健全完善的立法、公正严明的执法、建立快捷有效的司法是保障农民工合法权益的有效途径。周明宝、张波、唐霞认为在"中国制造"工业化如火如荼的进程中,"政府—资本—工会"三方均衡模式并没有随之完善,是导致新生代农民工社会保障权益受损和劳资关系不和谐的重要原因。①

(4)新生代农民工市民化的相关研究

"农民工"这个称谓本身就意味着他们是工作、生活在城市的一个特殊群体,其能否成为真正的市民、是否享受市民待遇自然成为学界的研究热点。

①新生代农民工的城市融入及市民化认知的相关研究

王佃利、刘保军、楼苏萍认为农民工城市生活融入所涉及的内容包括政治、经济、文化、社会等诸多方面,融入的过程更多地体现为一种由"结构融入"到"内核融入"的动态演进趋势,即由就业空间扩大、经济地位提升、消费模式转变等外在表现逐步向价值、文化、观念上对城市生活的过渡。新生代农民工在城市生活、工作所遇见的各种困惑的实质是城市融入问题。进而借用德国学者恩泽格尔的理论建立了对农民工移民分析的四维度模型——社会经济融入、制度融入、文化(心理)融入、主体社会对

---

① 周明宝、张波、唐霞:《"工荒"背景下的青年民工组织化与劳资关系整饬》,《山东省青年管理干部学院学报》2009 年第 4 期,第 33—36 页。

移民的接纳或拒斥,并据此对新生代农民工的城市融入问题进行了分析,提出户籍改革是解决新生代农民工城市融入问题的关键措施。①

市民化认知是指新生代农民工对城市的向往以及成为城市居民的意愿和愿望在内的一系列的认知。夏丽霞、高君指出新生代农民工相较于老一辈农民工而言具有年轻、相对缺乏务农经验、择业期望值较高、受教育程度相对较高以及观念上趋向于城市生活消费习性等特点,使他们成为农民工群体之中最具市民化意愿、最期待融入城市生活的特殊群体。② 杨慧在对第一、二代农民工进行比较的基础之上,认为新生代农民工对城市的认同感与城市化意愿较之老一代农民工明显增强,他们正在尝试着长期住在城市,彻底实现身份的转变,从农村居民变身为城市居民。③ 刘传江认为绝大多数新生代农民工因为根本没有务农的经历和经验而不愿意在结束了若干年的打工生涯后回乡务农,其留在城市的愿望变得更加强烈。④

②探讨新生代农民工城市融入的水平及类型

张蕾、王燕分别从经济整合、心理认同以及行为适应三个层面对杭州市新生代农民工城市融入水平进行了分析,在此基础上归纳出新生代农民工的三种城市融入类型:隔离型、选择型和融入型。⑤ 卢海阳、梁海兵、钱文荣等人构建了经济、社会、文化、心理、身份等五个维度的城市融入指标体系,衡量和判断新生代农民工的城市融入程度,并主张从赋权予能、优化服务、协同治理等几个思路促进新生代农民工的城市融入。⑥ 董金

---

① 王佃利、刘保军、楼苏萍:《新生代农民工的城市融入——框架建构与调研分析》,《中国行政管理》2011 年第 2 期,第 111—115 页。

② 夏丽霞、高君:《新生代农民工市民化进程中的社会保障》,《城市发展研究》2009 年第 7 期,第 119—124 页。

③ 杨慧:《青年农民工"城市化"的问题与对策》,《云南社会科学》2008 年第 2 期,第 121—125 页。

④ 刘传江:《新生代农民工的特点、挑战与市民化》,《人口研究》2010 年第 2 期,第 34—39 页。

⑤ 张蕾、王燕:《新生代农民工城市融入水平及类型分析——以杭州市为例》,《农业经济问题》2013 年第 4 期,第 23—28 页。

⑥ 卢海阳、梁海兵、钱文荣:《农民工的城市融入:现状与政策启示》,《农业经济问题》2015 年第 7 期,第 26 页。

秋、孟祥林通过对 691 位新生代农民工的调查,分析了新生代农民工市民化水平及其影响因素,并在此基础上提出了相关政策性建议。①

③探讨新生代农民工城市融入及市民化的障碍与挑战

一是探讨新生代农民工的城市融入及市民化张力。王春光从社会学的视角认为目前新生代农民工的市民化主要面临着国家相关政策的慢步调整与新生代农民工越来越强烈的城市化渴望和要求之间的张力、农民工对城市化的向往与其实现城市化的能力之间的张力以及中央有关城市化政策与地方落实相关城市化措施之间的张力这三种力量的阻碍。②

二是分析新生代农民工的城市融入及市民化的制约因素。杨慧认为青年农民工的城市化受社会成本、子女教育、社会保障、住房、收入偏低、文化程度与职业技能不足等一系列问题的影响和困扰。③ 刘传江指出新生代农民工市民化的挑战在于其劳动供给和就业行为明显不同于第一代农民工,以及他们对于社会保障的需要胜过第一代农民工。④ 李晶认为新生代农民工的城市化不仅是农村人口向城市地理位置迁移的过程,更是农民职业非农业化、生活观念城市化、农民身份实现市民化的过程。在这一过程中新生代农民工面临城市化政策制度壁垒、自身综合素质困境等问题。⑤

④探讨新生代农民工城市融入及市民化的路径

杨慧在分析新生代农民工市民化的主要障碍的基础上,提出了重视对青年农民工的培训、实现教育公平、逐步放开户籍限制、大力完善农民

---

① 董金秋、孟祥林:《新生代农民工市民化水平及影响因素分析——基于河北 691 个新生代农民工的调查》,《甘肃行政学院学报》2010 年第 4 期,第 11—15 页。

② 王春光:《新生代农村流动人口的社会认同与城乡融合的关系》,《社会学研究》2001 年第 3 期,第 63—76 页。

③ 杨慧:《青年农民工"城市化"的问题与对策》,《云南社会科学》2008 年第 2 期,第 121—125 页。

④ 刘传江:《新生代农民工的特点、挑战与市民化》,《人口研究》2010 年第 2 期,第 34—39 页。

⑤ 李晶:《新生代农民工市民化存在的问题与对策》,《前沿》2011 年第 6 期,第 117—119 页。

工社会保障体系、兴建城市"廉租房"、经济适用房等措施。① 刘传江、程建林认为需要从农村退出、城市进入以及城市融合这三个环节着手来推进农民工市民化进程。同时,他们设计了农民工市民化的指标体系,利用调查数据进行测算,发现制度障碍是农民工市民化最主要的障碍,需要大力完善农民工退出农业、农村的新型机制,建立城乡统一的劳动力市场,打造全新面向农民工的新型社会保障制度。② 王春光提出应该尽快全面地改革城乡体制,建构一个基于公平机会之上的城乡一体化社会管理体制,大力推进新生代农民工的市民化。③

还有的学者从转变政府职能、建立健全相关法律法规、改革农村土地制度以及加大政府财政支持力度等方面提出了对策。

(5)新生代农民工对社会稳定的影响研究

社会稳定是改革开放 40 多年来我国取得巨大成就的基石,新生代农民工对社会的发展、稳定扮演着十分重要的角色,学界对此的研究主要涉及以下领域。

一是新生代农民工的政治参与同社会稳定的关系探讨。针对这个问题的相关文献多是从农民工的角度,专门从新生代农民工的角度来研究的还不多。但梳理从政治参与视角探讨农民工对社会稳定影响的研究成果对我们考察新生代农民工对社会稳定的影响是大有裨益的。

张胜利、孙良认为由于现存的农民工政治参与渠道的制度化程度不够高以及非制度化参与扩增,致使农民工政治参与被"边缘化",导致农民工政治参与的积极性趋于冷漠。而农民工政治参与"边缘化"不利于我国民主政治的发展,政治制度化参与的不足会丧失缓解政治压力的"安全阀",制度化的缺失直接引发非制度化参与的扩增进而会对社会稳

---

① 杨慧:《青年农民工"城市化"的问题与对策》,《云南社会科学》2008 年第 2 期,第 121—125 页。

② 黄丽云:《新生代农民工研究综述》,《华北电力大学学报(社会科学版)》2011 年第 1 期,第 36—39 页;刘传江、程建林:《第二代农民工市民化:现状分析与进程测度》,《人口研究》2008 年第 5 期,第 48—57 页。

③ 王春光:《对新生代农民工城市融合问题的认识》,《人口研究》2010 年第 2 期,第 31—34 页。

定带来直接影响。① 徐伟伟在分析新生代农民工政治参与时指出合法的、有序的政治参与将会对社会稳定起到一定的促进作用，反之，将对社会稳定带来一定的消极影响。②

二是新生代农民工的社会稳定意识与社会稳定的关系探讨。董宁波、刘满意认为新生代农民工以其庞大的基数对社会稳定产生着巨大的影响。他们不仅在我国经济社会发展和城市建设中日益发挥着主力军的作用，而且对我国社会的稳定和社会主义和谐社会的构建也会产生了巨大影响。他们的人生观、价值观、世界观对其行为具有较大的反冲作用，因此更要积极有效地教育、引导新生代农民工，帮助他们形成良好的人生观、价值观和社会稳定观。③

三是新生代农民工的社会情绪与社会稳定的关系探讨。由于体制等原因，新生代农民工群体与城市工人群体在社会地位、经济收入、社会保障等方面存在着巨大的差距，致使他们可能产生嫉妒、怨恨甚至憎恨等负面情绪，这些不良情绪对社会稳定有着直接或间接的影响。孙红永认为新生代农民工是我国产业工人群体的重要组成部分，但由于体制等一系列原因，致使他们在内心深处滋生着一些不满情绪，这些不满在一定程度上被压抑了，长此以往就会形成不良的社会情绪，进而危及社会稳定。为此需要从提升农民工的社会政治地位、进一步提高农民工的工资待遇、加强对新生代农民工的人文关怀以及完善农民工就业培训等方面采取措施，④以化解农民工的不良情绪。

四是新生代农民工的生存处境与社会稳定的关系探讨。一个人乃至一个群体的生存状况直接或间接地影响其社会态度，进而对社会稳定带来一定的影响。曲文勇、周桂林运用抽样和问卷调查方法，对哈尔滨市建

---

①　张胜利、孙良：《农民工政治参与的现状及对社会稳定的挑战》，《中国青年研究》2008年第7期，第14—18页。

②　徐伟伟：《农民工的政治参与与社会稳定》，硕士学位论文，哈尔滨理工大学2010年。

③　董宁波、刘满意：《新生代农民工社会稳定观培育》，《人民论坛》2012年第32期，第138—139页。

④　孙红永：《新生代农民工社会情绪的危害与对策》，《重庆文理学院学报（社会科学版）》2012年第1期，第69—73页。

筑业农民工群体的生活状况展开调查,并从经济状况、社会分配、社会心理和社会控制等四个方面加以分析。认为若不重视改善其境遇,则可能成为社会稳定的隐患;并提出必须综合利用农民工社会保障制度、建立相关工会组织、对他们进行技能培训、改善农民工食宿条件和完善他们工作及生活安全条件等多样化的途径,来保证这一群体的生活质量和合法权益,维护社会稳定。[①] 管典安在对山东省的新生代农民工进行调查的基础上,提出当前新生代农民工的生存发展主要面临工作环境差、工资待遇低、权益保障难、成本高、生存压力大、发展空间小、心理阴影多、心态调整难、情绪波动大等问题。[②] 这些状况如果得不到改善皆会引发一些社会问题,甚至会危及社会的和谐稳定。

2. 国外相关研究

"农民工"是国家工业化与农村剩余劳动力转移相互作用的产物,是中国"城乡二元体制"的产物,是中国在特殊的历史时期出现的一个特殊社会群体。国外没有此种称谓。因此国外没有针对农民工的研究,与此相关的研究主要涉及人口迁移[③]和农村人口流动。因此国外相关研究的文献综述主要涉及这两个方面。

(1)人口迁移的一般性研究

①人口迁移的概念探讨

国际上一般将人口迁移定义为人口空间上的转移和变化。在联合国1970 年编纂的《国内迁移衡量方法》中将迁移定义为:"有一定最低距离限度的、从一个区域向另一个区域的移动,并在移动期间发生居住地的改变。"[④]

---

① 曲文勇、周桂林:《社会边缘群体对社会稳定的影响及对策——以哈尔滨建筑业农民工为例》,《学术交流》2005 年第 4 期,第 17—22 页。

② 管典安:《新生代农民工生存处境对社会稳定的影响及对策研究——以山东省为例》,《天津市财贸管理干部学院学报》2012 年第 1 期,第 17—20 页。

③ 需要注意的是,我国对人口迁移和流动人口的定义与国际上存在明显的差异,国内学者通常意义上将居住地长期变更、户籍变更的人口移动称为人口迁移,居住地短期的改变、不涉及户籍变更的人口移动称为人口流动。"人口流动"是我国独特的现象。国际上一般只有"人口迁移"概念,没有"人口流动"概念。

④ 参见颜咏华:《人口流动对城市化进程的影响:理论分析与实证研究》,博士学位论文,兰州大学 2016 年。

并在《多种语言人口学辞典》中将人口迁移定义为"人口在两个地理单元之间的空间移动,通常会涉及居住地的永久性变化"①。美国人口协会从司法的角度区分迁移的定义:跨越司法界限的一个相对永久性的居住地改变,本司法管辖范围内的本地移动则称之为居住变动。② Henry S. Shryock 等则从地理区间的距离长度以及常住地的变化上强调了人口迁移的定义,认为不涉及常住地变化的居住地的暂时变化,以及常住地变化了的距离移动,都不属于迁移。③ 可以看出国外对人口迁移的概念没有统一的定义,但总的来讲所定义的人口迁移仅仅涉及人口地域空间(有一定的最小的限度值)的变化,而作为国内学者重点探讨的户籍变化并未涉及。

在此,我们将国外人口迁移的定义归结为:人口在一定限度值的地域空间上发生的涉及居住地变动的移动活动及其过程。这种定义与国内对人口迁移的定义存在明显不同,国内学者通常意义上将居住地长期变更、户籍变更的人口移动称为人口迁移,居住地短期的改变、不涉及户籍变更的人口移动则称为人口流动。

②人口迁移动力机制与理论的相关研究

国外关注人口迁移比较早,对其动力机制研究较深,相关理论研究也十分丰富。动力机制的研究与相关理论的研究镶嵌而生,因此从相关理论的梳理即可窥探对人口迁移动力机制的研究。从宏观上论述的理论有:"推—拉"理论、二元经济结构理论、二元劳动力市场理论、劳动力市场分层理论、托达罗模型、世界体系理论、国际迁移的累积因果关系理论、结构主义理论和人口转变理论体系等;从微观上加以论述的理论有:人口迁移理论、人口迁移决策理论、"投资—收益"理论、均衡模型、不均衡模

---

① 　王可:《中国区域人口的均衡分布》,《西安交通大学学报(社会科学版)》2011 年第 3 期,第 23—26 页;另见翟振武、段成荣等:《跨世纪的中国人口迁移与流动》,中国人口出版社 2006 年版,第 36 页。

② 　Population Association of America,"Migration Statistics in the United States",*A report of the subcommittee on migration statistics Committee on population statistics*(1988).

③ 　转引自翟振武、段成荣等:《跨世纪的中国人口迁移与流动》,中国人口出版社 2006 年版,第 36 页。

型、新经济迁移理论、家庭决策理论等。

其中最具影响力的是"推—拉"理论、二元经济结构理论和"投资—收益"理论。英国统计学家雷文斯坦的观点被认为是人口转移"推—拉"理论的渊源,他是最早从人口学的角度对人口迁移进行系统研究的学者,在其19世纪80年代发表的《人口迁移之规律》一文中,利用大量统计数据对人口迁移作了系统研究,并总结出了七大"人口迁移规律"。之后唐纳德·丁·博格(D. J. Bogue)等人提出一种融合理论与方法的系统的"推—拉"理论。该理论指出人口迁移流动的目的是为了改善生活条件,人口流动的频率及规模由流入地那些有利于改善生活条件的因素和流出地不利的生活条件共同决定,前者为"拉力",后者为"推力"。[1] 此理论虽经迈德尔(G. Mydal)、索瓦尼(Sovani)、贝斯(Base)、特里瓦撒(Trewartha)等学者一再改进,但后续研究证明了其正确性。

美国著名经济学家刘易斯(W. A. Levis)第一次从宏观上揭示了劳动力转移的动力和过程。他在1954年发表的《劳动力无限供给条件下的经济发展》一文中,提出了经典的"二元经济"理论。该理论从经济学角度对人口迁移流动作了定量研究,认为发展中国家的经济结构应分为资本主义部门和自给农业部门两大部门。在后者中,普遍存在着劳动力的过剩,相对前者按照现行工资能提供的就业机会而言,后者的劳动力供给是无限的。资本主义部门在自身利润增大的情况下,可保持比农业工资要高的、不变的工资率,因此用于投资的利润会越来越多,所提供的就业机会就越多,越能诱使传统部门的劳动力源源不断地向现代部门转移。[2]但此理论并不能解释为何农民不顾城市事实上存在的失业而不断地向城市迁移流动。[3] 后续学者在此基础之上做了丰富和发展。

---

[1] 参见江春雷:《契合与背离:城镇化背景下的灾后重建研究》,硕士学位论文,西华师范大学2015年;另见林毅夫等:《中国经济研究》,北京大学出版社2000年版,第51—56页。

[2] 李家伟、刘贵山:《当代西方人口转移与流动的理论、模式和假说评述》,《新学术》2007年第5期,第83—85页。

[3] 参见江春雷:《契合与背离:城镇化背景下的灾后重建研究》,硕士学位论文,西华师范大学2015年。

"投资—收益"理论也是人口迁移流动研究中比较著名的理论之一。在《人力资本投资》一书中,西奥多·W.舒尔茨(T.W.Schultz)将"个人和家庭进行流动以适应不断变化的就业机会"看作人力资本投资的五个主要方面之一。① 后续学者斯达科运用这种观点解释了人口流动的原因:迁移流动行为的产生与否取决于流入地的平均收入是否超过流出地的平均收入加上流动过程中的其他支出。② 因为,人们流动时的花费是投资的成本,流动后的所得则是收益。不难看出,这些人口流动理论从不同的角度揭示了人口流动的动力与过程,为后续相关研究做了铺垫和指引。

（2）针对我国农村人口流动的相关研究

①我国农村人口流动动力机制研究

从逻辑上来讲,农民流动宏观性研究是人口迁移研究的一个特殊组成部分,其概念、动力机制、相关理论的探讨都能从上述对人口迁移研究综述中找到参考。美国经济学家刘易斯提出的"二元经济结构理论"从经济角度阐释农民流动的动力机制,资本主义部门能产生更多的利润和就业机会,诱使农民从经济收入低的自给农业部门转移出来。李(E.S.Lee)在唐纳德·丁·博格(D.J.Bogue)等人提出的"推—拉"理论的基础上补充了第三个因素——中间障碍因素（主要包括距离远近、物质障碍、语言文化的差异以及移民本人对于以上因素的价值判断）。并指出,农民对于流入地和流出地的正、负向因素的反应不同,以及克服中间障碍的能力也不同,由此形成了对于流动与否的选择。③ 一般来说,熟练劳动力比非熟练劳动力更易流动,受过教育的比没有受过教育的更易流动。这也就进一步解释了同一地区的农业人口为何有的选择流动,有的选择不流动。

托达罗模型引进了"期望收入"概念来取代城市的实际收入。农村

---

① ［美］T.W.舒尔茨等:《人力资本投资》,吴珠华等译,北京经济学院出版社 1990 年版。

② 参见张锐:《我国新生代农民工的特征及演变趋势研究》,硕士学位论文,电子科技大学 2010 年。

③ 吕世辰:《国外学术界关于农民流动与社会结构变迁的研究综述》,《中国农村观察》1998 年第 3 期,第 7 页。

劳动力的城市转移取决于在城市里获得较高收入的概率和对相当长时间内失业者风险之间的利弊权衡;发展中国家二元经济结构决定了较大的城乡收入差距,而这又导致了农村人口源源不断地涌入城市。① 随着市场化、社会化的发展,农民家庭的支出日益增加,而农业收入难以支撑家庭开支的需要,大量的农民便纷纷到城市谋生,期望得到更多的收入。可以看出,农村劳动力无论是主动还是被动转移,经济因素是其流动的主要动因,社会制度、传统文化等因素则多是以"障碍"的面目出现。

②关于我国农村人口流动障碍的探讨

户籍障碍是国外学者探讨我国农村人口流动阻碍因素的重要方面,主要从平行流动和垂直流动两个方面探讨户籍的影响。前者涉及地域流动,后者为社会地位的向上或向下流动。② Andrew. G. Walder(1984)指出,由于20世纪50年代人口激增,中国为了快速实现工业化,实施了人口控制政策——户籍制度来降低国内国外的工作流动机会,并形成了高就业、低工资的状况③。因而户籍制度从根本上是服务于中国工业化发展战略的,户籍控制也成了中国农民跳出农村进而去享受城市待遇无法翻越的巨大阻碍。④ Tiejun Cheng 和 Mark Selden 认为户籍制度是为了把人们固定在国家提供的利益和机会范围之内,是为国家利益服务的,更多时候是凸显控制功能。户籍分割使得社会不平等问题凸显,导致社会分层功能强化。C. Cindy. Fan 同意这种观点,并进一步指出户籍制度在中国主要服务于转型国家对经济利益的追求。⑤ 一方面在人们几乎没有选择权利的基础上强制规定人们的工作和定居地;另一方面又使得非农业人

---

① 参见惠宁:《农村剩余劳动力转移理论研究述评》,《西北大学学报(哲学社会科学版)》2005年第4期,第45—49页。

② 参见江春雷:《契合与背离:城镇化背景下的灾后重建研究》,硕士学位论文,西华师范大学2015年。

③ 陈小娟:《流动人口的形成、制度背景与问题——国外研究述评》,《广东社会科学》2010年第2期,第166—172页。

④ 参见陈小娟:《流动人口的形成、制度背景与问题——国外研究述评》,《广东社会科学》2010年第2期,第166—172页。

⑤ 陈小娟:《流动人口的形成、制度背景与问题——国外研究述评》,《广东社会科学》2010年第2期,第166—172页。

口在资源配置、经济利益上优于农业人口,进而导致了社会隔离和社会不平等,最终形成了中国城乡二元社会结构。此种结构虽然为农村人口的流动提供了"动力",但从制度性上强制阻碍其自由流动。[①]　也有学者从农民的社会垂直型流动来探讨户籍制度对我国农村人口流动的影响。吴晓刚的研究指出,户籍制度既保证了乡村的高流动率,又造就了中国城市表面的"开放性"。由于户籍制度的"社会屏蔽"功能,中国农村第一代流动人口在流动中艰苦的付出仍然无法阻挡其子代向下的流动。[②]

③关于我国流动人口的综合性研究

日本有学者 2004 年以来就与国内多家研究机构合作在我国境内选择一些省份(北京、上海、广州、四川)做调查研究,并从教育、居住、职业、收入、社会交往、受歧视程度等方面对我国流动人口的生活状况以及人口的大量流出对中国农村家庭以及农村社会的影响进行分析。[③]

3. 新生代农民工相关研究评述

从研究内容上看,国外的研究主要针对我国流动人口的概念、形成原因及动力机制等进行实证性研究;国内的相关研究主要集中在新生代农民工的概念、个人及群体价值取向、就业以及其市民化等方面。总之,研究面涉及比较广。

从研究方法上来看,既有规范研究也有实证研究。对概念、价值取向等方面主要是规范研究,对新生代农民工的群体特征、生存状况、日常生活、城市融入等方面的研究大多基于问卷调研得来的实证素材,实证研究倾向明显。

对策性研究取向明显。在事关新生代农民工生存、发展问题的研究中一般会提出对策建议,其中对新生代农民工价值取向的引导及其市民

---

① C.Cindy Fan, "The state, the migrant labor regime and maid en workers in China", *Political Geography*, 23(2004), pp.283-305.

② Xiaogang Wu & Donald J.Treiman, "Inequality and Equality under Chinese Socialism: The Hukou System and Intergenerational Occupational Mobility", *American Journal of Sociology*, Vol.113, No.2(2007).

③ 参见郭政浠:《FDI 东西部差异对人口流动的影响研究》,《经济研究导刊》2010 年第 35 期,第 15—17 页。

化道路的探索方面尤为突出。

以上涉及农民工特别是新生代农民工群体的研究为本书提供了非常有益的借鉴和启示。但研究的视域还可以扩展,尤其是新生代农民工与社会稳定的关系研究,目前学界的研究主要从政治参与意识、社会稳定意识、社会情绪、生存处境等几个方面来探讨,其研究视域还可进一步拓展。比如从政治方面考察新生代农民工与社会稳定的关系,可以考察其政治认知、政治态度以及由之产生的政治行为对社会稳定带来的直接或间接影响。可以通过分析政府机构服务效率、政府职能行使、政府服务内容、政府官员行为、政府体制进入途径、政治选举参与及其效果等对新生代农民工政治认知、政治态度、政治行为的影响,以及信息时代背景下的互联网、新闻媒体等现代传播媒介对他们了解国家政策、参与社会交往、维护个人权益以及融入城市生活的影响。因为新生代农民工的政治认知、政治行为与政治大环境是相互影响、相互制约的,而在政治大环境的背景下具体考察其个人的政治认知、政治态度及政治行为与社会稳定的关系,恰恰是当前研究不够深入之处。

再比如从经济方面分析新生代农民工与社会稳定的关系,尽管个人经济收入水平及其稳定性是新生代农民工对社会稳定产生影响的最主要因素,也是已有研究的重要领域,需要继续关注。但收入分配和社会资源占有状况、国家出台的针对农民工的政策等也直接或间接地影响着新生代农民工的社会认知和行为,且对这些经济方面因素的探讨有助于更加深入地揭示新生代农民工收入现状的原因,为化解经济方面影响社会稳定的不利因素找到对症处方。

对新生代农民工的研究不仅研究领域有拓展的空间,研究方法也有深化的必要,尤其是实证研究的细化有待深入。关于新生代农民工实证研究的素材除了相关部门发布的统计数据外,现场观察、深入访谈、开放式座谈等研究方法也大有用武之地。

相对来讲,国外学者的研究概括性强,理论色彩浓厚,在丰富的资料中截取片段来支撑他们的观点,虽然有一定的参考价值,但其材料和观点很大程度上并不适用于我国社会的情况。从 20 世纪 80 年代一直到近些年,国内学者对于相关问题都有所关注,都提出了一些具体解决办法,可以成为相关政策制度的重要参考。但相关研究往往从个案和事例出发,以理论和数据来推导相关结论,有一定的时间和空间上的局限性,有个别观点也存在片面性。因此,我们在研究新生代青年群体与社会稳定关系问题,需要对这些研究成果进行批判吸收,而不能简单套用。

三、社会稳定的概念阐释与表征

(一) 概念阐释

维护社会稳定的要义是为社会发展提供良好的运行环境,而社会发展是由经济发展、政治稳定、文化进步、社会文明、生态良好等各项因素综合而成的系统工程,是处于不断变化与发展中的,与之相适应,社会稳定也是与时代发展相协调的、处于发展之中的社会"现象"。稳定具有多样性,社会稳定的形成和变化是阶段性和历史性的统一。当前我国正处于深刻的社会转型时期,能否正确解读社会稳定的概念是决定社会能否实现安定有序的前提所在。

社会稳定既有量化指标,也有质性表征,本书主要从实证表征分析。社会稳定并非表示社会静止不动,而是一种相对的处于变化中的稳定,是绝大多数社会成员能够遵守社会规范,维护良好的社会秩序,社会整体协调有序地发展的状态。一般认为社会共识得以形成、公共规则得到遵从和执行、公共利益得以彰显、个人主体性得到尊重和体现、社会阶层结构在变化中处于稳定、社会流动畅通,最终社会秩序得以构建,公序良俗得到遵守,这个社会就处于相对稳定状态。

(二) 社会稳定的表征

1. 政治方面

政治稳定事关社会稳定大局。权力与权利是政治的重要内容。以强力约束权力、保障公民权利和权益的实现,不仅有利于政治稳定,而且有助于社会稳定。

（1）权力得到约束

孟德斯鸠在《论法的精神》中阐述到：一切有权力的人都容易滥用权力，要防止滥用权力，就必须以权力制约权力。[①] 处于转型期的社会，利益呈现多元化的特点，与之相对，权力也呈现多元化的特点，塞缪尔·亨廷顿认为："一个社会中权力的总量取决于该社会中相互影响关系……的数量和强度。……现代政体比传统政体拥有更多的权力"[②]，在行政体系高度现代化的今天，合理地约束权力、杜绝权力滥用，使权力朝着正方向运行对实现社会正义、维护社会秩序是非常重要的，否则权力如果缺乏应有的控制，将带来社会稳定的破坏。

（2）权利得到保障

"一个稳定的社会需要两个基本条件，一是人们很少会因为生活资料不足而受到生存威胁，即人们生活水平基本上能够保持在温饱水平之上；二是其内部各个群体之间的生活水平和权利持有状况较为接近，相互之间的距离感较弱，较少或者不存在敌视对抗情绪。"[③]社会纠纷的产生往往与当事人权利没有得到应有的保障密切相关。权利是权力的基础，社会转型时期，群众的利益诉求更加多元化，多层次的复杂利益群体纷纷要求保障自己的权利，一旦权利得不到保障他们就可能通过暴力的途径维权。"在现代……只有通过权利来确保人的尊严、人权、民主与公正，才是正当的社会秩序，才有可能成为长期稳定的社会秩序（长治久安）。"[④]可见，权利得到保障是实现社会稳定的关键所在。

霍布斯强调，世间很少有人会愚蠢到不愿自己管理自己的事务而宁愿受制于人。青年群体的入党意愿、对政府管理及服务效率的评价、对政府机关人才选拔方式的看法、对接受高等教育机会的评价、对政治选举的

---

① ［法］孟德斯鸠：《论法的精神》，张雁深译，商务印书馆1961年版，第154页。

② ［美］塞缪尔·亨廷顿：《变革社会中的政治秩序》，王冠华、刘为等译，上海世纪出版集团2008年版，第119—120页。

③ 张晓玲：《社会稳定与弱势群体权利保障研究》，《政治学研究》2014年第5期，第71—82页。

④ 黄明涛：《公民权保障视野下的社会稳定观》，《岭南学刊》2016年第6期，第27页；另见程燎原、王人博：《权利论》，广西师范大学出版社2014年版，第471页。

态度以及对个人与国家集体关系的认知等都决定着他们的行为选择,进而影响社会稳定。如果一些青年群体对我国政府服务能力和效率、个人在政治社会中的角色、个人参与政治生活的机会等存在不满、不信任或者不认可,这种负面的认知必定会影响他们的行为,进而表现出对现行国家管理体制与秩序及社会行为规则的抵触,积累和谐社会秩序的消极因素,甚至危及社会稳定。

2. 经济方面

经济与社会稳定之间具有复杂且多样化的关系,就业与生存得到保障,生活水平不断提高,劳动保护比较有力等都是社会稳定的助推力。

(1)分配公正

收入分配制度是调节社会财富分配和实现社会公平的主要机制,收入分配是否公平不仅影响经济的平稳运行,而且影响社会稳定及发展大局。根据 Alesina and Rodrik、Alesina and Perotti 等人的研究,财富和收入的不公平会使众多低收入者在面对少数非常富有的人时,对社会经济现状产生不满情绪,并进而要求进行重大的社会变革。[①] 在福利经济学中,一般将帕累托最优状态作为经济效率的判断标准,分配公平能够激发社会成员的积极性,不仅会促进经济效率的提高,促使蛋糕做大,同时也有利于消除巨大的贫富差距,化解各种社会矛盾,所以分配公正是社会稳定的应有之意。

(2)充分就业

社会稳定最重要的根基在于民生有保障,就业作为民生之本是社会稳定的基础,充分就业对改善民生具有至关重要的意义。长期处于失业或者待业状态的劳动者,很难融入正常的社会生活环境,难免出现被边缘化的情况,同时他们中的一部分人为了满足生存需求,甚至会采取一些极端的行为,比如抢劫、盗窃等,成为社会安定的极大隐患。只有实现充分就业才能实现人心稳定,一个人当他感觉自己前程无忧时就会主动去维

---

① 转引自韩建雨、支大林、孙晓羽:《收入差距与社会不稳定:基于中国时序数据的实证研究》,《东北师范大学学报(哲学社会科学版)》2011 年第 1 期,第 58—64 页。

护当前的稳定局面。

社会稳定不仅要求实现就业,同时要求保障就业人员的劳动权益。就业过程中存在的故意压低、尅扣、拖欠甚至侵吞工人工资,故意延长劳动时间,故意加大劳动强度,肆意辱骂、殴打员工,劳动保障条件差、职工的身体健康受到较大损害等都会引起劳动纠纷,引发社会动荡,所以充分保障就业人员的权益也是社会稳定的重要表征。

实现社会稳定需以强大的经济实力为基础,只有经济发展了,经济实力增强了,才能实现社会资源合理分配、劳动力充分就业、劳动环境得以改善、收入水平得以提高等,这些因素与民生改善紧密相连。青年群体对社会资源占有状况、现行收入分配体制、家庭经济状况、就业形势、就业前景以及对国家就业扶植政策等问题的认知和评判,决定着他们对我国的经济体制、个体和家庭经济生活现状、个人就业和职业前景以及国家相关经济政策的评价,这些评判直接影响他们的行为,进而成为影响社会稳定的重要因素。

3. 社会方面

社会规则得到遵从,社会流动比较顺畅,基本的社会保障得以实现全员覆盖,社会成员逐步形成社会身份的自我认同,社会秩序得以建构等都是社会方面社会稳定表现出来的重要特征。

(1)公共规则得到遵守

俗话说"无规矩不成方圆",规则是约束共同体成员的行为准则,生活离不开秩序,秩序离不开规则。按照社会契约论的观点,人们为借助更强大的力量保护自己建立的国家,需要让渡一部分权利,从而通过集体力量满足生存需求。权利让渡可以理解为对公共规则的遵从。公共资源的分配,并非谁的拳头硬、谁的嗓门大就可以独占鳌头,而是要按照公众认同的规则来配置。如果一个社会的多数成员把自己的家收拾得一尘不染,在外旅游却随手乱扔垃圾;在家克勤克俭,对公共财物却挥之如土、不加爱护,这样的社会是难以有序的。对公共规则,人人应当有敬畏之心,而公共规则只有在得到遵守的时候才能体现其价值,只有人人不"越界"、不"逾矩",社会才能和谐、有序。

（2）公共利益得以彰显

功利主义代表人物边沁认为公共利益是"最大多数人的最大利益和幸福"。公共利益与社会的个体和群体都密切相关,公共利益的实现重在公私利益之间的平衡。公共利益是为了实现最大多数人的利益,其共同拥有性和共享性赋予公共利益特殊地位,公共利益关系到人们如何看待自我、看待他人、看待与别人的利益分歧以及如何看待社会,进而决定着个体行为。公共利益不仅具有凝聚社会的功能,同时也会产生社会纠纷,在现实生活中公共利益与私人利益之间往往存在着博弈,在个人利益不断彰显的今天,公共利益更需要得到彰显,公共利益的丧失,必然导致社会失序。

（3）社会阶层结构在变化中处于稳定

索罗金在《社会流动》中指出,任何社会群体都是分层的,个人在不同群体与社会组织中的分布是社会的必然。社会稳定并不意味着阶层固化,因为阶层固化的背景下,社会结构是缺乏弹性的,职业、阶层的转换是非常困难的,不仅不利于社会稳定,反而是社会稳定的极大隐患。通过阶层结构的变化,赋予社会成员流向其他阶层的机会,可以提升整个社会的人力资本水平,激发社会活力。

社会流动是社会转型的一种机制,社会流动程度与社会开放程度呈正相关①,和谐稳定的社会要为社会流动提供渠道,为人们提供向不同职位、不同阶层转换的机会,通过社会流动将适合的人才安排到适合的岗位上去,扬长补短、拾遗补阙、各居其位、各有所得,以安定人心,人心安则社会稳。

公平、公正是现代社会的基本价值追求。现实生活中每个人都处于一定社会制度下的某种社会结构中,与其他社会成员发生交往,彼此信任或相互猜忌,善于交往或独自飘零,迅速适应或格格不入,共同形塑着某一时期的社会结构与社会形态。青年群体怎么看待他们生活的这个社

---

① 刘祖云:《略论社会开放与社会发展》,《华中师范大学学报（哲学社会科学版）》1993年第 5 期,第 40—45 页。

会,是否信任这个社会,是否具备适应社会生活的能力将影响个体社会化的程度和速度,决定他能否顺利地成为一个"社会人"。随着农民工队伍的年轻化,他们希望在工作地点获得精神和情感的归属,享有同等的社会保障和公共服务,自身所处的社会阶层得以提升,而不愿意像其父辈那样成为城市的过客。如果他们不能在城市获得稳定的生活,不能共享城市化的成果,社会稳定就难以实现。

4. 文化方面

社会稳定需要文化的思想整合功能、价值引导功能以及协调功能,心治则国治、心安则国安。文化方面的价值观与社会共识逐步形成,有矛盾有妥协有共识等都是社会稳定的表征。

(1)社会共识得以形成

目前我国正处于从传统社会向现代社会转型的时期,与之相适应,社会意识也发生着全面而深刻的变革。社会的价值观念、人生态度、道德认知以及思维方式等受到冲击,多种社会意识之间存在冲突。由于个人主义价值观和市场经济利益观的影响,传统社会的熟人信任逐渐流失,但契约观念和规则意识尚未深入人心,社会关系疏离,社会资本短缺。而共识是共同体得以顺利延续和运转的基础,在个体意识不断增强的背景下,能否形成社会共识对维护社会的公序良俗具有至关重要的作用。

(2)在冲突中实现价值引领

根据马克思主义的观点,矛盾无所不在,无时不在。自人类社会以来,冲突和矛盾斗争就成为一种不可避免的社会现象。社会本身就是一个矛盾统一体,稳定的社会并不是没有冲突,而是有各式各样的冲突。在美国社会学家刘易斯·科塞看来,社会冲突对于社会团结、一致以及整合具有重要的促进作用[1],和谐稳定的社会能够通过各种途径、方式从对立走向统一。

社会变革伴随着广大民众的精神世界及心理世界的动荡,文化对处

---

[1] [美]刘易斯·科塞:《社会冲突的功能》,孙立平译,华夏出版社 1989 年版,第 133—134 页。

于社会转型时期的人的心理建设具有特殊意义。文化建设对社会人际关系的形成具有非常重大的影响,文化理念、文化环境对塑造人的行为具有不可忽视的作用,青年群体对自身家庭教育环境、教育体制和政策的认知和态度,影响着他们的行为。通过观察青年群体对我国教育、文化领域相关问题的评价,推断可能对他们行为产生的影响,在一定意义上化解消极影响和负面情绪,减少社会冲突和对抗行为,将有助于社会稳定。

总之,社会稳定是社会发展的前提和基础,而社会稳定有赖于生产稳步发展,经济平稳运行,人民生活有保障,权力与权利得以平衡,社会秩序得以建构,共同价值得以形成。社会稳定最终通过政治、经济、文化以及社会四个方面的动态有序与协调运行表现出来。

四、本书的研究对象、方法、视角与不足

(一)研究对象

为了解转型期新生代青年群体与社会稳定的关系,课题组在青年群体中选取了两类对象展开研究,一类是在校青年大学生(亦称青年学生或青年大学生或大学生),一类是新生代农民工(亦称青年农民工)。①青年大学生是有理想、有知识,正在接受高等教育的一群年轻人,他们走入社会后期望实现自己和家人、父辈的理想,希望自己有所作为,能够顺利乃至成功地融入社会,成为社会的建设者,因此他们的所思所想所为以

---

① 一般把"60后"农民工视为老一代农民工,"80后"农民工称为新生代农民工,且"80后"农民工已成为我国目前农民工的主体。本书中涉及的新生代农民工不仅包括"80后"农民工,还包括1970年代后期出生的农民工,即新生代农民工指20世纪70年代后期以及以后出生的农民工,因为20世纪70年代后期出生的农民工年龄在45岁以下,与他们的父辈即"60后"和20世纪70年代前期出生的农民工在观念、经历、受教育程度、人生规划等方面存在较大的差别,可以视为两代人,因此本书讨论的新生代农民工年龄范围更广一些。这与对青年年龄范围的界定是一致的,由于个体生理成熟前移,心理成熟滞后,青年期越来越长。从研究青年成长与社会管理的角度来看,学术界普遍倾向于把狭义的青年年龄界定为14—28周岁,广义的青年年龄则扩大到44周岁。参见刘江宁:《青年群体公平正义问题及其维护机制研究》,《中国青年社会科学》2017年第1期,第61—66页。

及他们对社会的认识和对未来的期望,是影响社会稳定的重要因素。

新生代农民工大多是没能进入大学的一个群体①,因为个人、家庭、教育和社会的原因,他们没有机会接受大学教育,年纪轻轻地就承载了家庭的重任,开始在外务工,像他们的父母一样,成了一个现实社会的劳动者,在现实政治、经济、文化背景下为了生存、为了改变命运、为了前途或是为了理想而奔波。新生代农民工与他们的父辈(第一代农民工)有相同的地方,比如都是从农村来到城市谋生,希望挣得更多,学得一技之长,能够被城市及社会接纳;但不同之处在于第一代农民工的真正寄托还在农村,他们在城市打工是把挣来的钱寄回农村消费——建房、供子女受教育、给父母治病养老、提高家人的生活水平,他们把在城市做工视为人生的一个阶段,视为挣钱的一个途径,其最终归宿还是在农村老家,因为他们深感自己这代人难以在城市扎根;而他们的后代——新生代农民工的想法却不同,他们虽出生在农村,但大多接受了义务教育,年纪轻轻就进了城,在城市谋生,城乡之间的差别既让他们羡慕,也让他们的内心产生波动,加之市场经济、学校教育灌输的平等观念使他们的认识不同于父辈。他们中的大多数人不安于农村的落后与贫瘠,没有农业劳动的经历和经验,进入城市后是期望在此扎根落脚,一开始没有再回到农村去的打算,因为他们不希望自己的后代再次重复自己离乡背井的经历。哪怕在城市生存很艰难,他们最初的打算也是希望"漂"在城市,寻找成为真正城里人的机会,主观上有着较强的"城市人"认同。由此,这一群体工作、居住、生活在城市,他们的子女也需要在城市成长、接受教育。如此庞大的群体虽住在城市,立志在城市落脚,如果未真正享受到城市人的待遇,主客观条件制约其"城里人"理想的实现,一旦这个群体及其子女的生存以及发展得不到很好的保障,那将会影响社会稳定。因此,本书把这一群

---

① 国家统计局发布的《2017 年农民工监测调查报告》显示,农民工中,未上过学的占 1%,小学文化程度占 13%,初中文化程度占 58.6%,高中文化程度占 17.1%,大专及以上占 10.3%。大专及以上文化程度农民工所占比重比上年提高 0.9 个百分点。外出农民工中,大专及以上文化程度的占 13.5%,比上年提高 1.6 个百分点;本地农民工中,大专及以上文化程度的占 7.4%,比上年提高 0.3 个百分点。

体也作为研究对象,期望通过了解他们的所思所想,梳理他们的生存状况及其生存发展诉求,提供利于其发展的对策建议,消除社会稳定的隐患。

（二）研究方法

本书以实证研究方法为主。具体的方法有：

问卷调查。为了解青年大学生和新生代农民工对社会稳定的影响,本书设计了问卷分别对他们进行调查,然后对问卷展开分析。

座谈交流。除了问卷调查外,研究成员分别与青年农民工和青年大学生进行了座谈,面对面地交流,主要了解在问卷中难以反映的问题。

实地观察。研究成员深入青年大学生和青年农民工的生活、学习（工作）场地所,观察他们的日常学习（工作）、生活、娱乐和社会交往活动,补充本书所需要的素材。

（三）研究视角与问卷情况

本书主要的素材来自问卷,因此具体的研究视角也体现在问卷设计的思路上。研究小组针对青年大学生和青年农民工设计了不同的问卷,问卷中问题的数量也不相同,但问卷大体结构都包括调查对象的基本情况和与社会稳定有关联的影响因素两大部分。

对两类研究对象而言,如何寻找他们与社会稳定之间的关联是研究的关键。本书为寻找二者之间的关联,分别从政治、经济、社会和文化四个方面设计了问题,认为这四个方面的问题构成了社会的四个方面,既与他们及其家人目前的生存生活状态有关,也构成他们今后的发展环境与条件,同时也是我国政治、经济、社会、文化建设的内容。而这四个领域涉及宏观、中观、微观三个层面,对于个体社会成员而言,他们感受最深刻、接触最频繁的还是微观层面的问题。因此,本书对以上四个方面的有关问题主要选取新生代青年群体日常学习、工作、生活、交往中能够感知和体悟的具体问题进行考察,了解他们的认知、态度及评价。因为这些认识和评价既包括对现实的评判,也涉及对未来的期望,而社会能否满足其现实的需要和未来的期许无疑会影响他们在社会生活中的行为,进而影响社会的稳定。这一问卷设计的思路便成了本书的研究视角。

针对青年大学生的问卷共 59 题,主要以西南地区高校的在校生为调查对象,包括理工、医学、师范和综合类院校,学校层次涉及一般本科和职业技术学院,同一院校包括不同年级,发出问卷 1000 份,收回有效问卷 931 份。

针对青年农民工的问卷以在四川、河南、广东境内的务工者为主,共发出问卷 600 份,收回有效问卷 512 份。

(四) 不足之处

本书试图从政治、经济、文化与社会等方面探讨青年大学生和新生代农民工与社会稳定的关系,主要是想考察与这两个群体有关的政治、经济、文化或社会生活中的哪些具体因素与社会稳定会发生关联,他们在这四个领域的哪些具体方面存在问题,而这些问题的现状如何,又是否会危及社会的稳定,从而分析产生这些问题的原因,希望找到相应的对策,以消除影响社会稳定的隐患。

在展开以上问题分析时,由于政治、经济、文化和社会领域的要素众多,这几个领域有时又难以截然分开,所以使得分析时难免出现交叉现象,且有时对问题的归类无法做到精准细分,这是本书的不足之一。

同时,当某些与青年大学生或青年农民工有关的问题会影响社会稳定,或与社会稳定有关联,但其对社会稳定的影响程度有多大,与社会稳定的关联度如何测量或衡量,这是本书没有涉及和已有资料无法解决的问题。即是说,本书在探讨某些影响社会稳定的因素时,没能进一步分析这种影响如何度量,在什么程度上会危及社会稳定,这既是本书的不足,也是后续研究需要解决的问题。

另外,在问卷调查中少数青年学生和青年农民工对个别问题(包括单选题和多选题)未做回答,致使有些问题的统计数据有缺损,在此予以特别说明。

第一章 青年大学生与社会
稳定的关系分析

  青年在校大学生是新生代青年群体的重要组成部分，他们是正在接受高等教育的一群年轻人，他们走入社会后期望实现自己和家人、父辈的理想，希望能够顺利乃至成功地融入社会，成为社会的建设者，因此他们的所思所想所为以及他们对社会的认识和对未来的期望，是影响社会稳定的重要因素。

  青年大学生与社会稳定的关系分析来自问卷调查的结果。本部分问卷共有题目50多道（包括选做题），由综合、政治、经济、文化、社会五个部分组成。受访者是匿名的，也无须呈现家人、班级以及家庭住址等情况，以使他们能放心、真实地回答相关问题。

  此次调查以高校在校生为对象，调查的高校包括综合性本科大学、专业类本科院校和职业技术学院（大专），共发放问卷1000份，收回有效问卷931份，回收率为93.1%；其中男生366人，占39.1%；女生565人，占60.9%。从学科门类看，文科生366人，占39.3%；理科生224人，占24.06%；工科学生94人，占10.1%；医学类学生为183人，占19.7%；艺术类学生64人，占6.9%。从学历层次看，专科生138人，占14.8%；本科为693人，占74.4%；研究生100人，占10.74%。从政治面貌看，中共党员（含预备党员）为195人，占20.9%；非党员为736人，占79.1%。再从受调查学生的户籍来看，农村户口658人，占70.67%；非农户口273人，占29.33%。同时还有独生子女267人，占28.7%；非独生子女664人，占

71.3%；单亲或"双失亲"家庭（指同时失去双亲的家庭，后同）学生96人，占10.3%；双亲健在家庭学生835人，占89.7%。从调查问卷涉及的学生学科门类、性别、户籍等看，本次调查的对象涵盖专业学科、学历层次面较广，具有一定的代表性。

调查问卷主要从政治、经济、文化、社会四个方面的一些具体问题切入来探讨青年学生与社会稳定的关系，结合学生的学科专业门类、学历层次、政治面貌、性别以及家庭月收入水平等要素做了部分因子分析。下面将从这四个方面分别汇总问卷的统计结果并简要分析。

一、从政治要素方面看青年学生与
社会稳定的关系

根据王浦劬在《政治学基础》一书中对政治的定义，我们认为政治是对社会利益的分配及其为保证分配正常进行的制度安排。其内容上包含政治意识、政治行为、政治关系、政治文化等。本部分主要分析青年学生的政治认知和政治行为及其与社会稳定的关联。

（一）政治认知与态度

在政治学中，政治意识是对政治主体所具有的政治认知、政治态度等主体性意识的描述，包含政治认知、政治态度等。作为本书研究对象之一的青年学生因自身成长环境和认识水平的差异而具有不同的政治意识，政治意识不会直接对社会产生影响，只有在意识支配下的行为才能产生实质性的影响，但不可忽视政治意识（认知和态度）对行为的支配作用。对于青年学生的政治意识，需要通过他们对一些与之密切相关的问题的态度、意愿来体现，为此问卷中对政治意识的调查分解为入党意愿及动机、对政府机构服务效率的态度和评价、对公务员考试方式的评价、对个人与国家和集体关系的认知等。下面的分析围绕着这些问题展开。

1. 个人入党意愿与入党缘由

中国共产党的最高理想和最终目标是实现共产主义。一个人要加入中国共产党,首先必须有坚定的共产主义信仰。了解青年学生是否愿意入党,在一定意义上是了解他们的政治信仰,考察其入党缘由,可以从侧面了解其入党动机和信仰状况。正确的动机是正确行动的精神动力,入党动机是一种主观理念,决定着党员的素质和党的生命力,是保持党的先进性和战斗力的基本条件,入党缘由会涉及一些现实层面的因素。在回答"如果你不是中共党员,你是否想加入中国共产党"的问题时,参与调查的大学生的回答结果比较集中。从统计结果看,75%的青年学生选择"非常想加入"和"比较想加入",15%的青年学生选择"想加入,但不够条件",还有 10%的学生选择"无所谓,顺其自然",即七成以上的青年学生愿意成为中国共产党党员。这说明我国在中国共产党领导下社会经济得到快速发展,这些"90 后"的青年大学生是享受到了社会发展的成果并认可的;同时其父辈、其身边一些优秀的共产党员也为他们树立了很好的榜样。进一步细分统计结果发现,文科生、研究生、男生加入中国共产党的意愿更强。说明更多地接触人文社会科学的知识和课程学习、更高的政治抱负、更有雄心的事业追求和社会性别角色的定位会影响学生入党的选择。

进一步分析青年学生的入党缘由,在回答"你加入中国共产党的缘由"这一问题时,得到的答案不一,如图 1-1-1 所示。文科、工科、医学类学生主要集中在选项 3("有利于个人找工作和升迁"),艺术类学生主要集中在选项 2("受社会先进人物、优秀共产党员的影响")和 4("提升个人素质");理科类学生集中在选项 4("提升个人素质")。专科生选择选项 1("对共产主义的追求")、2 和 4("受社会先进人物和优秀共产党员的影响""提升个人素质")的比例大于其他学历层次的学生,本科生选择选项 5("看别人的样,随大流")的比例高于其他学历层次的学生。研究生选择选项 3 的比例高于其他学历层次的学生。如果直接从问卷结果看,青年学生中专科生要求入党更多是基于政治信仰的选择,本科生、研究生入党的现实目的强于政治信仰。这在一定程度上说明知识性认知所产生的政治理性和对社会现实的感受程度有可能影响青年学生的入党动机,同时也让我们警惕,如果学历层次越高入党目的越现实,而高学历层次的学生进入党政机关工作的机会和竞争力也更强,一旦进入党政机关工作的青年学生大多是为了现实利益诉求而入党的话,这不能不引起我们的高度关注。

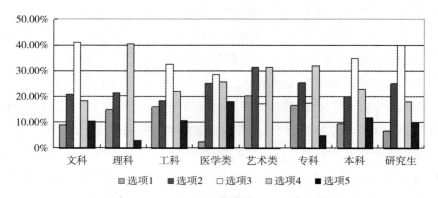

图 1-1-1　从学科、学历看青年学生的入党缘由

（选项 1 为"对共产主义的追求"、选项 2 为"受社会先进人物、优秀共产党员的影响"、选项 3 为"有利于个人找工作和升迁"、选项 4 为"接受党的教育和培养,提升个人素质"、选项 5 为"看别人的样,随大流"）

从性别差异来看,如图 1-1-2 所示。女生选择 2、3、4、5 的比例大于男生,男生选择 1 的比例超过女生,这在一定意义上说明男生基于政治信仰而入党的动机更强一些,女生选择入党更多出于现实目的的考虑,这主要是由其社会性别差异所引起的不同政治抱负所致。从是否为独生子女的角度分析问卷结果,独生子女学生选项 1、2、3 的比例大于非独生子女,选择 4、5 的比例低于非独生子女学生,说明独生子女要求入党更多是基于个人政治信仰,非独生子女要求入党较倾向于现实考量,这种现象与家庭影响、成长条件和个人政治抱负都有关联。从单双亲家庭背景来看,双亲家庭青年学生选择选项 2、3、4、5 的比例高于单亲、"双失亲"家庭学生,而选择选项 1 的比例则低于后两者。这也是一个值得注意的结果,看起来单亲或失亲家庭的学生并没有表现出更现实的价值观,反而更具有信仰追求,与我们惯常的认识并不一样。

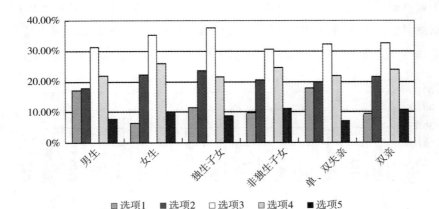

图 1-1-2　从性别、家庭结构①看青年学生的入党缘由

（选项 1 为"对共产主义的追求"、选项 2 为"受社会先进人物、优秀共产党员的影响"、选项 3 为"有利于个人找工作和升迁"、选项 4 为"接受党的教育和培养,提升个人素质"、选项 5 为"看别人的样,随大流"）

　　再从政治面貌来看,如图 1-1-3 所示。党员青年学生选择 3、4、5 项的比例低于非党员学生,选择 1、2 项的比例则高于非党员学生,说明经过入党前的教育培训、在党组织接受教育、锻炼对青年学生政治信仰的影响是有明显效果的,党员学生的政治觉悟、政治抱负在入党缘由上得到了体现。从家庭月收入水平来看,月收入水平在 1999 元以下的青年学生选择 1、5 项的比例最大,各层次收入水平家庭的学生选第 2 项的比例大致相当,家庭月收入水平在 5000—9999 元之间的学生选 3 的比例最高,家庭月收入水平在 10000 元以上的学生选 4 的比例最高。家庭收入水平越高的学生越看重入党的实际利益或对个人提升的作用,较不易受精神上信仰的影响,也不易随大流,是因为家庭物质利益的"熏陶"让他们更实际?还是经济理性的浸染让他们更趋向物质理性? 这对高校针对性地开展思想政治工作有指导意义。如果再考虑户籍因素,农村户口的青年学生选择 2、3 项的比例高于非农户口的学生,选 1、4、5 项的比例则低于后者,如

───────────

①　本书中提到的青年学生的家庭结构,主要包括两种情形:其一,是否为独生子女家庭;其二,是单亲家庭、双亲家庭或"双失亲"家庭。具体分析过程中多数时候只涉及其中一种情形,有时也涉及两种情形。特此说明。

果说农村户口的青年学生要求入党更多是出于现实考虑,而结合前面的家庭月收入水平看,似乎又有矛盾之处,说明农村家庭的学生希望通过入党改变个人命运和处境的愿望相对强烈,个人的价值追求也较为务实。

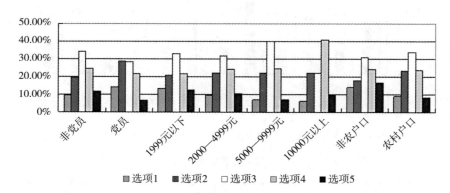

图1-1-3 从政治面貌、家庭收入、户口因素看青年学生的入党缘由

（选项1为"对共产主义的追求"、选项2为"受社会先进人物、优秀共产党员的影响"、选项3为"有利于个人找工作和升迁"、选项4为"接受党的教育和培养,提升个人素质"、选项5为"看别人的样,随大流"）

我国是中国共产党执政的国家,经济、社会事业的发展都离不开党的领导,青年学生在求学过程中接受了十几年思想政治课的教育,进入大学,其认知也更加成熟、稳定和理性。考察青年学生的入党意愿和缘由在一定意义上可以判断他们对执政的共产党领导的经济社会发展持一种什么态度,如何看待党领导下的经济社会发展成效,如何看待几千万党员及其行为,自己是否愿意接受党的领导而成为其中的一员,这样的认识会影响他们毕业时的工作选择、影响他们的政治信仰和进入社会后对社会上各种问题和困难的看法,以致影响他们的社会行为,进而影响社会稳定。

从上述结果分析来看,青年学生的入党意愿是比较强烈的,入党缘由总体上是积极的、正向的,尤其是文科生和男生,他们有更强的事业抱负和政治抱负,入党的愿望也更强烈。而文科生的学科性质使他们接受思想政治理论课相关知识的教育机会更多,这说明加强高校思想政治课教育教学是有重要作用和空间的。而一些家庭经济收入水平不高的学生也希望能入党,尽管其选择有现实利益的考虑,但如果予以正确引导,让这些学生成长成才,共享社会发展的收益,对社会稳定将大有裨益。

2. 对基层政府服务效率的认知与评判

青年学生在校期间与基层政府打交道的机会不是很多,关联较多的是其进校前户籍所在地的乡镇政府、城市街道办和大学所在地的社区街道办①等机构,主要涉及办理户口、身份证、贫困资助、助学贷款等相关事宜。在与这些基层政府打交道时,会对其办事效率形成认知,形成对基层政府的不同信任程度。在回答"你对基层政府的行政效率是否满意"这一问题时,35.7%的学生选择了"非常满意"和"比较满意",35.5%的学生选择了"满意程度一般",还有近三分之一的学生选择了"不满意"和"比较不满意"。说明大学生对基层政府行政效率的认知有些分歧。

在回答"你对基层政府工作人员的整体信任程度如何"这一问题时,有33.4%的青年学生选择了"信任程度一般";但同时不可忽视选择"不太信任"和"比较不信任"的比例也近三成。整体看,选择对基层政府工作人员"信任"的比例稍高于选择"不信任"的比例,持中间态度的占三成,对基层政府工作人员信任与否三分天下的局面需要通过分析导致其选择的原因何在,才可进一步窥见这种选择的影响因素。同时,选项"非常信任"和"比较信任"所占比例不是很高说明青年学生对部分基层政府工作人员行为的不满意,他们作为受过高等教育、有知识、更具独立判断能力的群体的这种认知会对基层政府的工作开展带来影响。进一步回答"你不信任基层政府工作人员的原因是什么"以及"你信任基层政府工作人员的原因有哪些"这两个问题时,统计结果显示各类学生对各种原因的选择比例比较接近,都集中在基层政府工作人员的办事效率、工作态度(是否耐心、热情、平等待人,等等)、对政策的理解和熟悉程度、工作中的灵活性以及办事的方便程度等方面。说明部分基层政府机关办事效率的不高、工作人员的不当态度和言行、便民服务举措的不足、为民服务理念

① 城市的街道办事处是市辖区人民政府或不设区的市人民政府的派出机构,不是一级政府,但是行政机关,是代表区政府在辖区内实行社会管理的基层组织,行使市辖区或不设区的市人民政府赋予的职权,其管理手段是行政手段,其工作人员属于公务员。由于其代表区(市)政府行使社会管理职责,实际工作中代行了区(市)级政府的不少工作,人们习惯上视其为基层政府的代表,视为实际上的基层政府的组成部分。

的淡薄等问题让部分青年学生产生不满情绪,并可能导致基层政府工作人员的形象在某种程度上受损。

3. 对公务员考试方式的认知与评价

青年学生如果毕业后要进入党政机关工作,必须参加公务员选拔考试。即是说,参加公务员考试是青年学生毕业后进入"体制内"工作的必要途径,由此,对公务员考试方式的认知与评价可以在一定程度上反映青年学生对进入"体制内"途径的态度。我国目前的公务员考试都是公开招考,至少要经过笔试和面试两关。青年学生如何评价这种考试方式,本人是否想成为"体制内"成员,在一定层面上反映了他们对进入体制渠道的开放度、公平度的认知、态度和评价。稳定的社会包含阶层的活力和韧性的社会结构,而一个社会的活力和社会结构的弹性有赖于社会流动的相对顺畅。社会流动包括横向流动和纵向流动,前者指不同地域间的流动,如迁移、移民等;后者指社会成员阶层的变化,社会地位的上升性或下降性流动,如个人社会地位、经济地位的提升和下降等。在我国,对于部分成员尤其是来自农村的青年学生,能否进入"体制内"(比如能否成为公务员等)被认为是社会纵向流动即提升社会、经济地位的途径之一,考取公务员的机会或可能性涉及对社会流动的空间及其可能性的评价,影响个人对社会流动的满意度和社会结构的韧性,进而影响社会的稳定。

当问及"你对我国目前公务员考试方式是否满意"这一问题时,接受调查的青年学生的选择差别不大,近35%的学生选择了"非常满意"和"比较满意",45%的学生选择了"满意程度一般"。表明对我国目前的公务员考试方式,青年学生总体上不满意率较低,但不同情况的学生在具体选择上存在差异。

从不同学科的学生看,图1-2-1显示艺术类学生选择选项1("非常满意")和选项2("比较满意")的比例高于其他学科门类的学生;医学类学生选择选项1和选项2的比例最低,而选择选项3("满意程度一般")的比例最高;文科类学生选择选项4("不太满意")的比例最高,除艺术类学生选择1、2项的比例之和超过60%外,其他门类学生选择1、2项的

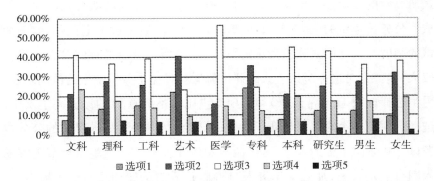

图 1-2-1　不同学科、学历的青年学生对我国目前公务员考试方式的满意度

（选项 1 为"非常满意"、选项 2 为"比较满意"、选项 3 为"满意程度一般"、选项 4 为"不太满意"、选项 5 为"比较不满意"）

比例之和均不到 50%，尤以医学类和文科类学生的选择比例最低。这表明除艺术类学生外，其他学科门类的学生对我国目前公务员考试方式的满意度不高，理工科学生比文科学生稍好。进一步深究原因，一方面近年来的公务员考试制度，拓宽了青年学生进入"体制内"的渠道；另一方面艺术类学生因其特长的市场需求较大，他们就业的自由度更高，而进入"体制内"工作的愿望相对较低，因而公务员考试竞争的激烈程度相对较低，考取率相对更高，使得他们对我国目前公务员考试方式的满意度也较高；文科类学生因其专业性不如理工科学生强，往往参与不限制专业招考领域的竞争，几千人竞争一个岗位的现象多有出现，竞争的激烈程度不言而喻，加之当下的公务员考试过程中程序公正与实质公正有时并不同步，文科学生考取公务员的难度更大，考取率更低，导致他们对公务员考试方式的评价相对较低就不难理解了。

从学生的学历层次来看，如图 1-2-1 所示，专科生选择 1、2 的比例高于其他学历层次的学生，本科生选择 3、4 项的比例最高，图上显示本科生选择"不太满意""比较不满意"的比例均高于研究生和专科生。从统计结果看，本科生对我国目前公务员考试方式的满意度最低。从近年来我国的公务员报考情况看，相对于专科生更务实的就业定位和研究生更多的职业选择机会（研究生可以到高校工作的机会更多，政府机关对招录研究生的政策往往更灵活,有时不通过笔试直接面试即可),本科生变成了公务员考试的最大群体,而僧多粥少,好不容易过了笔试关,差额面试的制度又让他们面临被淘汰的可能,加之面试环节考官的自由裁量权较大,本科生对这种考试方式的评价偏低就难免了。从学生的性别来看,男生选择选项1(非常满意)和选项5("比较不满意")的比例高于女生,选择选项2、3、4的比例却低于女生,总体看女生对于我国目前的公务员考试方式倾向于更为满意,这可能与女生在公务员考试笔试环节更容易入围有一定关系,加之女生进入"体制内"发展的愿望相对低于男生,对考试结果的期盼不如男生强烈,对落榜的心理准备更足,进而对这种选拔方式的不满也就相对低一些。

从学生家庭的月收入水平看,图1-2-2说明家庭月收入水平在10000元以上的学生选择1、4的比例最高,家庭月收入水平在2000—4999元的学生选择选项2的比例最高,家庭月收入水平在5000—9999元的学生选择选项3、5的比例最高,而家庭月收入水平在1999元以下的学生选择4、5项加起来的比例最高,这说明月收入水平在1999元以下以及2000—4999元、5000—9999元的青年学生的满意度偏低,家庭月收入10000元以上的学生的评价呈两极分化,"非常满意"和"不太满意"的比例都比较高,中等收入家庭的学生满意度偏低,收入最低家庭学生的"比较不满意"率也较高。一般来说,家庭月收入水平低的学生中,农村学生比例居多,他们更渴望通过考取公务员改变自身和家庭的处境;高收入水平家庭的学生由于家境优越,职业选择空间更大,考公务员的愿望不太强烈,一旦想考公务员,因其拥有相对充裕的"社会资本",难度可能更小,由此对我国目前公务员考试方式的满意度越高。

基于学生户口的分析也可以印证这个结果,图1-2-2表明农村户口的学生对我国目前公务员考试方式表现出的满意度低于非农户口的学生,虽然他们改变命运的愿望更强烈,但因为自身条件和家庭条件的制约,他们拥有的"社会资本"相对较少,如果遭遇不公平竞争,他们实现目标的可能性就会降低,制度又不能保证绝对的公平公正的话,他们就会对这种考试方式产生不满情绪。

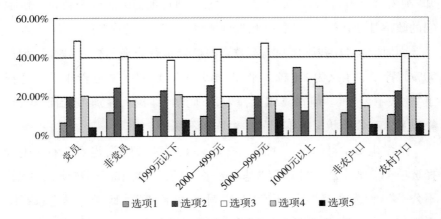

**图 1-2-2　不同政治面貌、家庭收入、户口的青年学生
对我国目前公务员考试方式的满意度**

（选项 1 为"非常满意"、选项 2 为"比较满意"、选项 3 为"满意程度一般"、选项 4 为"不太满意"、选项 5 为"比较不满意"。）

的确，参加公务员和事业单位招考是青年学生进入"体制内"的主渠道，这个渠道是否畅通、竞争是否公平，学生们如何评价这种考试方式既涉及他们对选拔方式的态度，也在一定意义上反映了他们对个人成长空间、社会流动机会是否平等的评价和认同，这无疑对社会的发展和稳定有深远影响。

4. 对接收高等教育机会公平度的认知

教育是让人获得发展机会的重要渠道，正如人们常说"读书改变命运"一样。人人享有平等的受教育权是社会公平、公正的重要内容，受教育机会的平等与否在一定程度上成为了衡量一个社会公平度的重要方面。青年学生是有幸接受高等教育的群体，但他们踏入大学的情形各不相同，受教育的学校也有等级、层次之分，即使是同一层次、同一类别的高校，其享受的教育资源、师资水平也参差不齐。那么，他们是如何看待自己接收高等教育的机会和效果的？这在一定程度上反映了青年学生接受高等教育的公平度的问题，也是社会公平、正义的一个层面。尽管教育机会的平等与否属于广义层面的社会方面的问题，但教育机会公平与否与政治关联密切，为此，本书把青年学生"对接收高等教育机会公平度的认知"纳入"政治认识和评价"部分来考察。通过他们的感受和评价了解他们的政治社会认知和态度,以此来推测对社会稳定的影响。

面对"你对在我国接受高等教育的机会是否公平"这一问题时,超过50%的青年学生认为"比较公平、基本公平",也有一部分青年学生选择了"比较不公平"。但在具体选择上,不同学科门类、性别、政治面貌、户籍以及家庭收入状况等不同的学生选择不同。

从学生的学科门类看,图1-3-1显示,文科、理科、艺术类的学生选择选项1("比较公平")和2("基本公平")的比例之和高于选项3("比较不公平")和选项4("不好说")的比例之和,而工科、医学类学生选择结果则相反。工科、医学类学生选择选项3的比例最大。文科、理科和艺术类的学生对在我国接受高等教育机会公平的状况认可程度更高,但同时可以看出文科类学生选择后两项的比例之和与选择前两项的比例之和差不多,说明他们的认识分歧比较明显,没有形成共识,理科、工科和医学类学生的认识比较统一,总体看,部分青年学生对在我国接受高等教育机会的正面认可度并不乐观。原因在于一方面当前部分社会资源分配不均等的因素导致了青年学生在进入大学之前接受的教育水平差异较大,尤其是城乡教育资源的非均衡配置,使得城乡学生享受的教育机会不平等;另一方面,不同地域、层次的大学拥有的教育软硬件条件差别明显,而青年学生本人在进入大学前后缺少自主选择的机会,导致他们对在我国接受高等教育机会的公平度的认知和评价有些分化,出现分歧。

从学历层次角度看,如图1-3-1所示。有超过45%以上的专科、本科、研究生学历的青年学生选择了"基本公平"这一选项,但本科生选择选项3的比例高于其他学历的学生,研究生选择选项4的比例高于专科生和本科生。说明一半的青年学生认为在我国接受高等教育的机会是基本公平的,但本科生对在我国接受高等教育机会的公平性认可度最低,对受教育机会的缺失有更多不满。这与本科学生尴尬的学历层次和就业困境有关,本科生的就业期望高于专科生,选择就业的行业和地域高不成低不就,但就业竞争力又不及研究生,就业率反而低于专科学生,由此对在我国接受高等教育机会的公平状况认可度偏低;而部分研究生由于其更

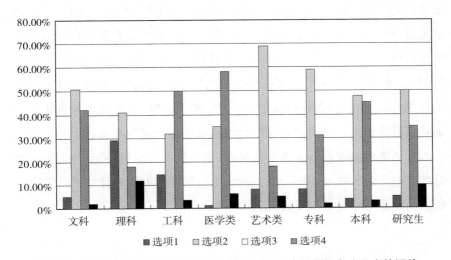

图1-3-1　不同学科、学历的青年学生对接受高等教育机会公平度的评价

（选项1为"比较公平"、选项2为"基本公平"、选项3为"比较不公平"、选项4为"不好说"）

多的教育成本支出和就业期盼,对自己的职业期望更高,现实的碰壁也让他们对受教育机会不均等的现状产生不满。这需要引起我们的高度重视。

从学生的政治面貌看,如图1-3-2所示。45%以上的党员和非党员学生认为当前在我国接受高等教育的机会"基本公平",但也有40%左右的党员和非党员学生选择了"比较不公平",同时党员学生选择选项2的比例高于非党员学生,选择选项3的比例又低于非党员学生。从比例上看,无论政治面貌如何,大学生对在我国接受高等教育机会公平程度的认可令人担忧,而且他们选择"比较不公平"和"不好说"的比例相差不大,认知基本一致;党员学生认为"比较不公平"的比例稍低于非党员学生,表现出更正向的评价,这可能与党员学生的认识水平有关,也可能是其共产党员的身份影响了他们的选择。

从学生家庭的月收入水平来看,图1-3-2显示家庭月收入水平在2000—4999元和10000元以上的学生的选择差不多,认为在我国接受高等教育机会"基本公平"的比例约占50%,但认为"比较不公平"的也接近40%;而家庭月收入在1999元以下和5000—9999元的学生却做出也近似相同的选择,他们认为在我国接受高等教育机会"比较不公平"的比例也接近50%,即是说低收入家庭和中等收入家庭的大学生对在我国接受高等教育机会的公平状况不满意。家庭月收入10000元以上的学生选择"比较公平"的比例在所有家庭学生中比例最高,说明可能因为其家庭收入状况的优越,他们更有机会上大学,进而对在我国接受高等教育机会的现状满意度最高。这说明青年学生对在我国接受高等教育机会公平度的评判有可能受到家庭收入水平的影响,当然这个影响也不是绝对的,比如那些家庭月收入低于5000元的学生,他们的评价就超过那些来自家庭月收入高于5000元(不到1万元)家庭的学生。

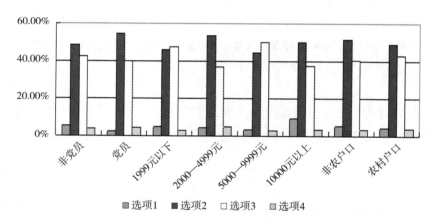

图1-3-2 不同政治局面貌、家庭收入、户口的青年学生
对对接受高等教育机会公平度的评价

(选项1为"比较公平"、选项2为"基本公平"、选项3为"比较不公平"、选项4为"不好说")

再从学生的户籍来看,图1-3-2的结果表明,农村户口的学生认为在我国接受高等教育机会"基本公平"的比例略低于非农户口的学生,而认为"比较不公平"的比例高于非农户口的学生,这与新中国成立后先城市后农村的社会经济发展模式有关,以农业支持工业、以农村支持城市的发展导向进一步扩大了城乡差距,"三农"问题凸显,农村户口的学生对教育资源的分享处于不利地位,对在我国接受高等教育机会的不公平感受更深。

对"你认为在我国接受高等教育的机会是否公平"这一问题的回答还可以从学生的性别、家庭结构等角度进行分析(图 1-3-3)。从性别看,女生选择选项 3 的比例高于男生,说明女生对在我国接受高等教育机会公平度的评价低于男生。女性感知更加细腻、仍然不可避免的社会性别歧视、女大学生就业更加困难致使其对在我国接受高等教育的机会更倾向于不满。从家庭结构看,独生子女学生在选项 3 上的比例高于非独生子女学生。一般而言,独生子女家庭的孩子享受的宠爱更多,当然承受的社会压力也更大,加之独生子女家庭的学生大多生活在城市,思维更活跃,认识也更独立,对社会现实的要求就会更高。单双亲家庭的学生选择在我国接受高等教育的机会"基本公平"的比例差不多,但双亲家庭的学生对在我国接受高等教育机会的不满意率稍高。

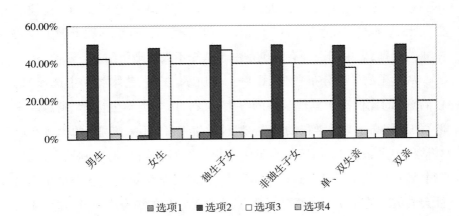

图 1-3-3　不同性别、家庭结构的青年学生对对接受高等教育机会公平度的评价

(选项 1 为"比较公平"、选项 2 为"基本公平"、选项 3 为"比较不公平"、选项 4 为"不好说")

5. 对个人"社会关系网络"内部成员间相互信任情况的评价

对政治社会认知的另一个重要方面是对自己所处的社会环境是否信任。人是社会动物,总是生活在一定的社会关系中,有自己的社会交往网络。青年大学生也是如此,学校工作人员、老师、同学、校友、朋友以及为其提供消费、医疗服务的人员等构成了他们的学习、生活的社会关系网,也可以说是青年学生的"紧密社会关系网"。个体"紧密社会关系网络"里面的成员是否值得信任,以及所处的"紧密社会关系网络"内部成员间相互信任的情况怎样,对个体的行为影响很大,甚至会直接影响他们对整个社会的信任。因为人们一般总是首先信任与自己关系密切和交往频繁的社会成员,然后再扩大到对自己社交圈成员以及整个社会的信任。对个人"社会关系网络"内部成员间相互信任情况的评价构成了对整个社会信任度评价的一个面相,因此,了解青年学生的政治社会认知也可以考察他们对自己"社会关系网络"内部成员间相互信任情况的评价。

当问及"你对与自己经常交往的社会成员间的相互信任情况满意与否"这个问题时,平均来看,超过35%的学生选择了"很满意"或"比较满意",超过40%的学生选择了"满意度一般",而选择"不太满意"或"比较不满意"的学生也近三成。大多数学生的选择集中在选项2("比较满意")和选项3("满意度一般"),也说明青年学生在这个问题上做了比较中庸的选择,做中间选择有时也是由于认知不太清晰所致。

从学生的学科分布来看,图1-4-1所示,工科、艺术类学生选择"比较满意"的比例高于其他学科的学生,文科、医学类学生选择"满意度一般"的比例高于其他学科的学生,理科学生选择"不太满意"的比例在所有学科中是最高的,而医学类学生选择"比较不满意"的比例最高,选择"很满意"的比例最低。这说明工科类、艺术类学生对与自己经常交往的社会成员间的相互信任情况更满意,医学类学生的满意度最低,这可能与我国前几年影响较大的医患纠纷有关系。医学类的学生大多会成为救死扶伤的医生,医生是这个社会非常重要的职业,病人需要出于对医生的信任把自己的生命交给医院,但如果医生本身对自己"社会关系网络"内部成员间的相互信任情况评价不高,良好的医患关系就难以建立,医患矛盾若增多就会损害社会的稳定与和谐。

从学生的学历层次看,图1-4-1显示,专科生选择选项1("很满意")、2("比较满意")的比例高于本科生和研究生,选择选项3("满意度一般")、4("不太满意")、5("比较不满意")的比例则相反,同时本科生选择选项3的比例最高,研究生选择选项5的比例在所有学历中最高。

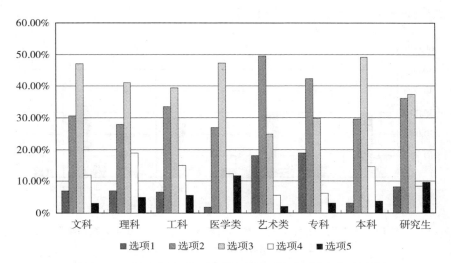

图 1-4-1　不同学科、学历的青年学生对个人"社会关系网络"
内部相互信任情况的评价

（选项 1 为"很满意"、选项 2 为"比较满意"、选项 3 为"满意度一般"、选项 4 为"不太满意"、选项 5 为"比较不满意"）

这一结果显示本科生对与自己经常交往的社会成员间的相互信任情况持"不太满意"看法的比例最高,研究生对与自己经常交往的社会成员间的信任情况持"比较不满意"看法的比例最高,基本趋向是学历越高,对与自己经常交往的社会成员间的相互信任情况满意度越低,不知是因为知识越多、年龄越大越冷静、理性,还是因为经历越丰富所遭遇的不诚信事件越多,进而对社会越警惕? 无论什么原因,如果所受教育越多的人对自己"社会交往网络"内部的相互信任程度越不满意,这会伤害社会信任的建立,社会成员如果对自己身处的社会环境或社交圈不愿或不敢相信,良好的社会关系不易建立,社会阶层之间就会产生嫌隙,社会稳定也就受到影响。

从学生的性别来看,图 1-4-2 所示,有 30% 的男、女学生都选择了"比较满意",但女生选择 3、4 项的比例高于男生,而男生选择 1、5 项的比例又高于女生。从总体上看,男、女学生都对与自己经常交往的社会成员间的信任情况不大满意,而且女学生的满意度低于男生,男生两极("很满意"和"比较不满意")的选择都高于女生,选择的极端性更明显,女生在两极的选择表现相对温和些。

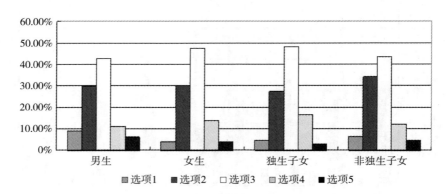

**图 1-4-2　不同性别、家庭结构的青年学生对个人"社会关系网络"
内部相互信任情况的评价**

（选项 1 为"很满意"、选项 2 为"比较满意"、选项 3 为"满意度一般"、选项 4 为"不太满
意"、选项 5 为"比较不满意"）

从家庭结构（"是否独生子女家庭"）的角度看，图 1-4-2 表明非独
生子女学生选择选项 1、2 的比例高于独生子女学生，而对选项 3 和 4 的
选择结果恰恰相反。这一结果表明，对与自己经常交往的社会成员间的
相互信任情况，独生子女家庭学生的评价低于非独生子女家庭的学生，前
者表现出对自己"社会交往网络"内部成员的一种更不信任倾向。这可
能是因为独生子女家庭的学生在家里得到的关爱更多，从小长辈向他们
灌输的"社会复杂、险恶、外人不能相信"的思想也会更多，他们期望出门
在外时也能得到同样的关照，但社会的"冷漠"却给他们当头一棒，致使
他们对个人"社会关系网络"的信任情况评价相对低一些。

从政治面貌来看，图 1-4-3 显示，非党员学生选择 1、2 项的比例高
于党员学生，选择 3、4 项的比例则低于后者，而对个人"社会关系网络"
内部成员间相互信任情况表示"比较不满意"的比例又高于党员学生。
为什么对与自己经常交往的社会成员间的信任情况，党员学生的评价比
非党员学生低、更倾向于不满意？是源于他们的政治抱负高，进而对社会
期望更高？还是因为他们作为党员对社会的不良现象更不能容忍？党员
学生是大学生中的优秀群体，对其他学生有很强的示范和引导效应，他们

的认知和评判容易对其他非党员学生产生影响,为此对他们的这种认知
既要引起高度重视,同时也要加以正面引导。

如果再参考学生所在家庭的月收入水平和户籍情况,图1-4-3告诉
我们,家庭收入水平越高的学生表现出对与自己经常交往的社会成员间
的信任情况越满意,反之满意度越低,不过中等收入家庭(月收入5000—
9999元)的学生持"不太满意"(选项4)看法的比例较高,这可能与中等
收入家庭的收入水平不稳定、波动大、随时可能跌入低收入家庭的处境有
关。导致他们对家庭和个人的前景有更多的担心和忧虑,对社会成员间
相互信任情况的感受有些不如意。

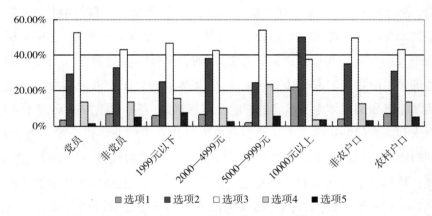

图1-4-3　不同政治面貌、家庭收入、户口的青年学生对个人
"社会关系网络"内部相互信任情况的评价

(选项1为"很满意"、选项2为"比较满意"、选项3为"满意度一般"、选项4为"不太满
意"、选项5为"比较不满意")

从户口角度看,农村户口的学生选择"比较满意"和"满意度一般"的
比例低于非农户口的学生,而选择"不太满意"和"比较不满意"的比例高
于后者。这个统计结果在一定程度上表明,农村户口的学生对与自己经
常交往的社会成员间的信任情况满意度低于非农户口的学生。人们一般
认为来自农村的学生更淳朴、厚道,从小在村落中熟人社会的生活环境让
他们不容易对人心生芥蒂,但他们为何更不满意自己"社会关系网络"内
部成员的相互信任情况?我们需要从城乡社会发展的现实差距中去找原
因,较长时间的二元社会发展体制让农村社会在教育、医疗、社会保障等

资源占有和服务水平上落后于城市,这些农村学生进城上大学后更深深地感受到城乡社会发展的不平衡,进而对城乡发展机会的公平度评价可能偏低,或许对城市社会心存疑虑,对与自己经常交往的社会成员及其他成员也表现出较多的疏离感。

6. 对个人与国家集体关系的认知、对国内群体性事件的认知

新时代的青年学生如何看待自己的社会角色,如何看待个人与集体、个人利益与集体利益的关系,如何看待一些社会事件,这也是政治意识的重要内容。

在回答"当个人利益与集体利益发生冲突时,你的做法是"这一问题时,45%的青年学生选择了"如果可以保全集体利益,可以牺牲个人利益",35%以上的青年学生选择了"总体上尽量保全集体利益,也尽量保全个人利益",这在一定意义上表明,当前青年学生在处理个人与集体利益的关系时符合国家与社会的期待,将集体利益置于个人利益之上。说明从小开始的集体主义教育的影响是很深远的,青年学生在国家、集体和个人利益之间的正向态度与他们将成为时代骨干的期许相一致。当然,同时也看到他们对个人利益和权利的尊重,这也是时代进步的一种表现。

群体性事件是影响社会稳定的重要因素之一,也是青年学生关注的热点。在回答"按你的理解,你认为以下哪些项是导致社会群体性事件发生的主要原因(可多选)""你认为哪些对策能减少社会群体性事件的发生(可多选)"这两个问题时,前一问题排在前四位的答案选项是:收入差距的扩大、群众缺乏充足的表达渠道、基层政府应对能力不足、社会不满群体的存在。但其中有20%的医学类学生、女生选择"某些群众过于激动无理取闹",这可能与前些年出现的医患矛盾有关,在一些医疗事件中,一些患者家属无理取闹,医学类的学生感受会更为强烈。后一问题排在前四位的答案选项是:缩小贫富差距;公职人员公平公正执法;加强群体性事件的事前预防和善后工作;提高农村干部的政治素质和工作能力。这些选项与群体性事件发生的原因是基本吻合的,说明青年学生对群体性事件的关注还是比较深入的,群体性事件处理得如何,会影响青年学生对社会贫富差距、公平公正、政府的服务能力和效率、农村基层社会建设

等方面的认知和态度,进而影响他们对基层政府及社会的信任或认同。

(二)政治行为选择

行为主义政治学将政治行为广义化,认为政治行为不仅包括可见的行为还包括不可见的行为,如政治思想行为、政治态度行为、政治价值观等。本问卷所涉及的政治行为指政治主体在政治过程中所进行的可见活动,包括政治参与行为、政治斗争行为、政治统治行为、政治管理行为。本部分问卷主要从青年学生的政治参与行为角度考察其与社会稳定的关系。

本问卷所涉及的政治行为主要是青年学生的选举参与行为。青年学生参加的选举可能是所在选区基层人大代表候选人的推选,但更多的是与他们学习、生活相关的各种选举,比如入党积极分子的推选,学校、学院、年级、班级各种形式和层次的推优,以及学校学工系统各管理及服务层级、各种社团负责人的推选等。在这些与其关联密切的选举活动中,青年学生是否主动参加、是否慎重行使自己的投票权、是否负责任地投票,都对其参与意识、参与能力以及政治责任感的培育和提升有重要价值,影响其政治行为选择。

在回答"你出于何种原因参与政治选举并投票"这一问题时(可多选),统计结果显示60%左右的青年学生选择了"行使政治权利"和"履行政治责任和义务",说明三分之二的青年学生对选举的认识是比较清楚和理性的,其政治权利、责任、义务意识也比较强。这与他们所受的教育、较丰富的相关知识有关。

进一步考察学生的学科门类,如图1-5-1所示。艺术类学生选择"行使政治权利"的比例超过其他学科门类的学生,选择选项2("履行政治责任和义务")的比例则相反,为各门类学生比例最低;同时,除艺术类外的其他学科门类的学生选择选项3("形势需要")的比例均接近或超过30%,文科类和医学类学生的这种认识更强烈,图上显示文科类和医学类学生认为参加选举是迫于"形势需要"的比例相对也是最高的。这说明当前青年学生中存在着一定的"政治冷漠",他们不愿意参加选举或愿意参加选举也不是出于政治热情和对自己政治权利的重视,这既有认识上的原因,同时也与部分青年学生迫于生计压力(如就业)无力关注政治有关。

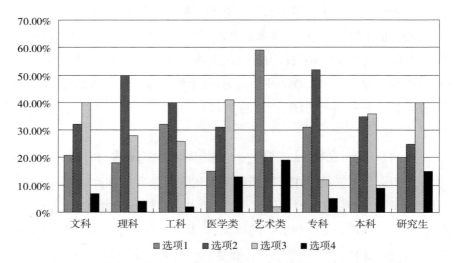

图 1-5-1　不同学科、学历的青年学生参与政治选举的原因

〔选项 1 为"行使政治权利"、选项 2 为"履行政治责任和义务"、选项 3 为"形势需要"、选项 4 为"其他外力诱导(考勤、德育加分、面子等)"〕

从受调查学生的学历层次看,图 1-5-1 显示专科生选择选项 1("行使政治权利")和选项 2("履行政治责任和义务")的比例高于本科生、研究生,而本科生和研究生选择选项 3("形势需要")和选项 4("其他外力诱导")的比例则高于前者,而且随着学历层次的提高,认为参与选举是"形势需要"和"其他外力诱导"的比例越高。难道是因为本科生和研究生对政治现实具有更高的认知水平和更大的政治抱负,因而对政治实践活动的要求更高?专科生可能基于就业的压力对政治活动更不敏感,更容易接受对选举活动的宣传和引导。这种随学历层次提高对现实政治生活中参与选举等政治行为认可度反而有所下降的状况需要引起高度重视。

从学生的性别来看,如图 1-5-2 所示,男生选择选项 1("行使政治权利")、3("形势需要")的比例略高于女生,女生选择选项 2("履行政治

责任和义务")的比例高于男生,而选择选项4("其他外力诱导")的比例
和男生差不多,这在一定意义上表明女生更倾向于认为参与选举是一种
政治责任和义务,男生却倾向于认为这是自己的一项权利,但对权利行使
效果的认可程度不高。从学生的政治面貌看,一方面部分党员学生认为
参与选举是行使权利和履行责任与义务,另一方面又有部分选择这是其
他外力诱导下的行为,或者说部分党员学生相对于非党员学生,相对倾向
于认为这是在外界压力下的选择,通过这个形式来行使权利和履行义务。

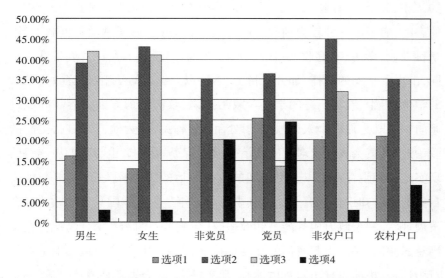

图 1-5-2　不同性别、政治面貌、户口的青年学生参与政治选举的原因
　〔选项 1 为"行使政治权利"、选项 2 为"履行政治责任和义务"、选项 3 为"形势需要"、选项
4 为"其他外力诱导(考勤、德育加分、面子等)"〕

　　再看受调查学生的户口情况,非农户口和农村户口的学生在选项 1
("行使政治权利")、2("履行政治责任和义务")和选项 3("形势需
要")、4("其他外力诱导")上面的选择结果刚好完全相反,表现出部分
农村户口的学生对参与选举相对冷漠,不是很关心选举这样的政治活动,
倾向于认为这是外界压力下的行为选择。这可能与农村学生的成长环境
有关,他们进入大学的目的更多在于改变自身和家庭的命运,对政治生活
层面的东西关注和关心较少,对个人政治权利和责任的热情在一定程度
上被生存和生活的压力抑制,还可能在进入大学后,对城乡发展的差距感

受更明显,对政治活动的兴趣相对淡漠。

有关青年学生政治方面要素与社会稳定的关系,我们通过对其政治意识(政治认知与评价)和政治行为两个大的方面进行了考察,在政治意识方面又选取了一些具体要素来分析,通过对调查问卷的统计及简要分析可以看出,总体看来,青年学生的入党意愿与入党缘由、对基层政府服务效率的认知、对我国目前公务员考试方式的评价、对个体"紧密社会关系网络"内部成员间相互信任情况的评价、对接受高等教育机会公平度的认知、对个人与国家集体关系的认知等方面都表现出一种正向的、积极的态度,表现出一种较为理性、肯定、认可的态度。在某些具体问题上,因学科专业、学历、家庭收入、性别、政治面貌、户籍等个人背景或条件的不同,出现了不同的选择,部分文科生、本科以上学历的学生、家庭收入较低的学生、男生、农村户籍的学生在政治意识、政治行为方面更容易有激进倾向。这既与他们个人更强烈的政治抱负有关,因为他们有自己更高的政治追求,就会表现出对现实政治生活更苛责的要求,也与他们更弱势的现实地位和生存环境以及更迫切的改变命运的压力有关,还可能与他们自身的专业知识背景有关。这其中部分青年学生对我国具体的政治社会发展现状、基层政府服务能力和效率、社会成员间的相互信任情况存在不满意的倾向,必须引起我们的高度重视,因为这种认知有可能影响他们的行为选择,进而表现出对具体体制、现实秩序、社会规则是遵从、接受还是反感、抵触,是成为社会稳定的积极力量还是消极因素,这与社会稳定直接相关。

二、从经济要素方面看青年学生与社会稳定的关系

经济方面状况对青年学生的生活、思想和行为有直接影响,本部分问卷将从经济方面考察青年学生与社会稳定的关系。经济方面的因素既有宏观的国家、社会层面,也有微观的家庭、个体层面。对青年学生而言,对自己家庭经济状况的感受最直接、最具体,为此,本部分既涉及青年学生家庭经济状况的自我评价,也涉及对我国现行经济体制(收入分配体制、

社会资源占有体制等)以及青年学生的就业等方面的认知与评价。

(一) 家庭经济状况方面

本部分问卷主要通过了解青年学生对自己家庭经济状况的认知、态度来考察这些会对其行为产生何种影响,以至于对社会稳定会产生什么效应。具体从家庭收入水平、社会财富占有状况等方面进行分析。

1. 对家庭收入水平的评判

面对"你认为自己家庭的收入水平怎么样"这一问题,近45%的青年学生选择了"还可以"和"中等水平",30%的青年学生选择了"中下水平",20%—25%左右的青年学生认为"收入偏低""非常低",可见大部分青年学生对自己家庭的收入水平不是很满意。对我国几十来来经济发展取得的巨大成就,青年学生实际上有着比较清晰和理性的认识,也高度认可。一方面是我国成为世界上第二大经济体、经济持续快速增长、社会物质财富极大丰富的事实;另一方面是青年学生对自己家庭收入状况评价并不十分乐观,这种现实与认知的反差既有观念上的原因,比如受到中国人秉持的"财富不外漏"价值观的影响,也折射了收入分配方面存在的问题。

个体家庭收入的变化与国家经济发展状况密切相关,改革开放以来我国经济发展所取得的成就在某种程度上可以从居民个体家庭的收入水平及其增长变化上得到体现。随着国家经济的快速发展,居民家庭的收入水平整体上也得以不断提升,在回答"你对自己家庭收入的增长状况是否满意"这一问题时,35%的青年学生认为"非常满意"(选项1)和"比较满意"(选项2),40%的青年学生选择了"满意程度一般"(选项3)。但学科、学历、性别、家庭月收入水平不同的学生在具体选择上有所不同。

从学生的学科门类来看,如图1-6-1所示,理科和艺术类学生选择选项1("非常满意")的比例最高,其次是工科和医学类学生,除了在"非常满意"这个选项上理科学生出奇的高之外,在其余四个选项上理科、工科和医学类学生的选择基本趋向一致;文科类学生选择"非常满意"的比例最低,选择选项4("不太满意")和选项5("比较不满意")的比例最高。文科类学生的这种认知可能与他们将要面对的职业困境有关,经济发展表现出需要更多的技术、技能型人才,理工科和医学类人才市场前景更好,就业更易,更有利于家庭收入水平的提升。文科生可能将要遭遇的职业压力影响了他们对自己家庭收入增长的评价。

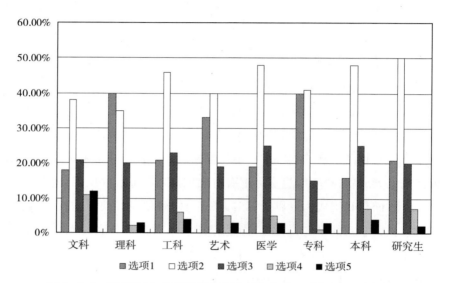

图 1-6-1 不同学科、学历的青年学生对家庭收入增长状况的满意度

(选项 1 为"非常满意"、选项 2 为"比较满意"、选项 3 为"满意程度一般"、选项 4 为"不太满意"、选项 5 为"比较不满意")

从学生的学历层次来看,图 1-6-1 的结果显示专科学历层次学生选择选项 1("非常满意")的比例高于其他学历层次的学生,选择选项 4("不太满意")的比例则低于后两者,这表明专科学历层次的青年学生对自己家庭收入增长状况的满意度高于其他学历层次的青年学生。在 4("不太满意")和 5("比较不满意")选项的选择上本科生与研究生的比例差不多,但研究生比本科生对自己家庭收入增长状况的满意度超过本科生。本科生的选择与他们的尴尬地位有关,一方面他们在知识层次上高于专科生,认知可能更为理性和全面,另一方面他们的就业期望超过专科生,但竞争力又不如研究生,一种高不成低不就的地位让他们在对当前经济发展现状欲爱不能,迁移到对自己家庭收入增长状况的满意度不如其他学历层次的学生也就可以理解了。

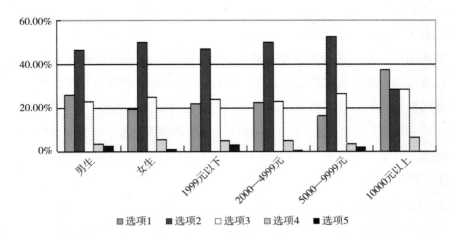

**图 1-6-2　不同性别、家庭收入的青年学生对改革开放以来
家庭收入增长状况的满意度**

（选项 1 为"非常满意"、选项 2 为"比较满意"、选项 3 为"满意程度一般"、选项 4 为"不太满意"、选项 5 为"比较不满意"）

　　从受调查学生的性别来看，图 1-6-2 所示，男生选择选项 1、5 的比例稍高于女生，而选择选项 2、3、4 的比例则低于后者。统计结果表明男生对自己家庭收入增长状况的满意程度略高于女生，女生更倾向于认为"比较满意""满意程度一般"，其实这可能也与大学女生就业更难的形势有关，在劳动力市场面临更多的就业歧视，女生求职难成为一大社会问题，如果经济发展成就不是让她们机会更多、求职更易，怎能使她们对自己家庭收入增长状况保持更乐观的预期和出更高的满意度呢？

　　再从学生家庭的月收入水平来看，月收入水平在 5000 元以下家庭的学生表现出了差不多的选择情况，家庭月收入 10000 元以上的学生选择"非常满意"的比例最高，但选择"比较不满意"的比例也最高；恰恰是中上收入家庭（5000—9999 元）的学生总体满意度并不高。这可能就是我国的中产阶级现象，比下有余，比上不足，不满现状、牢骚更多。高收入家庭的学生分享到了经济发展的成就，满意度高，但由于收入差距的拉大，他们对自己的财富也难有安全感，因此也就可能对现状并不满意。

　　2. 对社会财富拥有状况的评判

　　社会财富的多少与占有资源的余缺密切相关，占有的社会资源越多，越有机会获得更多的财富。因此,考察社会财富的拥有状况,在一定层面上就是考察社会资源的占有或配置状况。资源的有限性决定了社会成员之间的竞争性。这种竞争既表现在占有资格上,也表现在占有数量上。社会资源分配及占有状况直接影响着社会成员的生存状况和社会地位,进而影响他们对社会的态度和行为,直至波及社会的稳定。

在回答"你对我国社会财富拥有现状是否满意"这一问题时,30%以上的青年学生选择了"非常满意"和"比较满意",另有 30%以上的青年学生选择了"满意程度一般"这个选项,还有近 40%的学生选择了"不太满意"和"比较不满意"这两个选项。这一结果表明青年学生对我国当前社会财富的拥有状况满意度并不高,如果把 5 个选项按照低、中、高三个层次来划分,四成学生不满意,三成学生持中间态度,三成学生感到满意。具体看,因不同的学科、学历、家庭经济收入、户籍性质等背景在具体选择上又有所不同。

从学生的专业门类看,图1-7-1 的结果显示艺术类学生选择选项 1 ("非常满意")和选项 2("比较满意")的比例最高,医学类学生选择选项 1、2 的比例最低,选择"不太满意"(选项 4)和"比较不满意"(选项 5)的比例最高,其次是文科类和理科类学生。对于"满意程度一般"这个选项,各学科门类学生选择的比例差不多,这与前面总体上的结果差不多,即三成左右的学生持中间态度。学艺术的学生相对而言家庭经济条件较好,这类学生家庭占有的社会资源也相对富裕,因此对社会财富的拥有状况满意度较高,医学类、理工科类、文科类的学生可能源于家庭经济条件,也可能源于个人学科背景和知识结构、政治抱负等原因,对我国当前社会财富的拥有状况较为不满。

从学历层次来看,上图表明专科生对当前社会财富拥有状况的满意度最高,本科生满意度最低,研究生居中;三个学历层次的学生前三个选项加总的比例均超过 50%,说明不满意率低于五成,但三个学历层次中持中间态度的学生比例均超过 30%,尤其是研究生选择"满意程度一般"的比例接近 45%,这是一个重要的信号,说明不满意率虽不到五成,但研究生的满意率还不到三成,随着学历层次的提高,满意率在下降,这究竟

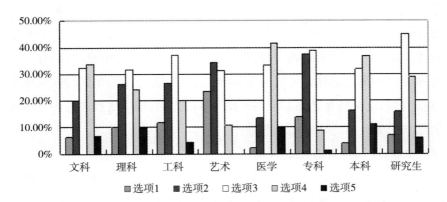

图 1-7-1　不同学科、学历的青年学生对社会财富拥有状况的满意度

（选项 1 为"非常满意"、选项 2 为"比较满意"、选项 3 为"满意程度一般"、选项 4 为"不太满意"、选项 5 为"比较不满意"）

是因为他们对财富公平的要求更高，还是他们的认识更偏颇，都值得关注。

从学生的家庭月收入水平来看，统计结果显示收入水平在万元以下家庭的学生对选项 1（"非常满意"）、2（"比较满意"）、3（"满意程度一般"）的选择比例差别不大，选择差异主要表现在选项 4（"不太满意"）和 5（"比较不满意"）上，总体趋势上家庭月收入水平越高的青年学生选择选项 1、2、3 的比例越高，选择选项 4、5 的比例越低。说明家庭月收入水平越高的学生对我国社会财富拥有状况越趋向于满意。这是因为家庭月收入水平往往建立在资源占有的基础之上，占有资源越多，收入相对越高；同时占有的社会资源越多，意味着拥有的"社会资本"就越充裕，发展的机会也就越多。

（二）现行经济体制方面

了解青年学生对我国现行经济体制的认知情况，主要通过他们对经济体制、我国的收入分配现状等的认知和态度。

1. 对经济体制的认知

在回答"你对改革开放以来我国的经济体制改革是否满意"这一问题时，总体上看 35% 的青年学生选择了"非常满意"和"比较满意"这两个选项,40%以上的青年学生选择了"满意程度一般",选择"不太满意""比较不满意"的青年学生达 20%左右,还有极个别学生没有选择,表明青年学生对改革开放以来我国的经济体制改革总体上是认可的,但也有一些不满意。不满意的存在可能与青年学生从体制改革中分享到的改革成果多少有关,这究竟是体制的原因还是个人的原因,可以通过进一步分析找到解决之策。

2. 对我国收入分配现状的认知

收入分配制度健全与否直接影响到每个公民收入水平的高低,也影响着社会的稳定。在回答"你对我国收入分配的现状是否满意"这一问题时,青年学生由于学科、学历、性别、家庭月收入、户籍性质的不同在选择上表现出差异来。

从学生的专业门类看,如图 1-8-1 所示,满意度最高的是艺术类学生,选择选项 1("非常满意")、2("比较满意")的比例加起来接近 60%,其次是理科和工科学生,约 40%左右,文科生和医学类学生都不足 30%;医学类学生选择选项 1 的比例最小,而选择选项 4("不太满意")的比例最高,达 30%,其次是文科、理科和工科学生;选择选项 5("比较不满意")最高的是理科学生,接近 10%,其次是文科、医学类和工科学生;做出"满意程度一般"最高选择的是工科学生,为 40%,其次是文科和医学类学生,36%左右,艺术类学生约 33%,理科学生约 28%。这个结果说明青年学生对我国收入分配的现状总体上满意度不高,除了艺术类学生外,其余学科门类的学生认为满意的也只有三、四成的比例,与不满意的比例相差不大,三成以上学生均认为满意程度一般。这一方面说明我国收入分配中行业差异比较大,比如艺术类学生满意度高与我国当前艺术类工作的高薪酬有关,影视表演明星、歌唱明星、娱乐节目主持人乃至星二代动辄几百万甚至上千万的年收入,成为娱乐时代最富的一群人,从他们身上,艺术类学生憧憬着自己的未来收入;而文科、一般理科学生却为了一个谋生的职位四处奔波,求之不得;医学类学生照例说也属于未来的高收入人群,但当下的体制让医生成为高危职业,收入与所承担的风险相比,自然也不满意了。另一方面也说明我国的收入分配现状确实有不尽人意之处,需要进一步完善和改进。如果我们接受过高等教育的青年学生对我们的分配制度普遍不满意、不认可,这种不满得不到化解就有可能延伸出对整个社会和体制的不满情绪,那就将会危害社会的稳定。

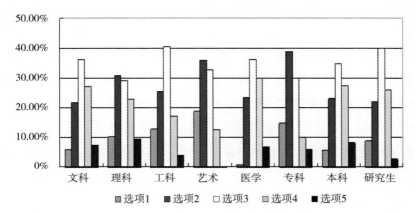

图 1-8-1　不同学科、学历的青年学生对我国收入分配现状的满意度

(选项 1 为"非常满意"、选项 2 为"比较满意"、选项 3 为"满意程度一般"、选项 4 为"不太满意"、选项 5 为"比较不满意")

　　从受调查学生的学历层次来看,图 1-8-1 的结果显示专科学历的学生选择选项 1 和选项 2 的比例最高,加起来达到 55% 左右,研究生选择选项 1、2 的比例为 30% 左右,而本科学生的选择比例不足 30%;研究生认为"满意程度一般"的比例最高,达 40% 的比例,其次是本科生和专科生;选择"不太满意"和"比较不满意"比例最高的是本科生,约 36% 的比例,其次是研究生达到 30% 左右,专科生的比例最低,大约 17%。这个结果与前述不少问题的调查结果有相似之处,即专科生对社会现状的满意度超过本科生和研究生,而本科生的不满意率在三个学历层次的学生中最高,研究生持中间态度的比例又最高。这种在不同问题的调查中表现出来的共性值得注意,因为本科生是我国大学生群体中非常重要且人数最多的群体,他们的认知和判断影响重大而深远。

　　细分学生的性别,如图 1-8-2 所示,男生选择选项 1、2 的比例高于女生,约 37%,女生的选择比例不到 35%;而女生选择选项 4、5 的比例高于男生,选择"满意程度一般"的比例也超过男生,接近 37%,男生选择

"满意程度一般"的比例约 32% 左右。说明男生对我国现行收入分配现状的满意程度高于女生,这与大学生就业市场上男生的就业难度不如女生、男性的平均收入水平超过女性有关,再次说明女大学生在就业中的困难处境和实际上存在的就业"性别歧视"让女生对现行分配现状更为不满意。

　　再看家庭月收入情况,家庭月收入水平在万元以下的家庭在"非常满意"选项上差别不明显,但随着家庭月收入水平的上升,总体上选择"比较满意"和"满意程度一般"的比例也随之上升(例外在于家庭月收入5000—9999 元的家庭在"比较满意"选项上的选择略低),而选择"不太满意"和"比较不满意"的比例呈现出总体上下降的趋势。这一结果说明家庭月收入水平越高的学生对我国现行收入分配的满意率也越高,因为毕竟家庭月收入水平直接与我国现行收入分配制度相关。

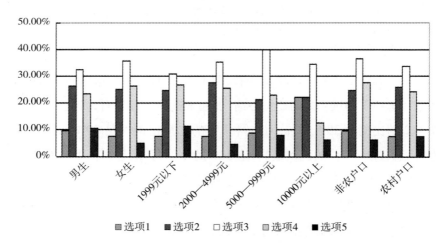

图 1-8-2　不同性别、家庭收入、户口的青年学生
对我国收入分配现状的满意度

(选项 1 为"非常满意"、选项 2 为"比较满意"、选项 3 为"满意程度一般"、选项 4 为"不太满意"、选项 5 为"比较不满意")

　　进一步考察学生的户口情况,图 1-8-2 显示非农村户口的学生在选项 1("非常满意")、3("满意程度一般")、4("不太满意")上的比例都略高于农村户口的学生,农村户口的学生选择"比较满意"和"比较不满意"的比例又略高于非农户口的学生,表明总体上非农户口学生的满意度高于农村户口的学生,但非农户口学生的选择出现了分化,一部分学生满意度高,但另有一部分学生却对现状不满意,这与现实中非农户口家庭的分化有关系。非农户口的家庭有些是失地后转户口的农户、有些因企业改制成为城市(镇)的失业或再就业家庭,还有的直接沦为城市的低保家庭,市场经济后的非农户口并没让他们受益多少,反而成为市场经济改革中的弱势群体,竞争力不强,自然对当下的收入分配状况满意度不高。

为进一步考察青年学生对当下收入分配中存在问题的原因的认知情况,问卷中设计了"你认为造成收入差距的原因是什么"(可多选)这一问题。从问卷回答的情况看,选择"社会资源占有不公平、相关的体制不健全、个人获取社会财富的能力不一"等原因的占了50%左右,因学科、学历、政治面貌、家庭收入状况等不同在具体原因的选择上又表现出一些差异。

从学生的专业门类来看,图1-9-1的统计情况表明,各专业的学生皆认为造成收入差距的原因是多元的,是"社会资源占有不公"(选项1)、"相关体制不健全"(选项2)、"个人获取社会财富的能力不一"(选项3)共同导致的。具体分析前三个原因发现,文科、工科、艺术类以及理科学生都认为"社会资源占有不公"是第一原因,其次是"相关体制不健全"(工科学生认为第二位的原因是"个人能力"的差异),医学类学生选择"社会资源占有不公"和"相关体制不健全"的比例差不多,大体都是20%。确实,导致收入分配差距的原因绝不是单一的,但各专业均有20%及其以上的学生(文科生、工科生达30%的比例)认为是"社会资源占有不公"所致,另有20%的学生(只有艺术类学生的比例约18%—19%左右)认为是"相关体制不健全"造成的,这就说明青年学生认为造成当前收入分配差距的原因主要还是资源配置、分配体制的因素,个人能力不强还是其次的,这就要求对与资源配置、收入分配相关的体制予以完善,进而化解青年学生对收入分配差距的不满情绪。

从学历层次来看,专科学历的学生更倾向于认为收入分配差距主要是"个人能力"的原因(约31%的比例),其次才是"体制不健全"和"社会资源占有不公"造成的,而本科生和研究生选择"个人能力"原因的只有

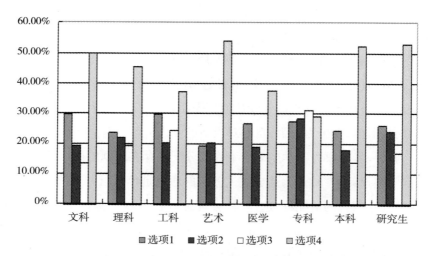

图 1-9-1　不同学科、学历的青年学生对造成收入差距原因的认知

（选项 1 为"社会资源占有不公"、选项 2 为"相关体制不健全"、选项 3 为"个人获取社会财富的能力不一"、选项 4 为"以上因素都有"）

14%和 17%,20%以上的本科生和研究生选择了"社会资源占有不公"这一原因,另有约 18%的本科生和 24%的研究生选择了"相关体制不健全"这一原因,就是说 40%左右的本科生和研究生认为收入分配差距是社会资源占有等相关体制所致,个人能力不是主要因素。学历越高越认为是外部因素造成了收入分配的差距,对现行收入分配体制的认可度不高,是社会稳定的潜在隐患。

再看学生的政治面貌与原因选择之间的关系,从图 1-9-2 来看,近 31%的党员学生认为"社会资源占有不公"影响了收入差距,而非党员学生选择这一原因的比例只有 22%左右;18%的党员学生选择了"相关体制不健全"这一原因,选择这一原因的非党员学生比例接近 20%;选择了"个人能力"原因的党员学生比例大约为 15%,非党员学生比例则为约 18%。说明党员学生更倾向于认为收入分配差距的原因在于体制因素,而非个人能力的高低。这确实表明我们的分配体制本身有一些问题,但党员学生表现出来的对现行收入差距状况更为不满(因为他们更多地认为不是个人能力不够,而是体制不健全等因素造成的)不得不让人反思:是我们的党员学生对党和政府的体制了解更多、认识更清楚? 还是党员学生并不因为入了党认识水平和觉悟就提高了？党员学生入党是出于对党有忠诚的信仰还是功利目的超越了信仰？现实中的党员身份使大学生党员在求职时更具竞争力——比如公务员招考，许多好的职位只向党员开放；同等条件下党员优先的选人导向在一定程度上吸引了青年学生入党，这种"有用"的超越信仰的入党缘由值得高度关注。

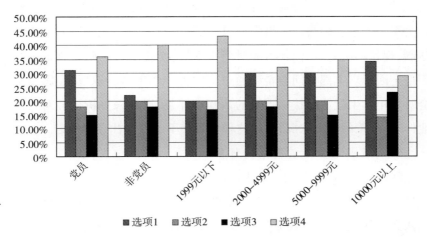

图 1-9-2　不同政治面貌、家庭收入的青年学生对造成收入差距原因的认知

（选项 1 为"社会资源占有不公"、选项 2 为"相关体制不健全"、选项 3 为"个人获取社会财富的能力不一"、选项 4 为"以上因素都有"）

　　家庭月收入水平如何影响学生的选择？图 1-9-2 的统计结果告诉我们，万元以下收入家庭的学生选择"体制不健全"的比例差不多都接近20%，月收入万元以上家庭的学生选择"社会资源占有不公"这个原因的比例达 34%，而家庭月收入 2000 元以下的学生选择这一原因的比例接近20%，图上显示的结果说明家庭月收入水平越高，越认为导致收入差距的原因是社会资源占有不公；与此同时，月收入万元以上家庭的学生认为是"个人能力不足"的比例为 23%，最低收入家庭的学生选择这一原因的比例为 17%，即是随着家庭收入水平的提高，越倾向于认为个人能力对改变收入差距的重要性。这看似冲突的选择实际上说明了家庭的资源占有状况对个人能力的影响。的确，社会资源占有水平在一定程度上会直接影响甚至决定家庭收入，家庭收入水平越高也就意味着占有资源越多，个人能力培养的条件就更优越,个人能力在收入获取上的价值越凸显。资源占有越少,获取收入的机会越少,个人能力培养的条件便越不具备,由此陷入恶性循环。

(三) 青年学生就业方面

就业是大学生十分关注的问题,能否就业不仅关乎他们自己的前途,也关系一个家庭的命运。因为如果大学生们不能顺利就业或对现有就业体制、现状不满意,他们就可能对现有体制、政策心生不满,进而成为社会不稳定因素。本部分问卷希望通过了解青年学生对就业现状、国家与社会对青年学生就业的扶植政策的认知和评判,以此来分析他们对我国就业体制、政策的满意状况,以及这种认知会不会波及社会的稳定。

1. 对就业形势及其前景的评判

问及"你对当前我国大学生的就业形势如何看"这一问题时,统计结果显示 40%的青年学生认为"非常严峻,就业非常困难",45%的青年学生认为"形势较严峻,就业较困难",说明青年学生对就业前景不乐观。的确,自高校扩招以来,高校毕业生人数不断增加,加之高校的部分专业设置与社会需求脱节,每年七八百万新增大学生毕业,加之以前年度积压的未就业学生,大学生的就业形势一年比一年严峻,年年都被认为是"史上最难就业年度",这一方面对就业形势有夸大之嫌,但也确实反映了就业的不易;加之一部分大学生自身能力素质难以适应社会的需要,社会上盲目追捧高学历人才等,让青年学生倍感压力山大。

在回答"你觉得你目前所学专业的就业前景如何"这一问题时,不同专业、学历的学生在具体选择上具有不同的特点。

从受访学生的专业门类看,如图 1-10-1 所示,选择自己所学专业就业前景"非常好"(选项 1)和"很好"(选项 2)两个选项排在前面的是工科和艺术类学生,比例分别约为 25%和 19%,这一选择比例最低的是文科类学生,不到 10%;选择"还行"(选项 3)的依次为医学、工科、艺术类学生,各自比例约为 67%、64%和 61%,其次是文科学生的 48%和理科学生的 45%;选择"不好"(选项 4)的文科约为 29%,理科接近 25%,医学约为20%;选择"很不好"(选项5)和"非常不好"(选项6)的依次为文科和理科类学生。说明由于工科、医学和艺术类学生因其所学专业操作性较强,属于大力发展的行业,人才需求量大,某些专业技能具有不可替代性,所以这三个专业门类的学生对自己所学专业的就业前景比较乐观。尤其是工科类学生,国家近年来加大基础设施建设投入力度,对工科类毕业生需求增大,其就业一路看好,7.45%的工科类受调查学生认为所学专业的就业前景非常好。而文科类专业的学生最不看好自己未来的就业前景,这与我们的大学教育和人们的"常识"有关,一方面文科教学重理论轻实践,所学内容脱离社会实际;另一方面人们常常认为文科生是什么都懂一点,但什么都不精通,或者是说说可以,动手能力不行。文科类学生中女生比例大,导致就业竞争异常激烈,他们对自己的就业前景也就无法乐观。

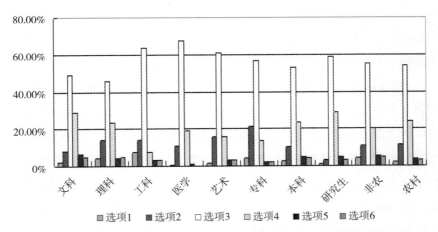

图1-10-1 不用学科、学历的青年学生对本专业就业前景的评判

(选项1为"非常好"、选项2为"很好"、选项3为"还行"、选项4为"不好"、选项5为"很不好"、选项6为"非常不好")

从学生的学历层次来看,图1-10-1的统计结果显示,专科生对就业前景的乐观态度超过本科生和研究生,基本趋势是随着学历层次的提高,大学生对所学专业未来的就业前景越不看好。专科学生大多就读于职业技术学院,所学专业技术性、实践性较强,就业的针对性强,加上专科生对就业岗位的选择比较务实,心态比较好,为此有4.35%的专科生认为非常好就业,认为很好就业的也达 21.01%;研究生学习更注重理论性,其动手能力不如专科生,并且研究生的就业定位较高,超过 25% 的研究生人认为就业前景不好。不过,无论哪个学历层次的学生,选择选项 1、2、3 加起来的比例均超过 60%,说明他们对就业前景总体上还是乐观的,如果考虑他们的户口,农村学生感觉就业难度更大。

当进一步问及"你认为造成你所学专业就业前景不好的原因是什么(多项选择)"这一问题时,专业、学历、户籍等不同的学生在具体原因的选择上不尽相同。

从专业门类来看,一般认为导致就业前景不好的原因是多方面的,学生对这一问题的选择比例最高的应该是第 6 选项("以上因素都有"),但实际却并非如此。如图 1-10-2 所示,除工科学生认为第一原因是"个人能力达不到专业要求(选项 4)"外,其余各专业的学生均认为最主要的原因是"相关专业竞争太激烈"(选项 5),而工科学生也把此因素作为第二位的原因,说明青年学生认为大学扩招和专业设置对学生就业产生了较大影响。从列第二、三位的原因来看,文科学生认为是"专业设置不合理,与社会脱节"(选项 1,占 29%)和"就业指导不足"(选项 3,占 26%),理科学生认为是"个人能力达不到要求""就业指导不足",差不多都是 28% 的选择比例,工科学生认为是"就业指导不足"(第三位的原因)和"综合因素"(第四位的原因)所致,医学类学生二、三位原因的选择与工科学生三、四位原因的选择一样,艺术类学生则认为是"个人能力不足"和"就业指导不足"。从这些选择可以看出,青年学生并没有一味地把就业前景不好的原因归为外界因素——比如"国家的专业设置不合理"(选项 1)、"相关法律法规不健全"(选项 2)和"国家对青年学生就业指导投入不足"(选项 3),而是根据自己的专业情况、结合个人原因在实事求是地回答这一问题。比如文科学生确实存在专业课程设置上重理论轻实践,学生眼高手低的现象严重,且有些专业间的主要课程设置基本没什么区别,甚至因人设课,导致专业间的同质性较强;有些专业的课程老化,并未跟上时代步伐,青年学生对课程不感兴趣,厌学的现象严重,综合素质并未得到提高,在就业中竞争力不强;而工科类专业强调知识的综合运用能力和实践能力,如果没有扎实的专业基础和过硬的动手能力,很难找到心仪的工作,所以42.55%的工科类学生认为由于"个人能力达不到专业要求"所以导致就业状况不好;医学类专业尤其是临床医学类专业不仅注重能力,更注重实际的操作经验,但由于医院的级次与病人的数量直接相关,公立大医院便成为学生就业的首选,青年学生更多地将就业单位定位于大医院,所以44.81%的受访对象认为就业前景不好的原因是相关专业社会竞争太激烈;艺术类专业学生由于文化课成绩要求较低,近些年来艺术类的招生持续升温,扩招现象严重,但艺术类学生的就业方面对较窄,就业机会并不是很多,社会竞争比较激烈,所以45.31%的艺术类青年学生认为就业前景不好的第一原因是相关专业社会竞争太激烈。

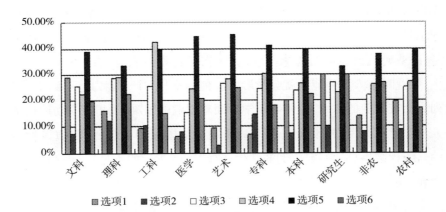

图1-10-2　不同学科、学历、户口的青年学生认为就业前景不好的原因

（选项1为"国家专业设置不合理,与社会需求脱节"、选项2为"相关法律法规不健全"、选项3为"国家针对青年学生就业指导投入不足"、选项4为"个人能力达不到专业要求"、选项5为"相关专业社会竞争激烈"、选项6为"以上因素都有"）

从学历层次来看,图1-10-2显示,不同学历层次的学生也都认为导致就业前景不好的第一原因是"专业竞争的激烈",专科生和本科生对第二、三位原因的选择依次都为"个人能力达不到专业要求"和"就业指导的不足",而研究生的选择却是"国家专业设置不合理"（30%）和"多种因素"（30%）,接下来是"就业指导的不足"（28%左右）和"个人能力达不到专业要求"（22%左右）,也有19.91%的本科生认为就业前景不好的原因是"专业设置不合理,与社会需求脱节"。确实我国高校一些本科生和研究生的专业设置过于刚性化,专业口径过于狭窄,尤其是一些专业课程的开设过于僵硬化、理论化,满足不了人才市场对人才标准的要求。劳动力市场上过分追逐高学历人才,即使有些工作岗位专科生完全可以胜任,但招聘单位依旧要求本科及以上学历,这就为专科生就业设置了门槛,减少了其就业机会,所以专科生选择"个人能力达不到专业要求"的比例达到了 30.44%,还有 14.49%的专科生认为不好就业的原因是"相关法律法规不健全",制造了专科生就业的门槛。

分析学生的户口情况,图 1-10-2 显示两类学生选择的第一原因也是"专业竞争太激烈",不同在于后面原因的选择,农村户口学生依次为"个人能力达不到要求""就业指导不足""国家专业设置不合理"等,非农户口学生的选择依次为"综合因素""个人能力达不到要求"和"就业指导不足"。农村学生为了考上大学或节省学费,倾向于选择冷门专业报考,就业时就会感觉到选择面窄,加之在综合素养教育方面不如城市学生,毕业时个人竞争能力就会受影响。他们都把"个人能力达不到要求"列为比较靠前的原因,说明青年学生面对就业的困难,能积极主动地从个人身上寻找原因,并没有把责任一味地推给国家和社会,这是值得肯定的。统计结果显示一定比例的学生选择"就业指导的不足"说明高校、社会和家庭在学生就业帮扶方面还有不少努力的空间。

2. 对国家、社会有关青年学生就业扶植政策的评判

近年来随着我国经济的持续快速发展,国力日渐强盛,国家、社会对青年学生就业的扶植力度也逐步加大。比如提供毕业生求职创业补贴、进行就业帮扶、提供相关技能培训等。青年学生对此如何认知和评判?这个问题直接影响到他们对党和政府政策的认可,乃至对国家和社会的认同,进一步影响到社会的和谐与稳定。通过问卷询问"你对我国在青年学生的职业引导、职业培训等方面所做的工作是否满意"这一问题来考察青年学生是如何回答的。

第一,从学生的专业门类来看,图 1-11-1 所示,选择选项 1("非常满意")、2("比较满意")比例最高的依次为艺术类学生(44%左右)、工科、理科、文科和医学类学生;选择选项 3("满意程度一般")比例最高的

是工科学生(40%),随后是文科类学生(37.5%)、医学类学生(36.5%)、艺术类学生(约28.5%)和理科类学生(约27%);选择选项4("不太满意")的比例从高到低分别为医学类学生37.5%,理科学生35%和文科学生34%;选择选项5("比较不满意")比例最高的是艺术类学生(约16%),其后依次为医学类(8.5%)、理科和文科学生。总体看,虽然选择最满意和最不满意的都是艺术类学生的比例最高,但艺术类学生总体上更倾向于比较满意,从其他学科的学生看,前三项选择的比例之和表明青年学生对国家和社会在青年学生的职业引导、职业培训等方面所做的工作基本满意,这与近年来国家对这方面的重视和投入有关,医学类学生不满意率较高可能与近年来激增的医患矛盾有关,需要加强对医学类学生职业方面的引导和疏导。

第二,从学历层次来看,图1-11-1显示专科学历层次的学生选择选项1(17%)、2(38.5%)的比例均高于本科生(约5%和18%)与研究生的比例(约8%和11.5%),选择"不太满意"比例最高的是研究生(40%),接下来为本科生(35.5%)和专科生(12%左右),选择"比较不满意"比例最高的是本科生(10%),其次是研究生(4.5%左右)和专科生。可以看出,本科生和研究生选择选项4、5的比例之和均接近45%,加上他们选择"满意程度一般"的比例,说明他们的满意程度总体上不高(约占受调查学生的两成左右),且呈现出学历程度越高,越不太满意的趋向。

第三,从性别来看,图1-11-1表明女生的满意度明显低于男生,因为男生选择选项1、2的比例加起来接近28.5%,高于女生的24.5%,而女生选择选项4、5的比例之和达到40%,超过男生的34%。这与就业市场上男生更具优势,就业难度低于女生有明显关联,无论是由于男生本身的抱负更高、能力更强,还是就业市场上的性别优势,或者是其他原因,更容易找到工作让他们对国家与社会对青年学生就业工作的扶植相对更为满意。

第四,从政治面貌来看,如图1-11-2所示,党员学生和非党员学生选择选项3("满意程度一般")的比例差不多,但党员学生选择选项1、2的比例(约16%)明显低于非党员学生(接近30%),选择选项4、5的比例

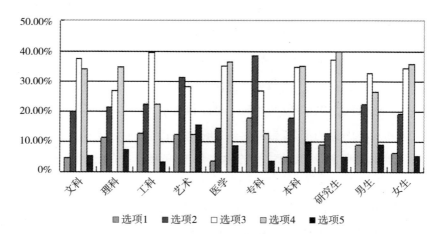

图 1-11-1　不同学科、学历、性别的青年学生对有关就业扶植政策的评判

（注：选项 1 为"非常满意"、选项 2 为"比较满意"、选项 3 为"满意程度一般"、选项 4 为"不太满意"、选项 5 为"比较不满意"）

（48%左右）却超过非党员学生（36%左右）。一般说来，党员学生一般是在学校各方面表现突出的优等生，他们在就业时更有优势，因为无论是公务员考试、选调生，还是别的就业岗位，用人单位在同等条件下优先录用党员的情况是实际存在，公务员招考和事业单位考试的一些岗位还设置了只有党员才能报考的门槛，但党员学生却对国家和社会对他们就业上的扶植工作满意度不高，是党员学生的政治觉悟和政治抱负让他们对党和国家的工作要求更高、期待更高，还是认识有偏差？这和在前面一些问题上，党员学生表现出来的结果有相似之处，值得认真思考和对待。

第五，从家庭月收入水平来看，图 1-11-2 显示选择选项 1（"非常满意"）最高的为月收入万元以上家庭的学生，最低的是家庭月收入 2000—4999 元的学生，其次是月收入 2000 以下家庭的学生；选择选项 5（"比较不满意"）比例最高的为家庭月收入 5000—9999 元的学生，其次是家庭月收入 2000 元以下的学生和万元以上家庭的学生；选择选项 2 比例最高的是家庭月收入 2000—4999 元的学生，其次为家庭月收入 2000 元以下和 5000—9999 元的学生；选择选项 4 比例最高的为家庭月收入 5000—9999 元的学生，随后是家庭月收入 2000—4999 元的学生和家庭月收入

2000以下的学生。这一结果说明家庭收入水平越高,学生对当下国家对就业的扶植工作越满意,但反过来却不是家庭收入越低越不满意,从"比较不满意"和"不太满意"的选择结果看,比例最高的都不是家庭月收入2000元以下的学生,恰恰是中等收入家庭的学生。就业扶植政策也是国家政策的重要组成部分,学生的认知在一定程度上体现了他们对党和国家现行政策和制度的态度,影响他们对国家和社会制度的评判,调查结果呈现出来的中等收入家庭学生现象需要引起重视。

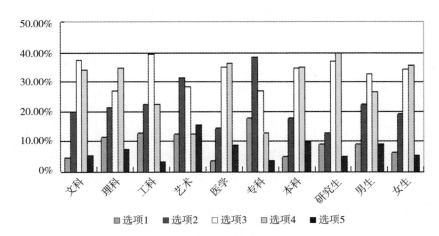

**图1-11-2　不同政治面貌、家庭收入、户口的青年学生
对有关就业扶植政策的评判**

（选项1为"非常满意"、选项2为"比较满意"、选项3为"满意程度一般"、选项4为"不太满意"、选项5为"比较不满意"）

最后,从户口情况来看,图1-11-2表明总体上农村户口的学生对国家在青年学生的职业引导、职业培训等方面所做工作的满意度略低于非农户口的学生,农村户口学生的"不太满意"率也高于非农户口的学生,但农村户口学生选择"比较不满意"的比例却低于非农户口的学生。

本节从经济方面的一些因素来考察青年学生与社会稳定的关系,设计了三大类问题,重点考察了青年学生对自己家庭经济状况、社会财富拥有状况、现行收入分配状况、大学生的就业形势、就业前景以及对国家就业扶植政策等问题的认知和评判,由此推断青年学生对我国的经济发展成就、改革开放以来家庭收入增长状况、个人就业和职业前景以及国家相关帮扶政策的评价,了解他们对我国现行经济状况的认知和态度,从其满意度上研判其认可度和认同度,会对他们的行为产生什么影响以及会不会影响社会稳定。从问卷调查的结果看,青年学生对我国经济整体发展状况尤其是改革开放以来的巨大成就、个体家庭收入的增长状况以及相关的经济体制、政策总体上是认可和认同的,对个人的职业前景也比较乐观,但在一些具体政策和问题的评价上也表现出对现实状况的不满意,比如对收入分配差距拉大的原因、对所学专业就业前景不好的原因的判断、对社会财富拥有状况的不满等,这种不满需要得到有效化解,不然任其积聚,有可能演化成对社会制度的不满,成为社会稳定的潜在威胁。

尤其值得注意的是,当从大学生的学科门类、学历层次、家庭月收入水平、政治面貌以及户口情况来分析青年学生对以上问题的认知和评判时,统计结果显示出了以下一些趋向:一是文科学生和医学类学生的满意度相对于其他学科门类的学生来说更低。这在一定程度上反映了高等学校文科专业的专业属性、课程设置和培养目标确实存在问题,让学生感到自己成为劳动力市场的弱势群体和就业困难户,难免心生不满。二是随着学历层次的提高,在一些具体问题上专科生比本科生和研究生表现得更为满意,本科生多数时候成为最不满意的一个群体。这究竟是个人要求更高还是别的原因所致,需要予以关注。三是在个别问题上党员学生的满意率并不高于非党员学生。党员学生在学校和社会上都得到更多关注,他们的评价有一定的影响力,这需要我们一方面要严格认真地审视大学生的入党动机,另一方面要高度重视党员学生的态度对其他学生可能带来的负面影响。四是中等收入家庭学生在不少具体问题上的不满表现比较突出,超过低收入家庭学生的不满意率,这是中等收入家庭学生对自己家庭地位的不安全感更强所致?还是他们想进一步上升的愿望更强烈所致?这种"中等收入现象"值得注意。五是女大学生和农村户口学生相对弱势的地位比较明显,尤其是在就业市场上公开或隐蔽存在的性别、户口歧视,这些群体的弱势地位长期积累下去,有可能加剧他们对现实的不满进而形成对社会的负面情绪,这是不利于社会稳定发展的。

三、从文化要素方面看青年学生与社会稳定的关系

大学生正在接受高等教育,是有文化的一个群体。本部分内容是想了解他们对我国的教育体制和政策、自身家庭教育环境以及社会主流文化的认知和态度,观察他们对我国教育、文化领域相关问题的评价,分析这种结果产生的原因,推断可能对他们行为产生的影响,以及最后会不会影响社会稳定。

（一）对我国教育发展状况的认知与评价

作为正在接受高等教育的大学生,他们是我国教育发展的受益者,但他们究竟如何看待我国的教育发展现状,需要具体分析。

当问到"对我国教育体制及其发展状况是否满意"这一问题时,青年学生由于学科、学历、性别、家庭经济收入等不同表现出一定的差异性。

从学科门类来看,如图1-12-1所示,艺术类学生选择选项1("非常满意")和选项2("比较满意")之和的比例最大,加起来接近42%,其次是理、工科学生和文科类学生,医学类学生选择这两项的比例最低,并且艺术类学生分别选择1、2选项的比例也是最高的;对选项5("比较不满意")的选择,艺术类、文科类和医学类学生的选择差不多,都在10%上下,随后的是工科和理科学生;选择选项3("满意程度一般")比例最高的是工科学生(接近45%),接下来是医学类学生(36%左右)、文科和理科学生(皆34%左右);做出"不太满意"(选项4)选择比例最高的分别是医学类学生(43%左右)、文科学生(约34%)、理科学生(29%)、工科学生(19%)和艺术类学生(18%)。说明艺术类学生对我国教育体制及其发展状况的满意度相对较高,医学类、文科类学生则相反,其中医学类学生的不满意率(选项4、5比例之和)超过50%,"非常满意"率不到1%。这可能与近年来艺术类专业扩招,使更多学艺术的学生受益,而医学类学生对职业前景的担忧有一定关系,文科类学生因为就业形势的严峻,对自己所学专业的培养定位、国家的专业设置不尽满意,进而对我国教育体制及

其发展状况的满意度也不高。

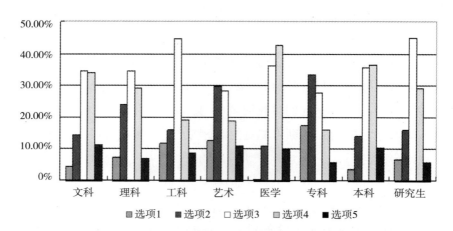

图1-12-1 不同学科、学历的青年学生对我国教育体制及发展状况的满意度

（选项1为"非常满意"、选项2为"比较满意"、选项3为"满意程度一般"、选项4为"不太满意"、选项5为"比较不满意"）

从学历层次来看，图1-12-1显示专科生选择选项1、2的比例明显高于本科生和研究生，本科生选择选项1的比例最低，不到5%；而选择选项5（"比较不满意"）比例最高的是本科生，达到10%，专科生和研究生的比例差不多；本科生选择选项4的比例也为最高，接近37%，其次是研究生（29%左右）和专科生（约16%）；认为"满意程度一般"（选项3）比例最高的是研究生，随后是本科生和专科生。这里再次出现专科生比本科生和研究生更为满意的选择结果，本科生再次成为最不满意的一个群体，这可能与本科生对我国教育体制的认识更清楚进而要求更高有关，也与他们在择业时"高不成低不就"的尴尬处境有关，他们的动手能力不如专科生，就业定位又高于专科生，学历又不如研究生，想找到专业对口的工作实属不易，成为劳动力市场上很尴尬的一个群体，表现出对当下的教育体制及其状况的不满情绪。

从学生的性别来看，如图1-12-2所示，男、女生选择选项1（"非常满意"）的比例差不多，但男生选择选项2（"比较满意"）的比例明显高于女生，女生选择选项4（"不太满意"）的比例明显超过男生，可女生选择选项5（"比较不满意"）的比例略低于男生。由此可见男生对我国教育体制及其发展状况的满意度高于女生,但男生的认识分化更明显,女生的认知相对比较中庸和温和,说明我国改革开放以来教育事业的发展让更多的女性能够跨入高等学府,成为教育事业发展的受益群体,与此同时,她们也面临更激烈的竞争,传统的社会角色定位和依然存在的"社会性别歧视"致使女生的就业更加困难,难免滋生不满情绪。

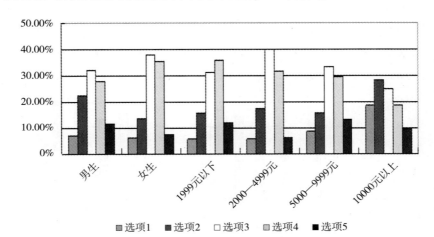

图 1-12-2　不同性别、家庭收入的青年学生对我国教育体制及发展状况的满意度

(选项 1 为"非常满意"、选项 2 为"比较满意"、选项 3 为"满意程度一般"、选项 4 为"不太满意"、选项 5 为"比较不满意")

从家庭月收入水平来看,图 1-12-2 的结果表明,家庭月收入水平在10000 元以上的学生选项 1、2 的比例最大,分别达到 19%和 28%,其次是家庭月收入水平 2000—4999 元的学生和家庭月收入 5000—9999 元的学生;选择"比较不满意"比例最高的是家庭月收入 5000—9999 元的学生,其次是 2000 元以下和万元以上家庭的学生,后两者的选择比例差不多,约 11%—13%;家庭月收入水平在 2000—4999 元的学生选择"满意程度一般"的比例为最高,其次是家庭月收入水平为 5000—9999 元的学生;选择"不太满意"比例最高的是家庭月收入 2000 元以下的学生,随后是家庭月收入 2000—4999 元、5000—9999 元的学生。总体看来,收入水平最高家庭的学生满意度也最高,但收入水平最低家庭的学生不满意度却不是最高,反而是中等收入水平家庭的学生更为不满意(选项 4、5 的比例之和）。

为什么要接受教育对青年学生来说也是一个重要的现实问题，对读书或受教育目的的认识会影响他们对当前教育体制及其现状的认知和评判。当面对"你认为读书的主要目的是什么"这一问题时，青年学生的选择也表现出一些差异。

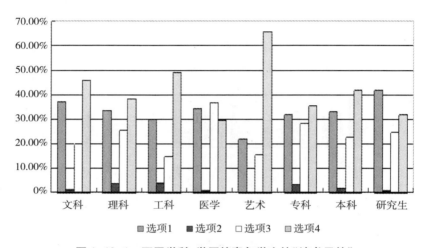

图1-13-1　不同学科、学历的青年学生的"读书目的"

（选项1为"读书是为了挣钱"、选项2为"读书是为了完成九年义务教育"、选项3为"读书是为了学得一技之长"、选项4为"读书是为了学知识明道理"）

从专业门类来看，如图1-13-1所示，各学科门类的学生，选择选项4（"读书是为了学知识明道理"）的比例均是最高的，其中艺术类学生达到了65%以上，最低的医学类学生也有29.95%的比例；选择选项1（"为了挣钱"）的比例最高的是文科类学生（37%左右），其次为医学类学生（约34.4%）、理科类学生（32%）、工科类学生（30%），最低为艺术类学生（约21.88%）；选择"读书是为了学一技之长"（选项3）的学生以医学类学生比例最高，接近37%，理科类学生为25%，文科类学生为20%左右，工科类和艺术类学生大约都为15%。一般认为，工科类学生和艺术类学生都是有专门技能的学生群体，但他们选择读书目的在于习得一技之长的比例却不是最高的，反而最低。艺术类学生虽然开销很大，学习成本很高，但也只有21.88%的学生认为"读书是为了挣钱"，他们将读书作为提升自己能力与素质的手段,所以这一学生群体认为读书是为了"学知识、明道理"的比例高达 65.63%。随着近年来大学生就业的困难,社会上"读书无用论"再次盛行,新闻报道也称不少高中生放弃高考,选择外出务工,但从进入大学的学生群体的认识看,他们仍然认为读书主要是为了"学知识明道理",虽然也承认读书是"为了挣钱"和"习得一技之长",但他们对这个问题总体的认识是理性和长远的。这种认识会影响他们对教育体制、教育水平以及国家教育政策的评价。

　　从学历层次来看,图 1-13-1 显示各学历层次的学生均认为读书的主要目的在于"学知识明道理"(选项 4),但随着学历层次的提高,选择"读书是为了挣钱"(选项 1)的比例也在不断提高,尤其是研究生,选择"读书为了挣钱"的比例高达 42%,超过选择选项 4 的 32%;而选择"读书是为了习得一技之长"(选项 3)的比例专科生高于本科生和研究生,本科生选择这一选项的比例最低(接近 22%)。专科生的培养目标基本上就是实用技能型人才,所以他们选择选项 3 的比例自然比较高,但研究生选择选项 3 的比例高于本科生,这与着力培养较高水平研究型人才的目标不太契合。这也说明不少学生选择读研,还是源于本科生就业的困难,希望通过读研增强竞争优势,找到一份收入更高的工作,而不是出于追求更高学术理想的目标。

　　从家庭月收入水平来看,图 1-13-2 显示家庭月收入最低(2000 元以下)和最高(万元以上)的学生都认为读书的第一目的是"为了挣钱",其次才是"学知识明道理"和"学技能";而中等收入家庭的学生选择"读书在于学知识明道理"的比例却是最高的,家庭月收入 5000—9999 元的学生选择这一选项的比例接近 60%,家庭月收入 2000—4999 元的学生也接近 42%。低收入家庭的学生渴望通过读书挣更多的钱可能与家庭经济状况有关,但家庭经济状况很好的学生也做如此选择值得关注。

　　从家庭结构来看,如图 1-13-2 所示,单亲、双失亲家庭和双亲家庭的学生比例最高的选项都是选项 4("学知识明道理"),其次是选项 1("为了挣钱")。说明青年学生对读书的目的的认识还是比较一致,眼光也比较长远。相对而言,单亲和双失亲家庭的学生对挣钱的期望更高,所

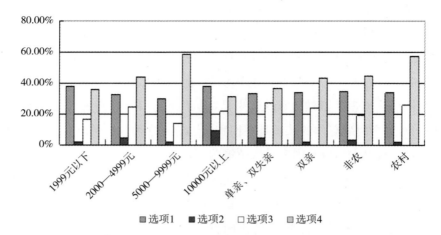

图 1-13-2 不同家庭收入、家庭结构的青年学生的"读书目的"

（选项 1 为"读书是为了挣钱"、选项 2 为"读书是为了完成九年义务教育"、选项 3 为"读书是为了习得一技之长"、选项 4 为"读书是为了学知识明道理"）

以更希望通过读书习得一技之长。再从户口情况来看,非农户口的学生选择选项 1 的比例略高于农村户口的学生,而农村户口的学生选择选项 4 的比例高于前者,说明农村户口学生期望通过读书提升自身能力和素质的愿望很强,也在一定意义上更相信读书可以改变命运。

（二）对家庭教育环境与模式的认知

家长是学生的第一任老师,家庭教育对青年学生的人生观、世界观和价值观的形成有着直接影响,家庭、学校和社会是学生接受教育的三大场域,观察其家庭教育环境和模式有助于了解他们对学校和社会教育的接受度以及其背后的原因所在。

调查中了解到有 20% 左右的学生认为自己家里有家规。没有家规并不意味着父母不重视家庭教育,一方面可能大多数中国家庭的教育不是通过清楚的条文规矩来规范孩子的言行,更多是依靠父母的言传身教来影响和感染孩子,也可能有一些规矩但孩子并没有清晰的认识;另一方面也说明中国的家庭教育理性化程度不够,孩子从小不清楚地知道许可和禁止的行为,这种模糊认识容易让他们不易形成底线认知,进入社会后行为逾矩的代价很惨痛,也会给社会带来安全隐患。

面对"你家里采取的教育模式是什么"这一问题时,青年学生的选择就表现出了细微的差异。从学科分类来看,如图 1-14-1 所示,在五个学科门类的学生中,以"鼓励为主"(选项 3)的家庭教育模式所占的比例最高,均超过 45%,尤其是艺术类学生的选择比例高达 65%;当然,艺术类学生家庭教育中比较迁就孩子的比例也是最高的,达到 6.25%,其他学科门类学生在家庭中被迁就的比例都非常低。选择"批评为主"(选项 2)比例最高的是工科学生,接近 40%,其次是理科和文科类学生,医学和艺术类学生的选择比例差不多,为 17%—18%左右。值得注意的是医学类学生,选择其家庭教育模式"以放任为主"(选项 4)的比例相对最高,达 23.5%,以"鼓励为主"的比例相对最低,为 47%。

总体来说,基于学科门类的分析看,受调查学生的家庭教育模式均以鼓励为主,这是让人欣慰的情况。这种教育会让学生充满自信,养成责任感,形成健康积极的心态,以乐观的态度面对各种社会问题,不易产生消极和对抗情绪,这对家庭和谐和化解社会矛盾是有益的,对社会稳定也会产生积极影响。

从学历层次来看,图 1-14-1 的结果显示随着学历层次的提高,家庭教育模式以"鼓励为主"(选项 3)的比例越高,研究生群体选择"鼓励为主"的比例达到 58%,比专科生选择这一选项的比例将近高出十个百分点,比本科生也高出近八个百分点。专科生选择"批评为主"(选项 2)的比例最高,接近 40%,其次是本科生接近 20%,研究生的选择比例略低于本科生。确实,鼓励为主的家庭教育模式更有助于帮助学生树立自信心,营造良好的家庭氛围,这对学生以后走向社会大有裨益。

从性别来看,图 1-14-2 显示无论对男孩还是女孩,家庭教育的主流都是以"鼓励为主",但有 28.96%的男生选择其家庭教育模式以"批评为主",高于女生的选择比例(约 18%),有 26.37%的女生选择家庭教育模式以"放任为主",又超过男生的选择比例(也为 18%左右)。部分男生感受到的家庭教育模式相对更严苛,这可能与传统文化中"男孩要贱养、女孩要贵养"的家教理念有关,认为男生以后要承担起更多的家庭和社会

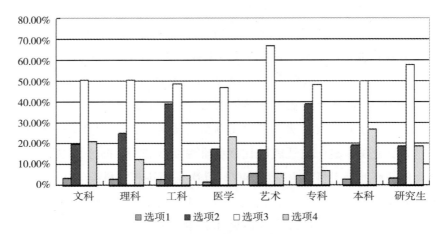

图 1-14-1　不同学科、学历的青年学生的家庭教育模式

（选项 1 为"迁就为主"、选项 2 为"批评为主"、选项 3 为"鼓励为主"、选项 4 为"放任为主"、选项 5 为"其他方式"）

责任,从小就要严格要求和多多打磨,提高男孩子的心理承受能力,培养他们面对挫折、承受挫折、克服困难的能力。

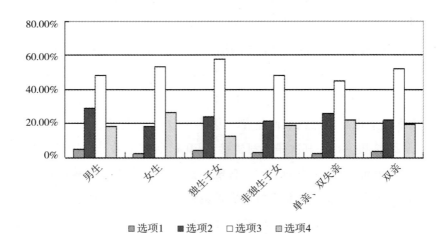

图 1-14-2　不同性别、家庭结构的青年学生的家庭教育模式

（选项 1 为"迁就为主"、选项 2 为"批评为主"、选项 3 为"鼓励为主"、选项 4 为"放任为主"、选项 5 为"其他方式"）

从家庭结构来看,图 1-14-2 的统计结果显示,独生子女家庭的教育模式以"鼓励为主"的比例最高,但以"批评为主"的比例也稍高于非独生子女家庭的学生,有 18.85% 的非独生子女家庭的教育模式是"放任为主"。这可能是由于一些非独生子女家庭子女多,生活压力比较大,父母要把更多的精力放在为养家糊口奔劳上,没有时间和精力来教育孩子,而独生子女在家里"集万千宠爱于一身",得到的关爱多,但承受的期望也高,一方面父母希望鼓励他们成才,另一方面因为望子成龙的心切又不得不严苛地要求他们。不管怎样,57.46% 的独生子女家庭和 48.27% 的非独生子女家庭的教育模式均以"鼓励为主",进一步分析发现单亲、双失亲家庭和双亲家庭的教育模式同样以鼓励为主,只是单亲、双失亲家庭的教育方式与完整家庭相比,以"批评为主"的比例略高(超过 20%),简单粗暴的现象更为突出,这可能与单亲家长的生活压力更大有关,但总体上表明我国传统的家长制教育模式发生了很大的转变。

(三) 对社会主流文化传播的认知

主流文化是一个社会起主要影响力的文化思潮,是国家、社会倡导的文化,对全社会成员起着导向、引领、激励和矫正的作用。每个时期都有当时的主流文化,文化的核心是价值观。我国现阶段国家倡导的主流文化的核心内容是社会主义核心价值观,在社会主义核心价值观的引领下,主流文化对社会发展、青年学生的成长成才起到了非常重要的引导和教育感召作用。主流文化需要借助一定的传播途径让青年学生更好地接受,有时候对传播方式的态度或评价会影响对内容的接受。青年学生作为有知识有文化的群体,他们如何看待和认识社会主流文化的传播现状,既会对其思想意识产生影响,也会影响主流文化的传播和引领效果,进一步影响社会舆论及其导向,而社会舆论的效应与社会稳定息息相关。

调查中发现,青年学生对我国主流文化的核心理念、价值体系很认同,但认为我国主流文化在传播方面还存在一些问题。文化是内容和形式的统一,优秀的文化内核需要有合适的载体、生动的表现形式和丰富的传播手段,才能起到春风化雨、润物无声的效果。在我国,由于主流文化的内容呈现方式、传播手段、传播机制等原因,其传播效果和积极影响还存在某些不足。

当问及"你对我国主流文化传播方式的态度如何"这个问题时,绝大多数青年学生对我国主流文化的传播方式表示能够接受,但因学科、学历、家庭收入状况的不同在具体答案选择上有一些差别。

从学生的专业门类来分析,如图 1-15-1 所示,各学科门类的学生做出的第一选择都是"比较能接受"(选项 2),其中艺术类学生的选择比例高达 78.13%,其次是医学类学生达到 60.66%,最低的文科类学生也达到 40%以上;紧接着的选择是"接受程度一般"(选项 3),其中比例最高的是文科类和理科类学生(接近 30%),随后是医学类学生(27%左右)、工科类学生(22%左右)和艺术类学生(约 16%);排第三位的选择是"很喜欢"(选项 1),选择比例最高的为理科类学生,其次是文科、工科、艺术和医学类学生;文科类学生有近 14%的比例选择了对主流文化的传播方式"不太喜欢"这个选项(选项 4),其次是工科类学生,其他学科门类的学生选择此选项的比例很低;选择选项 5("比较不喜欢")的学生很少,均不足 2%。不过,有极少数学生选择了"不好说"这个选项(选项 6),其中文科生的比例最高,约 3%,其次是理科类和工科类学生。这些统计数据表明绝大多数青年学生对我国主流文化的传播方式是喜欢和认同的,他们能够接受,包括艺术类学生他们要专门学习和了解西方文化,医学类学生还要大量学习西医,但他们却表现出对国家主流文化传播方式最高的接受度。当然,极少数青年学生也表现出对主流文化的传播方式并非全部喜欢,这需要我们在丰富主流文化的传播手段上进一步下功夫。

从学历层次来看,图 1-15-1 表明随着学历层次的提高,选择选项 2("比较能接受")的比例逐渐下降,专科生的选择比例高于本科生和研究生;选择选项 3("接受程度一般")的比例恰恰相反,研究生最高,专科生最低;选择选项 4("不太喜欢")的比例也是研究生最高(接近 10%)。是不是学历层次越高的青年学生接触主流文化的频率越高,对主流文化相对固定、重复、单一的传播方式和途径比较麻木和反感? 这需要我们思考主流文化的传播如何做到更多元、更潜移默化,以达到无声胜有声的效果。

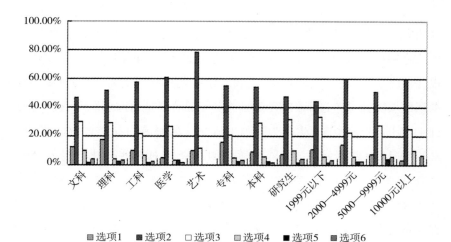

**图 1-15-1　不同学科、学历、家庭收入的青年学生
对我国主流文化传播方式的态度**

（选项 1 为"很喜欢"、选项 2 为"比较能接受"、选项 3 为"接受程度一般"、选项 4 为"不太喜欢"、选项 5 为"比较不喜欢"、选项 6 为"不好说"）

　　从学生的家庭收入状况来看,如图 1-15-1 所示,各种收入水平家庭的学生都表现出了对主流文化传播方式的高度认同,但是也有少数青年学生比较容易跟风,对主流文化的传播方式不太喜欢。随着家庭收入的增加,青年学生有条件接触更多的文化思潮和更丰富的媒介形式,对主流文化传播方式不太认同的学生比例也有提高的趋向。

　　在全球化浪潮中,不同文化的交流、碰撞更加频繁,一些西方文化因素涌入我国,尤其是某些资本主义文化,在个别领域对我们的主流文化形成了冲击,甚至在某些方面一时占据了潮流,削弱了主流文化的影响力。青年学生怎么看待这一问题? 本书设计了"你认为外来文化对我国主流文化某些方面的影响力造成的冲击是否严重"这个比较宏大的问题,调查结果显示,认为我国主流文化的影响力在某些方面受到冲击的情况"比较严重"和"有些严重"的占了一定的比例,这为我们思考如何更有效地加强主流文化建设和创新主流文化的传播手段提供了启示。进一步根据学生的学科、学历、政治面貌、家庭收入状况等要素展开分析,可以了解其选择的差异所在。

从专业门类来看,如图 1-16-1 所示,各学科门类的学生选择选项 2
("有些严重")的比例均超过三成,最低比例也接近 32%,其中医学类学
生的比例最高,最低的为艺术类学生,这可能与我国医学类学生的培养模
式、课程设置有关,除了中医学院和医学院的中医类专业,医学类教材基
本都是从国外借鉴过来的,医学院学生接触的都是西医训练和教育,为此
有 41.53%的医学类学生认为我国主流文化的影响力在某些方面受到冲
击的情况"有些严重"。文科类学生的选择相对有些分化,选择选项 1
("比较严重")的比例接近 7%,排第二位(选择选项 1 比例最高的为理科
学生,接近 8.5%),但选择选项 3("严重程度一般")和选项 4("不太严
重")的比例也为最高;艺术类学生的选择与其他学科门类的学生差别明
显,20.31%的艺术类学生认为我国主流文化的影响力在某些方面受到冲
击的情况"不太严重",在所有学科门类中比例最高,而且他们选择"有些
严重"的比例最低,这可能与艺术类专业学生比较自我、标新立异的性格
有关,或者是与他们比较自由、跳跃、漫不经心的思维方式有关。

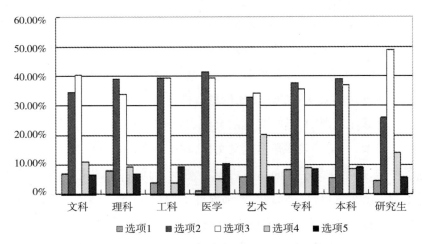

**图 1-16-1　不同学科、学历的青年学生对"我国主流文化的
影响力在某些方面受到冲击情况"的认知**

(选项 1 为"比较严重"、选项 2 为"有些严重"、选项 3 为"严重程度一般"、选项 4 为"不太
严重"、选项 5 为"不清楚")

从学历层次来看,图 1-16-1 的结果显示,在 5 个选项中,专科生和

本科生的差别不大,只是专科生选择"比较严重"(选项1)的比例略高于本科生,而本科生选择选项2("有些严重")和选项3("严重程度一般")的比例又稍高于专科生;但研究生的选择与专科生和本科生有了差异,研究生选择比例最高的选项不同于本、专科生的"有些严重"选项,而是选项3("严重程度一般"),达到49%左右,其次是选项2(26%)、选项4("不太严重")(13%左右)和选项5("不清楚")(约6%),其选择选项1("比较严重")的比例在三个学历层次中为最低。作为受访对象中学历层次最高的研究生,认为我国主流文化的影响力在某些方面受到冲击的情况并不十分严重,反而是专科生认为情况比较严重,这种认识的差异可以进一步分析其背后的原因。

再结合学生的政治面貌来看,图1-16-2表明非党员学生选择我国主流文化的影响力在某些方面受到冲击的情况"比较严重"(8.9%)和"有些严重"(接近45%)的比例高于党员学生,党员学生选择"严重程度一般"和"不太严重"的比例超过非党员学生。说明党员学生经常要接受党性教育和主流文化教育,对主流文化的地位和影响更有信心。本书的另一项调查发现27.45%的非党员学生认为非主流文化挤占了我们的文化阵地,而且认为非主流文化以其具有民间色彩的特点贴近百姓生活,社会成员更容易接受。对于非党员学生来说,大众文化的商业化、娱乐化容易影响他们,加之现代传媒技术的发展,尤其是网络文化的无孔不入,娱乐至死的文化快餐,无疑对部分青年学生尤其是非党员学生产生了不小的影响,在一定程度上冲击了主流文化的地位。

最后从学生的家庭月收入水平来看,图1-16-2的显示,接受调查的各收入水平家庭的学生认为我国主流文化的影响力在某些方面受到冲击的情况"比较严重"和"有些严重"的比例加起来均超过或接近四成,家庭月收入5000—9999元的学生选择"比较严重"的比例最高,万元以上收入家庭的学生选择"有些严重"的比例最高,接近46%。一般说来收入水平越高家庭的学生,接受高雅文化熏陶的条件越具备,对主流文化的口味要求也会越高,如果主流文化在内容和形式上不能推陈出新,就难以打动受众,进而影响其凝聚人心、感召民众和传承文明的功能。

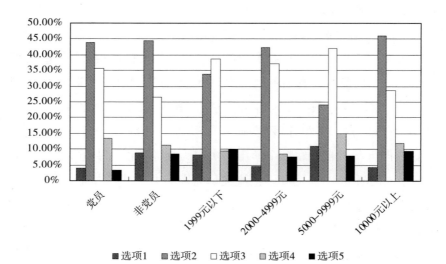

■ 选项1　■ 选项2　□ 选项3　▨ 选项4　■ 选项5

图 1-16-2　不同政治面貌、家庭收入的青年学生对"我国主流文化的影响力在某些方面受到冲击情况"的认知

（选项 1 为"比较严重"、选项 2 为"有些严重"、选项 3 为"严重程度一般"、选项 4 为"不太严重"、选项 5 为"不清楚"）

　　部分青年学生对我国主流文化的影响力在某些方面受到冲击情况的认识和判断说明了外来文化的影响,正是对外来文化不良影响的担心,让他们关注到了我国主流文化的影响力在某些方面受到冲击的问题。这不是说他们不认同我国的主流文化,恰恰是因为他们对以社会主义核心价值观为主体的主流文化的高度认同,才让他们对主流文化影响力受到冲击的情况表现出严重的担忧之情。青年学生的这种判断不一定符合实际,但借此大力培育和践行社会主义核心价值观,彰显其凝魂聚气、价值引领和维系中华民族精神的纽带作用,提升和增强中国特色社会主义文化的内外吸引力,其意义是不言而喻的。

　　青年学生高度认同以社会主义核心价值观为统领的我国主流文化的内容体系,但认为主流文化的影响力在某些方面不尽人意,说明我国主流文化的传播存在某些问题。进一步问到"你认为当前我国主流文化在传播过程中存在哪些问题（多选）"时,从选择的答案来看,部分青年学生认为主流文化在传播过程中有时过于注重说教,难以打动人心,且缺乏多样化的传播手段,部分文化代言人物过于"高大全",有些高高在上不接地气,生活气息不浓,因此,有时没能达到"随风潜入夜,润物细无声"的效果。

先从专业门类来看,如图1-17-1所示,除艺术类学生外,其余各学科门类的学生认为当前主流文化在传播过程中存在的问题排第一位的是"说教多,难以打动人心"(选项2),近56%的工科类学生选择了这一选项,文科、理科类学生选择本选项的比例也接近48%,医学类学生选择此项的比例为38%左右。主流文化在传播过程中排在第二、三、四位的问题,在文科、工科和医学类学生看来依次是"部分代言人物过于'高大全'"(选项1)"传播手段相对单一"(选项3)和"非主流文化的挤占"(选项4);理科学生认为列第二、三、四位的问题是"传播手段相对单一"(选项3)"非主流文化的挤占"(选项4)和"表现形式没有与时俱进"(选项5);艺术类学生列出的第二、三、四位的问题是"非主流文化的挤占"(选项4)"说教多,难以打动人心"(选项2)和"部分代言人物过于'高大全'"(选项1),艺术类学生认为排第一位的问题"传播手段相对单一"(选项3)。可以看出,不同学科门类的学生对主流文化在传播过程中存在的问题的排序有细微差别,说明我们的主流文化在表现形式上、传播手段上、感染力上、贴近民众上确实存在一定问题。比如大学生接受主流文化教育的重要渠道是思想政治理论课,从中学到大学如果传播形式不能与时俱进,学生就容易反感;加之主流文化的表达方式过于正式化和官方化,与青年学生追求张扬、自由的个性难以契合。如果这些问题的存在削弱了主流文化的地位和影响力,青年学生对主流文化效果的认同就会大打折扣。而主流文化是我们国家的软实力,是软性的社会制度,是社会的黏合剂,如果部分青年学生对主流文化的传播方式表现出排斥、反感的情绪,发展下去就有可能削弱主流文化社会黏合和秩序整合的功能,进而影响社会和谐。

再从家庭月收入水平来看,图1-17-1显示,不同收入水平家庭的学生认为当前主流文化在传播过程中最主要的问题仍然是"说教多,难以打动人心";接下来家庭月收入在2000元以下、2000—4999元和5000—

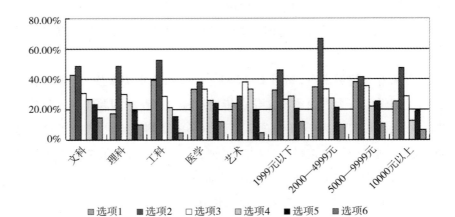

图 1-17-1　不同学科、家庭收入的青年学生对"我国主流文化
在传播过程中存在的问题"的选择

（选项 1 为"部分代言人物过于'高大全'"、选项 2 为"说教多,不够打动人心"、选项 3 为
"传播手段相对单一"、选项 4 为"非主流文化的挤占"、选项 5 为"表现形式没有与时俱进"、选项
6 为"其他原因"）

9999 元三个收入段的学生,都有超过 30% 的学生认为我国主流文化的
"部分代言人物过于'高大全'",成为排第二位的问题;家庭月收入在万
元以上的学生因生活富足,不大容易受主流文化代言人的影响,所以他们
认为第二位的问题乃是"传播手段相对单一",当然,其他收入水平家庭
的学生选择"传播手段相对单一"的比例也不低。值得注意的是,随着家
庭收入水平的下降,选择"非主流文化的挤占"这一选项的比例不断增
加,是不是收入水平的高低制约了学生对高雅艺术形式的选择,部分家庭
经济状况不好的学生会更多地接触到一些"庸俗""低俗""媚俗"的文
化,使他们觉得主流文化阵地被挤占,进而造成了人们认识上的模糊甚至
混乱,这一现象值得关注。

在此基础上,本书继续追问"你能接受的主流文化的传播方式主要
有哪些"（多选）,统计结果显示,50% 的青年学生选择了电视节目,40% 的
青年学生选择了公益广告。结合青年学生的学科、学历、性别、政治面貌
等因素来看,具体选择上有些差别。

从专业门类来看,如图 1-18-1 所示,虽然学科门类不同,但大学生

首选的主流文化传播方式都是"电视节目"（选项2），其次是"公益广告"（选项5），排第三位的选择主要是"教科书"（选项3）和"人文讲座"（选项4），再往后面的选择出现了细小差别，艺术类学生选择了"广播"（选项1），其他学科的学生选择了"网页广告"（选项6）或"短信提示"。虽然网络在青年学生的生活中占据着重要位置，日益成为主要的传播媒介，但是选择"网页广告"作为主流文化传播方式的比例并不是很高，最高的是艺术类学生为15.63%，最低的医学类学生只有6.56%。电视基本上为家庭必备电器，普及率高，传播的内容和形式可以做到形声兼具，比较容易被人接受；而公益广告作为一种新的文化传播形式，内容比较温情和打动人心，成为受众喜爱的传播形式。

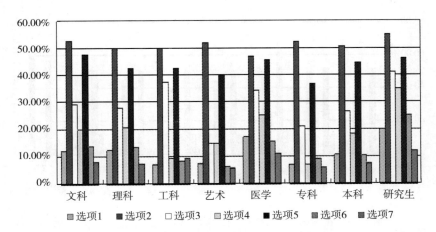

图 1-18-1　不同学科、学历的青年学生对主流文化传播方式的选择

（选项1为"广播"、选项2为"电视节目"、选项3为"教科书"、选项4为"人文讲座"、选项5为"公益广告"、选项6为"网页广告"、选项7为"公共短信提示"）

从学历层次来看，图1-18-1表明不同学历层次的学生依然最容易接受"电视节目"和"公益广告"这两种传播形式，选择比例依次排在前两位。相对于专科生和本科生，研究生更接受传统的文化传播方式，比如研究生选择"广播"这种形式的比例在三类学历层次中最高，达到20%，高出本科生近一倍的比例。其次研究生选择"教科书"和"人文讲座"的比例也是三个学历层次学生中比例最高的，专科生选择听讲座的比例最低；相对而言，本科生和专科生对"网络广告"和"公共短信"的选择比例低于研究生。不同学历层次的学生对不同传播方式的接受和喜好程度不一样,这就需要主流文化的传播形式要更加多样化,途径更加多元,以满足各层次学生的需要。

从性别角度来看,如图 1-18-2 所示,男女生的首选都是"电视节目",第二选择也都为"公益广告",但女生选择"公益广告"的比例明显高于男生,男生选择"教科书"的比例又超过女生,30.65% 的男生选择了"教科书"为主流文化的传播方式,而仅有 24.78% 的女生接受这种方式。其余传播方式男女生的选择比例差别不大。从政治面貌来看,党员学生和非党员学生对主流文化传播方式选择的喜好顺序没有差别,只是在选择比例上有所不同。

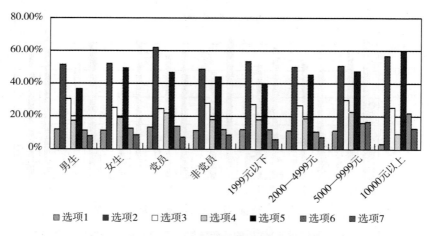

图 1-18-2 不同性别、政治面貌、家庭收入的
青年学生对主流文化传播方式的选择

(选项 1 为"广播"、选项 2 为"电视节目"、选项 3 为"教科书"、选项 4 为"人文讲座"、选项 5 为"公益广告"、选项 6 为"网页广告"、选项 7 为"公共短信提示")

从家庭月收入水平来看,图 1-18-2 只是大体上表明家庭月收入水平越高的学生相对地距离传统的传播媒体越远,比如广播、讲座,他们更多地熟悉网络、短信等现代传媒形式,比如家庭月收入万元以上的学生选择"公益广告"和"网页广告"的比例相对于其他收入家庭的学生而言最高。

本节通过文化方面一些问题的调查,了解大学生的认知情况。通过以上问卷分析的结果表明,青年大学生对我国现行教育体制和教育发展状况总体上比较满意,对受教育目的的认识也比较理性和长远,而非人们想象中那么功利;青年学生所在家庭的教育方式也以鼓励为主,这对培养他们的自信心和责任感有重要的积极影响。这些认知和评价说明青年学生对我国文化领域的相关体制、政策和主流文化的传播方式总体上是认同的,这种认同会在一定意义上化解一些负面影响和情绪,减少社会冲突和对抗行为,从而有助于社会稳定。同时,我们也要看到,对于教育体制及其发展状况,个别青年学生也存在不满,特别是女生、本科生、中等收入家庭学生的不满意率相对的高,这些群体的态度和评判需要关注。另外,对于我国主流文化的影响力在某些方面受到冲击的情况、主流文化在传播过程中存在的问题,部分青年学生也有比较深刻的认识和深切的担忧,这种状况若不能得到有效改善,主流文化的影响力将会进一步受到冲击,文化领域话语权的弱化将对青年学生的人生观、世界观带来不可估量的负面影响,因为文化认同是制度认同最深厚的根基,而制度认同是制度维护的前提,也是社会稳定的基石。

四、从社会要素方面看青年学生与社会稳定的关系

从社会学角度来看,社会是一个广义的范畴,指以一定的人口为主体,在具体的生态环境条件中通过物质生产活动和交往而形成的渗透着特定文化成果的复杂的人类生活共同体。① 政治学意义上的"社会"一般指除开政治、行政以外的人类活动领域,它具有自我恢复、自我约束、自我管理等功能。现实生活中每个人都处在一定社会制度下的某种社会结构中,与其他社会成员发生交往,彼此信任或相互猜忌,善于交往或独自飘零,迅速适应或格格不入,共同形塑着某一时期的社会结构与社会形态。生活在一种什么结构的社会中,如何认识社会成员之间的相互关系,在社会关系网络中处于何种结点位置,能否适应这个社会,这既是生存能力和

---

① 官秀成:《论学校·家庭·社会之大学生廉洁教育功能》,《钦州学院学报》2014 年第 10 期,第 34—38 页。

行动能力高低的体现,也会影响社会成员的行为方式,甚至在一定意义上决定其是成为社会稳定的力量还是社会动荡的因子。为此,前面从青年学生个体层面考察了他们对与自己经常交往的社会成员的信任度,这里进一步了解青年学生对整体社会成员间相互关系的认知、自我的社会适应能力和交往能力的认知,考察他们在社会结构中是一种什么性质的力量,对社会稳定将产生何种影响。

(一) 对社会信任状况的认知与评价

社会成员间相互关系的主流是什么对一个社会的影响将是不可估量的。如果相互信任,社会就会形成一种诚信风气,形成稳定、可靠、可以预期的社会行为,十分有助于社会的稳定和谐;反之,则会助长欺诈之风,人心惶惶,无法形成长期交易,机会主义盛行,社会将会失去原有的正常秩序。青年学生如何看待今天整体社会成员之间的相互关系,他们是否信任自己生活的这个社会? 为此本书专门设置了"你对社会是否信任"这一问题,了解青年学生的认知情况。从问卷答案看,青年学生表现出了对社会信任一定程度的担忧。

具体从学科门类来看,如图 1-19-1 所示,除了艺术类学生外,其他学科门类学生的第一选择皆为选项 3("半信半疑"),最高的为医学类学生,达到 54.65%,其次为工科、文科和理科学生,最低比例也达 40% 以上;排第二位的选择是选项 2("多数时候信任"),比例最高的为文科学生,将近 42%,最低为医学类学生,约 37% 左右。艺术类学生的第一选择为选项 2,达到 57.81%,第二选项为选项 3("半信半疑"),近 28%。无论哪个学科的学生,选择选项 1("很信任")和选项 4("有点不信任")的比例都不高,但除了艺术类学生和工科学生外,文科、理科和医学类学生选择选项 4 的比例都超过选项 1,尤其是医学类学生,选项 4 的选择比例将近 8%,但选项 1 的选择比例只有 1.09%(艺术类学生选择这一选项的比例为 9.38%)。从选择结果看,受访对象中差不多一半的青年学生对社会不大信任或者半信半疑,尤以医学类学生为甚。近些年来发生的一些医患纠纷在一定范围内伤害了医生与病人之间的相互关系,这其中有医疗管理体制的原因、有医生和病人个体的原因,也与我们处理医患纠纷的体制机制和方式方法有关,这些不仅对医学类学生的认知产生了重要影响,也对其他学科的学生产生了影响,因为医生和病人之间信任不足乃是社会成员之间相互关系的一个缩影。前些年被曝光的不合格食品、伪劣产品、豆腐渣工程,近期暴露的假疫苗、过期疫苗等事件,以及不断花样翻新、让老百姓防不胜防的各种诈骗手段等都是对社会信任的极大伤害。如果青年学生不信任我们的社会,不仅会影响他们的社会化进程,也会让他们对社会产生隔阂,一个彼此提防、相互猜忌、力求自保的社会是难以形成可预期的行动和良好秩序的,也就无法保证其稳定与和谐。

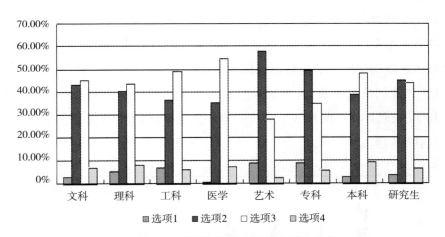

**图 1-19-1　不同学科、学历的青年学生关于
"你对社会是否信任"的选择**

(选项 1 为"很信任"、选项 2 为"多数时候信任"、选项 3 为"半信半疑"、选项 4 为"有点不信任")

从学历层次来看,图 1-19-1 显示专科生选择选项 1("很信任")和 2("多数时候信任")的比例最高,其次是研究生,本科生的选择比例最低;反过来,本科生选择选项 3("半信半疑")和 4("有点不信任")的比例最高,其次是研究生,专科生的比例最低。是因为专科生的年龄小、生活阅历简单、涉世不深,与社会接触少,因而对社会的复杂和艰难认识不够透彻,还是其他别的原因导致他们更倾向于相信社会,可以进一步考察。值得注意的是,除专科生外,本科生和研究生选择选项 3("半信半疑")和 4

（"有点不信任"）的比例之和都略高于前两项选择的比例之和,尤其是本科生。中国社会科学院社会学研究所2013年发布的《社会心态蓝皮书》（2013年1月7日）也明确指出,我国目前社会的总体信任指标进一步下降,低于60分的及格线,人与人之间的不信任有扩大的趋势。

从政治面貌来看,如图1-19-2所示,党员学生选择选项1（"很信任"）和2（"多数时候信任"）的比例之和超过非党员学生,而选择选项3（"半信半疑"）和4（"有点不信任"）的比例都低于非党员学生,说明党员学生更倾向于信任这个社会。需要注意的是,党员学生群体自身也只有刚过一半的比例选择了选项1（"很信任"）和2（"多数时候信任"）,还有近一半的党员学生对这个社会"半信半疑"或"有点不信任"。从家庭月收入水平看,中低收入水平家庭的学生对社会更"半信半疑",万元以上收入家庭的学生认为社会值得信任的比例最高,但他们选择"有点不信任"的比例也是最高的,与最低收入水平家庭学生的比例差不多,超过10%（家庭月收入在1999元以下的青年学生中有12.13%选择了"有点不信任"选项）。

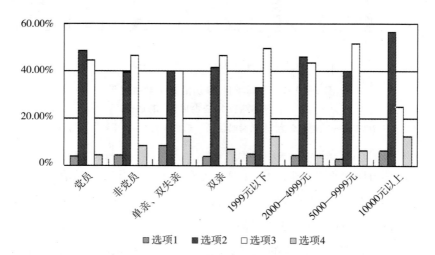

图1-19-2　不同政治面貌、家庭收入、家庭结构的青年学生
关于"你对社会是否信任"的选择

（选项1为"很信任"、选项2为"多数时候信任"、选项3为"半信半疑"、选项4为"有点不信任"）

　　从家庭结构来看，图1-19-2显示，单亲、双失亲家庭的学生选择选项1（"很信任"）和4（"有点不信任"）的比例都高于双亲家庭的学生，分比达到8.33%和12.5%，但他们选择选项2（"多数时候信任"）和3（"半信半疑"）的比例均低于双亲家庭的学生，所以总起来看，不同结构家庭的学生对社会信任的认知差别不大，不过信任和不大信任这个社会的比例也差不多各占一半，或者说图上结果显示不大信任社会的比例还略高一点。

　　社会信任的形成离不开社会诚信，诚信是信任的基础和前提。从主体看，一个社会的诚信包括政府诚信、企业诚信和个人诚信，每一个主体的诚信状况都对社会信任链条的形成至关重要。为此，本书询问了青年学生另一个问题——"你对我国社会诚信现状如何评价（满意度）"，下面分析了青年学生的选择结果。

　　从学生的专业门类来看，如图1-20-1所示，各学科门类学生的第一选择都是选项3（"满意程度一般"），比例最高的为医学类学生，约58%，其次是文科学生（50%左右）、艺术类学生（47%）、工科学生（46%）和理科学生（近41%）；列第二、三位的选择是选项2（"比较满意"）和选项4（"不太满意"），选择"比较满意"比例最高的为艺术类学生，比例达43.35%，随后为理科学生（25%）、工科学生（22%）、文科学生（约19.5%），最低为医学类学生，仅有9.84%；选择"不太满意"比例最高的是医学类学生，约20%，接下来是文科学生（18.5%左右）、工科、理科和艺术类学生；选择"比较不满意"（选项5）的医学类、工科和理科学生比例差不多，约10%左右，文科学生近9%，艺术类学生比例最低。总体看来，艺术类学生对社会诚信现状的评价最高，医学类学生的评价最低，一半以上的医学类学生持中间态度，近30%的医学类学生选择了负面评价（选择选项4和5的比例之和）；从其他学科门类的学生来看，文科类学生选择负面评价的比例也超过正面评价，理科和工科学生正面评价的比例略高于负面评价。

　　从学历层次来看，图1-20-1显示选择"满意程度一般"比例最高的是本科生，达51%，接下来是研究生（49%）、专科生（约39%）；选择"比较

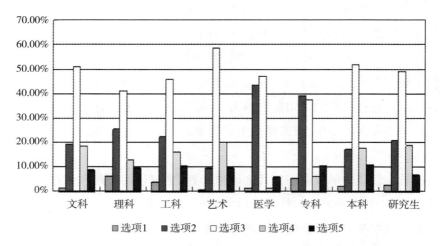

图1-20-1　不同学科、学历的青年学生对我国社会诚信状况的评价

（选项1为"非常满意"、选项2为"比较满意"、选项3为"满意程度一般"、选项4为"不太满意"、选项5为"比较不满意"）

满意"比例最高的是专科生,达39.19%,随后是研究生(20%)、本科生(17%);选择"不太满意"比例最高的为研究生(19%),随后是本科生(18%)、专科生(6.52%左右);选择"比较不满意"比例最高的为专科生和本科生,均为10%左右,研究生稍低,大约7%;而认为"非常满意"比例最高的也是专科生,达6%左右。比较而言,学历层次越高,对社会诚信现状的满意度越低。而学历越高的人,其言行的影响力一般越大,影响面也越广,他们的认知和评价会对其他社会成员的认识带来一定的压力和导向作用。

从性别来看,如图1-20-2,男女生都做了"满意程度一般"的第一选择,但女生的选择比例高出男生十几个百分点;男生选择"比较满意"的比例超过女生十多个百分点,男生达28.42%,女生为16.11%;女生选择"不太满意"的比例又略高于男生,但女生选择"比较不满意"的比例又比男生低(男生为12.84%)。相比而言,女生对社会的诚信状况满意度低于男生,这可能与性别角色差异有关,女生在社会交往中更加敏感,心思更加细腻,对不诚信的感知也更为强烈。

从是否为独生子女的角度来看,图1-20-2显示,独生子女的家庭地位在某种程度上对他们的人际交往产生了影响,有时比较自我,出现某些社会适应性问题,从而对社会诚信现状更不满意,如图所示,近20.9%的独生子女对社会诚信现状不太满意。

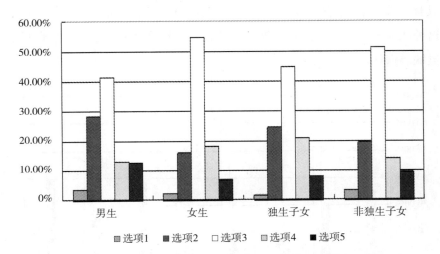

图1-20-2　不同性别、家庭结构(是否独生子女家庭)的
青年学生对我国社会诚信状况的评价

(选项1为"非常满意"、选项2为"比较满意"、选项3为"满意程度一般"、选项4为"不太满意"、选项5为"比较不满意")

　　为什么社会缺乏信任? 社会成员之间为何诚信不足? 是因为人性的弱点还是别的原因所致? 青年学生如何看待与他们交往的个体? 当问及"你认为当今的人自私程度如何"这一问题时,大学生们作了如下回答。

　　从青年学生的专业门类来看,如图1-21-1所示,除了艺术类学生外,其他四个学科门类学生的第一选择均为"大部分人是自私的"(选项3),医学类学生选择这一选项的比例最高,达到61.75%,文、理、工科学生的选择比例也都超过50%,艺术类学生也有31.25%的比例认为社会上"大部分人是自私的";除艺术类学生外,其他学科门类学生排第二、三位的选择都是"少部分是自私的"(选项2)和"比较自私"(选项1),比如理科生和工科生选择选项1的比例分别达到了11.61%和13.83%,其他三个学科的学生也有7%左右。而"相对比较和谐"(选项4,意指个人自私程度较低)成为选择比例最低的选项,大约5%左右。如果把选项1

（"比较自私"）和选项3（"大部分人是自私的"）加总起来，认为绝大部分
人都是自私的比例医学类学生达68%，随后是工科类学生达63.5%、理
科类学生达61%，文科类学生达到57%，艺术类学生也达到37%左右。
只有艺术类学生选择"社会上少部分人是自私"的比例最大，为54.69%。
这种认知和评判显然会对青年学生的社会交往产生重大影响，对他人自
然缺乏信任。

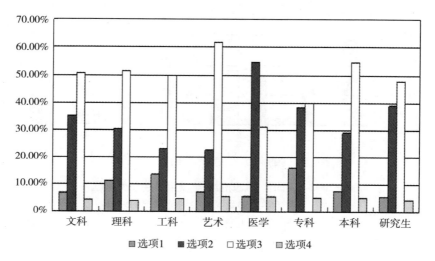

图 1-21-1　不同学科、学历的青年学生对
"当今社会个人自私度"的评价

（选项 1 为"比较自私"、选项 2 为"少部分人是自私的"、选项 3 为"大部分人是自私的"、选项 4 为"相对比较和谐"）

从学历层次来看，图 1-21-1 表明本科生选择"大部分人是自私的"
的比例最高，近 55%，其次是研究生（48%）和专科生（40%），选择"比较
自私"比例最高的是专科生，达到 16%，本科生（大约 8.5%）和研究生
（7%左右），但专科生选择"少部分人是自私"的比例也比较高，将近
39%，仅次于研究生，本科生选择此项的比例约为 30%；三个学历层次的
学生选择选项 4 的比例都比较低，大约 5%左右，甚至不到 5%（研究生的
选择比例）。这与前述不同学科门类学生的选择情况差不多，无论哪个
学历层次的学生，几乎一半的青年学生都认为社会上大多数人是自私的，
学历越高，持这种认识的学生比例越大。尽管青年学生的这种认识难免

极端和偏颇,但这不得不令人反思,为什么他们会有这种认识? 是什么原因让他们形成了这样的认识? 是传统的"各人自扫门前雪,休管他人瓦上霜"等明哲保身思想的熏染,还是市场经济优胜劣汰、追求个人利益最大观念的泛化? 是对好人好事宣传教育不够,还是舆论正面引导的不足? 或者社会上确实存在的一些自私自利言行、道德滑坡的现实影响了他们的判断? 可能以上原因都有,需要认真对待和正确引导。

从性别来看,图 1-21-2 的结果显示男生选择选项 1("比较自私")的比例(11.48%)超过女生,选择选项 3("大部分人是自私的")的比例低于女生(女生达 55%),但这两项选择的比例之和男女生却差别很小(男生约 60%,女生约 64.5%),且男生选择选项 2("少部分是自私的")(34%)和 4("相对比较和谐")(6%)的比例均高于女生的 30% 和 5%。说明差不多三分之二的学生认为社会生活中的个人偏于自私,女生感受到的自私程度比男生严重。

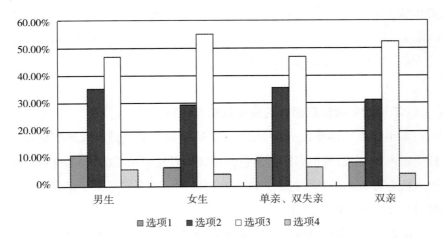

■选项1　■选项2　□选项3　□选项4

图 1-21-2　不同性别、家庭结构的青年学生对
"当今社会个人自私度"的评价

(选项 1 为"比较自私"、选项 2 为"少部分人是自私的"、选项 3 为"大部分人是自私的"、选项 4 为"相对比较和谐")

从学生的家庭结构来看,单亲、双失亲家庭和双亲家庭的学生认为"个人的自私程度"差不多(两者选择选项 1 和 3 的比例之和相差无几),只是单亲、"双失亲"家庭的学生选择"比较自私"的比例更高,即他们认

转型期新生代青年群体与社会稳定关系研究

为个人是自私的比例更高。

部分青年学生认为我们的社会信任存在问题,一些社会成员之间缺乏诚信,部分人群比较自私,这种认识确实有深厚的社会原因。一方面如社会上存在的个别官员贪污腐败、食品安全、诈骗事件、"扶不扶"等个别现象,都对政府、社会、企业和个人的诚信形象产生了不良影响。另一方面,青年学生对于事物的认识仍不够客观和冷静,同时由于家庭或个人的遭遇,容易受到个别负面因素的影响,从而以偏概全,得出较偏颇的认识,对社会产生某些不信任感。从社会学角度讲,社会信任是社会资本的核心要素之一,更是社会稳定的基石。一个社会是否诚信、社会成员是否守信、社会成员对这个社会诚信度的看法和评判将直接影响他们的社会行为,影响社会秩序的形成和稳定。因为在推崇诚信为本的社会,守信用会成为人们的行为准则,个体社会成员的行为就更能预期,交易成本就会降低,社会公序良俗就容易形成,社会就更稳定和谐。对于社会成员尤其是青年学生来说,正确辨析和认识各种社会现象,也是一种需要学习和增强的能力,需要多方面地接触主流信息,依靠科学态度、法治精神、道德训诫等方法,来达到个人诚信与社会诚信的和谐统一。

(二) 对社会适应能力的自我认知与评判

青年学生迟早要走入社会,其社会适应能力的高低不仅影响他们的社会融入,也会影响他们社会角色的扮演和对社会关系的认知,能够迅速融入社会将有助于社会稳定。本书专门设计了相关问题来了解青年学生对自我社会适应能力的认知情况。

面对"你认为自己的社会适应能力如何"这一问题,青年学生总体上对自己的社会适应能力充满信心,认为自己能很快或较快地适应社会,当然,不同学科、学历和性别的学生在社会适应能力的自我判断和认知上存在一些差异。

从学生的专业门类来看,如图 1-22-1 所示,所有学科门类学生的第一选择都是"适应没有困难"(选项 2),其中艺术类学生选择此项的比例最高,超过 60%,医学类学生选择此项的比例最低,但也有 48% 左右;列

第二位的选择均为"与社会接触不多,会有困难"(选项3),比例最高的
是医学类学生,达43.72%左右,其次是工科类学生(28.5%)、理科类和
艺术类学生(25%)、文科类学生(22%左右);选择"能很快适应"(选项
1)比例最高的是理科学生,接近15%,随后是工科、艺术类、文科类学生,
比例最低的是医学类学生,只有3.28%左右;而选择"困难较大,不想踏
入社会"(选项4)比例最高的恰好是医学类学生,接近5%,其次是文科
类学生(3.83%),而艺术类和工科类学生基本上没有人选择这个选项。
这说明总体上青年学生对自己的社会适应能力比较有信心,相信自己能
够适应这个社会,即便有困难,但认为自己完全不能适应的比例非常低。
就是医学类学生,可能对即将面临的医患关系心有忌惮,但选择选项1
("能很快适应")和2("适应没有困难")的学生比例也超过50%。相比
较而言,艺术类学生认为自己的适应能力最强,文科、理科和工科学生也
相当不错,只是文科生因专业技能不凸显,认为"能很快适应"的比例仅
为8.74%,还有3.83%的文科生觉得自己适应社会的"困难较大,不想踏
入社会"。

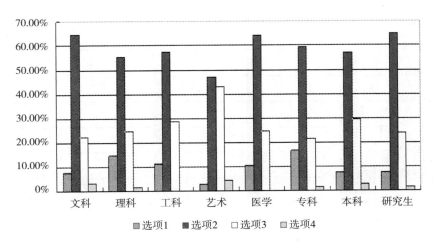

图1-22-1　不同学科、学历的青年学生社会适应能力的自我评判

(选项1为"对社会非常了解,能很快适应"、选项2为"对社会有一定了解,适应没有困难"、
选项3为"与社会接触不多,适应社会有困难"、选项4为"困难较大,不想踏入社会")

　　从学历层次来看,图1-22-1显示,16.67%的专科生认为自己"能很

快适应社会"(选项1),近60%的专科生认为自己"适应没有困难"(选项2);而本科生认为自己"能很快适应社会"的比例不到10%,研究生认为自己"能很快适应社会"的也只有8%左右;反而认为自己"适应社会有困难"(选项3)的本科生达到29.73%,研究生也达24%左右;还有3.32%的本科生认为自己"困难较大,不想踏入社会"(选项4)。难道真是无知者无畏?专科生的自我感觉更加良好?还是他们本来对自己的定位比较准确,进入社会后不会产生极大的落差,进而融入社会的速度更快,适应能力也相对较强?相比较而言,本科生对自己的社会适应能力更不自信,担心更多。

从性别来看,图1-22-2的结果表明男生对自己的社会适应能力更有信心,选择选项1("能很快适应")和2("适应没有困难")的比例之和超过女生,达到73%左右,而女生只有大约64.5%,且仅有6.2%的女生选择能"很快适应社会"(选项1),接近31.5%女生认为自己"适应有困难",还有大约4%的女生认为"困难较大"。确实,在社会交往方面,女生总体上的能力弱于男生,社会融入的困难稍大。

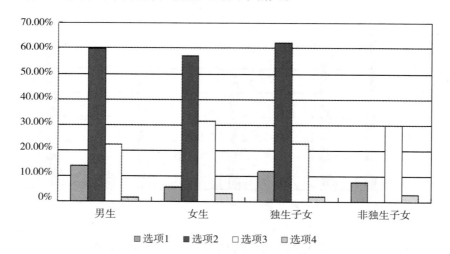

图1-22-2 不同性别、家庭结构(是否独生子女家庭)的
青年学生社会适应能力的自我评判

(选项1为"对社会非常了解,能很快适应"、选项2为"对社会有一定了解,适应没有困难"、选项3为"与社会接触不多,适应社会有困难"、选项4为"困难较大,不想踏入社会")

　　从是否为独生子女来看,图 1-22-2 显示,独生子女的社会适应能力总体要强于非独生子女。独生子女选择选项 1("能很快适应")和 2("适应没有困难")的比例之和达到 74%左右,且认为"困难较大"的比例仅有 2%左右;而非独生子女认为自己"能很快适应"的比例只有 8%左右,感觉"适应有困难"的达 30%(非独生子女的选项 2 出现了缺损),认为"困难较大"的比例为 4%左右。独生子女多来自城市,从小接受的教育让他们更加自信,在大学有更多的机会进入各种社团锻炼自己,提高了他们的人际交往能力和办事能力,能帮助他们更好地适应社会。

　　家庭经济状况会不会影响青年学生对自己适应能力的认知和判断?考虑学生的家庭月收入水平发现(图 1-22-3),随着家庭月收入水平的增加,大学生适应社会的能力也相对提升。对于家庭月收入在 2000 元以下的学生来说,29.84%的学生认为适应社会有困难,5.25%的学生不想踏入社会,或许家庭经济状况的窘迫难免让他们在一定程度上产生自卑心理,从而不想也不敢与人交流,影响了他们与人交往能力和社会适应能力。但是也有一些家庭收入水平较高的学生,在家里习惯了富足的生活,自理能力较差,社会适应性也不一定很强,比如家庭月收入在万元以上的学生中也有 24.5%的比例认为自己适应社会有困难,还有 3.13%的学生不想踏入社会。

　　再看家庭结构是否影响大学生的社会适应能力,图 1-22-3 显示,19.73%的单亲、双失亲家庭的学生认为自己能很快适应社会,而双亲家庭只有 8.14%的学生认为自己能很快适应社会;双亲家庭有 28.62%的学生认为自己适应社会有困难,比单亲、双失亲家庭的学生高出近七个百分点。这可能与单亲、双失亲家庭的学生必须面对家庭经济上、个人心理上以及社会关系上的种种挫折有关,他们在无形之中养成了坚韧、务实的品质,自理能力得到提高,习得了更多的社会经验,社会适应能力也更强。

(三) 对社会交往能力的自我认知与评价

　　要适应社会就必须善于和其他社会成员交往,结成良好的人际关系。

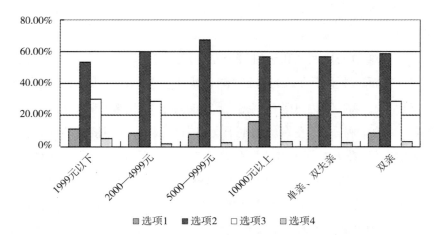

**图 1-22-3 不同家庭收入、家庭结构的青年
学生社会适应能力的自我评判**

（选项 1 为"对社会非常了解,能很快适应"、选项 2 为"对社会有一定了解,适应没有困难"、
选项 3 为"与社会接触不多,适应社会有困难"、选项 4 为"困难较大,不想踏入社会"）

社会交往能力本是社会适应能力的组成要素,前面分析了大学生对社会适应能力的自我认知,接下来进一步考察他们对社会交往能力的自我认知,实际上是考察大学生的人际关系状况,以此了解他们融入社会的能力和状况,通过大学生对"你认为自己的社交能力如何"这一问题的回答来进行分析。

从专业学科门类来看,如图 1-23-1 所示,除艺术类学生外,其余学科学生的第一选择均为"社会交往能力一般"（选项 2）,理科生选择此项的比例最高,达 56%,随后是工科与医学类学生（44%）、文科类学生（42%）;艺术类学生的第一选择却是"自己有些方面的社交能力需要提高"（选项 3）,约 47%左右,列第二位的才是选项 2,其余学科列第二位的选择是选项 3,文科类学生选择此项的比例最高,为 43.17%,其次是医学类学生（37%）、理科与工科学生（大约 28.5%）;认为自己"能够自如地和所有人打交道"（选项 1）比例最高的是工科类和艺术类学生,分别为 19%和 18%,随后是理科学生（11%左右）,只有 8.74%的文科学生认为自己"能自如地和所有人打交道",而医学类学生只有 7.1%的比例;相反,差不多有 9.29%的医学类学生感到"自己和人交往时不知所措"（选项

4)。总的看来,艺术类学生和工科类学生认为自己的社会交往能力比较强,其次是理科类学生和文科类学生,医学类学生倾向于认为自己的社会交往能力存在问题,需要提高。

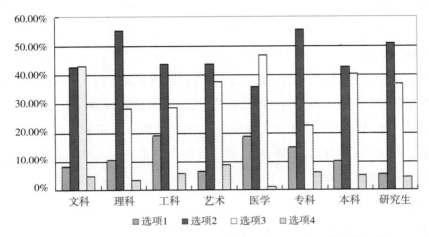

图1-23-1 不同学科、学历的青年学生社会交往能力的自我评价

(选项1为"能自如地和所有人打交道"、选项2为"社会交往能力一般"、选项3为"自己有些方面的社交能力需要提高"、选项4为"不好,和人交往时不知所措")

从学历层次来看,图1-23-1表明专科生认为"自己社交能力一般"(选项2)的比例最高,达到55%,其次是研究生为51%左右,本科生约为42%;但认为自己"能自如地和所有人打交道"(选项1)的比例又以专科生最高,接近16%,而本科生和研究生分别只有10%和6%左右的比例;认为自己"有些方面的社交能力需要提高"(选项3)的比例最高的是本科生(41%左右),其次是研究生(大约37%)和专科生(22%);但专科生中又有差不多6%的学生感到自己"与人交往时不知所措"(选项4),成为三个学历层次中比例最高的一个群体。这样的结果说明专科生对自己社交能力的认知总体上很自信,但也有比较明显的两极化现象,而本科生和研究生对自己社交能力的认可度不是很高,呈现出来的结果学历越高越"谦虚",是不是研究生潜心读书,两耳不闻窗外事,社会交往机会阙如,进而社交能力没有得到很好的锻炼?而专科生知道自己必须早入社会摸爬滚打,进而比较注重社会交往能力的训练?可以进一步调查予以分析。

　　从家庭月收入水平来看,图1-23-2的统计结果显示,总趋势看大学生的社会交往能力和家庭收入状况存在一定程度的正向关系,随着家庭月收入水平的提高,大学生认为自己"能自如地和所有人打交道"(选项1)的比例逐步提高,而认为"自己有些方面的社交能力需要提高"和"自己和人交往时不知所措"的比例逐渐下降。需要注意的是,中上收入水平家庭的学生认为"自己交往能力一般"的比例是最高的。一般来讲,高收入家庭学生的父母一般交际比较广,受父母的影响,大学生接触的人也较多,无形中培养了其社会交往能力;同时家庭收入水平较高的大学生,往往表现得比较自信,眼界也更开阔,能够与更多的人有共同话题,并在交往中产生共鸣。

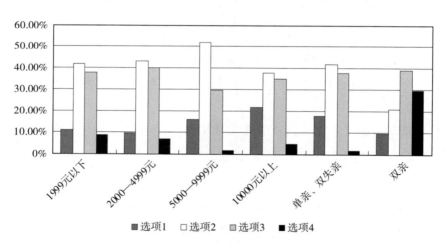

**图1-23-2　不同家庭收入、家庭结构的青年
学生社会交往能力的自我评价**

(选项1为"能自如地和所有人打交道"、选项2为"社会交往能力一般"、选项3为"自己有些方面的社交能力需要提高"、选项4为"不好,和人交往时不知所措")

　　家庭结构是否对学生的交往能力带来影响?从图1-23-2看出单亲或者"双失亲"家庭的学生认为自己"能自如地和所有人打交道"(选项1)的比例高于双亲家庭的学生,且认为自己"某些方面的社交能力需要提高"(选项3)和"与人交往时不知所措"(选项4)的比例都低于双亲家庭的学生。这可能与单亲、双失亲家庭的学生面临的成长环境和生存压力有关,因为家庭成员的残缺,他们要替父亲或者母亲分忧,尤其是"双失亲"家庭的学生要学会独立长大,经历更多的磨炼和困难,不少这类家庭的学生在大学期间就要在外打工,进入社会谋职,由此也锻炼了他们的社会交往能力,使得他们对自己的社交能力更为自信。

再从性别来看,图1-23-3显示,13.39%的男生认为自己"能自如地和所有人打交道"(选项1),女生选择这一选项的比例为8.85%;且有41.59%的女生认为自己"有些方面的社交能力需要提高"(选项3),高出男生11个百分点;不过男生认为"自己社交能力一般"(选项2)和"有时与人交往时不知所措"(选项4)的比例高于女生。说明男生总体上对自己的社交能力更自信,但也有部分男生认为自己很不善于交往,出现了极端的情况。这可能与男女的社会性别角色有关,男生不拘小节的性格使他们更易与人熟络起来,而女生在与人交往中相对矜持和谨慎,从而对自己的社交能力不够自信。

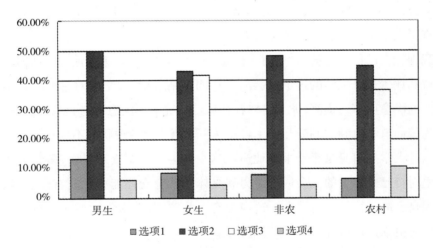

图1-23-3　不同性别、户口的青年学生社会交往能力的自我评价

(选项1为"能自如地和所有人打交道"、选项2为"社会交往能力一般"、选项3为"自己有些方面的社交能力需要提高"、选项4为"不好,和人交往时不知所措")

户口对大学生的社交能力有无影响?从图1-23-3来看,近8%非农户口的学生认为自己"能自如地和所有人打交道"(选项1),农村户口的学生持这种认识的只有6.82%;有近10.62%的农村户口学生感到自己

"和人交往时不知所措"（选项4），非农户口的学生只有5%不到。大学生的社交渠道除了日常生活，主要的就是各种社团及其活动，但加入社团往往需要一技之长，农村户口的学生在这方面存在不足，且经济上的负担让他们对聚餐、旅游、K歌、联欢等集体活动的开支心存压力，参加这类社交活动受到制约，锻炼的机会相对更少，由此对自己的社会交往能力信心不足。

每个人都生活在一定的社会结构和社会关系网络中，他们怎么看待自己生活的这个社会，是否足够信任这个社会，是否具备适应社会生活的能力将影响个体社会化的程度和速度，决定他能否顺利地成为一个"社会人"，大学生也不例外。一个社会化程度很高的人会表现出对现行社会结构和社会关系网络的高度适应性，能迅速嵌入社会，成为社会关系网络中一个相对稳定的节点，对社会的运行起着良性的推动作用；反之，则会显得与社会结构难以契合，在社会关系网络中飘忽不定，难以稳定下来，甚至冲击或力图破坏社会网络结构，成为不稳定因子。本部分问卷调查了大学生对社会信任情况的认知，在此基础上进一步了解他们对当前我国社会诚信状况的评判，对个体自私程度的评价，以考察他们是如何看待和评价自己生活的这个社会的。从调查结果看，大学生对目前社会信任的满意度有待提高，尤其是对社会诚信状况的不满意、认为多数人的行为偏向自私自利的判断凸显了青年学生对当前社会现状的不满意。

大学生自身是否能很好地适应这个社会？从调查结果看，多数大学生对自己总体上的社会适应能力和具体的社会交往能力比较有信心，认为自己能较快地适应社会。这当中有一些差别，艺术类学生和专科生表现出更强的适应性，值得注意的是部分医学类学生、本科学历的学生、低收入家庭的学生、农村户口的学生和女生，他们无论是对当前社会诚信状况的评判还是对自我适应能力的评价都表现出了相对明显的消极情绪，需要通过社会状况的改变和一定的引导、疏导予以缓解和化解。

总之，一个国家的各类群体都处于一定的社会结构中，通过参与社会生活形塑着社会的形态和结构，成为社会发展的进步力量或消极因素或沉默因子，这些群体如何与社会稳定发生勾连，从这些社会群体日常生活触手可及的政治、经济、文化和社会等诸多方面可以找到一定的关联。上述分析正是通过考察大学生对政治、经济、社会和文化四个领域相关问题的认知、态度和评价，简要分析其背后的原因，了解他们及其家人目前的生存生活状态，推测他们的认知和态度会对他们的社会行为带来何种影响，以及对社会稳定产生的效应。

第二章 新生代农民工与社会
稳定的关系分析

在我国社会转型期，大批农民进城务工形成了农民工群体，新生代农民工（也称青年农民工）也是青年中的一个特殊群体，他们的生活状态直接关系着社会的发展与稳定。他们进城务工，与他们的父辈一样，在城市的大街小巷、建筑工地、餐馆酒店或现代化工厂的流水线上从事着繁重、单调的工作。不同于他们父辈的是，他们期望在城市扎根，由城市"边缘人"、城乡"两栖人"成为真正的城里人，不仅是自己，后代也要在城市立足。随着大学生就业难度加大，这个群体的人数还会增加，他们成为城市社会的重要成员，其思想、行为都会对社会的稳定带来重要影响。本部分从政治、经济、社会和农民工的城市融入四个方面寻找青年农民工与社会稳定的关联，既有问卷调查，也有对部分青年农民工的访谈和现场观察，以期获得更丰富的一手资料。其中问卷调查部分共发放问卷600份，收回有效问卷512份，结合年龄、性别、学历、婚姻状况、收入状况、职业领域等因素进行了部分因子分析。

一、从政治要素方面看新生代
农民工与社会稳定的关系

（一）政治认知分析

政治意识是政治活动主体对政治生活中的其他主体、客体（政治制度和体制、政党及其行为、政府及其日常运行状况、其他政治生活现象、政治行为等)的一种主观认识,一般包括认知、态度、情感等,与政治心理相似。① 了解新生代农民工的政治意识,首先从他们对基层党组织工作的满意情况和其个人的入党缘由来考察。

1. 对基层党组织工作的满意度

中国共产党是执政党,是各项事业的领导核心,是国家各种大政方针的制定者,而其制定的政策可能与青年农民工息息相关,比如有关惠农政策、城乡户籍改革政策、农村土地所有权政策、城乡社会保障政策、安居房政策、农民工子女异地上学的政策,等等。而这些政策都需要基层组织——党组织和基层政府去落实,党的领导体现在这些政策的落地过程中,政策落实情况会影响到青年农民工生活的方方面面,青年农民工对这些政策是否满意、满意度高低会直接反映出他们对基层党组织的工作是否满意,进而在一定意义上影响民众心中党的形象。因为人们会从身边党组织的工作来形成对党的认知,感受党的关怀。所以,青年农民工对基层党组织工作的评价对党的领导意义重大。

青年农民工中党员数量并不多,一些青年农民工党员的组织关系仍留在户口所在地的村社,没有及时转接到工作所在地,因此这部分调研的问卷数量相对较少。但随着用工所在地对流动党员管理的加强,青年农民工在打工所在地、工作单位与基层党组织的联系日益紧密和频繁,基层党组织对他们的教育、帮扶不断增强,组织生活愈益规范。基层党组织不仅担负着直接教育党员、管理党员、监督党员的职责,还担负着组织群众、宣传群众、凝聚群众、服务群众的职责,发挥着战斗堡垒的作用。② 因此,基层党组织工作的情况对青年农民工中的党员和普通群众都会有重大影响。

结合图 2-1-1、图 2-1-2、图 2-1-3,总体上看,青年农民工对基层党组织的工作是比较满意的。不管性别、学历层次、收入水平和婚姻状况如何,选择"非常满意"和"比较满意"的比例比较高,虽然也有少部分人选

---

① 王浦劬在《政治学基础(第二版)》一书中认为政治心理的构成要素主要包括:政治认知、政治情感、政治动机以及政治态度等等。王浦劬:《政治学基础(第二版)》,北京大学出版社 2006 年版,第 253 页。

② 《中共中央关于加强党的政治建设的意见》,新华社 2019 年 2 月 27 日。

择了"满意程度一般",甚至选择了"不太满意"或"比较不满意"这些选项,但整体上看来青年农民工群体对基层党组织的满意度是比较高的。说明青年农民工进城过程中虽面临诸多困难和制约,但对基层党组织的工作还是很认可。

进一步从婚姻状况来看选择的差异。总体上看青年农民工对基层党组织的工作是比较满意的,因为无论婚姻状况如何,选择"非常满意"和"比较满意"的比例总计均超过50%,其中未婚群体的满意度最高,其次是已婚的青年农民工,最后是离婚的青年农民工群体。这种差异的原因主要可能是个人际遇不同,已婚群体相对比较成熟,家庭和社会责任更重,认识也比较理性,对政府、社会以及党员干部的要求也会更高;而离婚的农民工群体因为婚姻的不顺,经受的挫折相对更多一些,容易把个人婚姻生活的不顺归结为社会或者他人的原因,进而表现出对基层党组织工作相对较低的满意度。

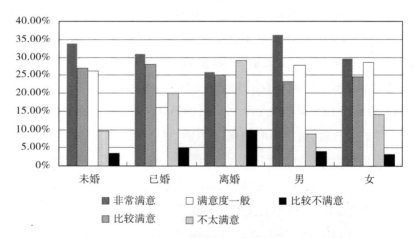

**图 2-1-1 从婚姻状况、性别角度看青年农民工
对基层党组织工作的满意程度**

从性别角度来观察(图2-1-1),男女青年农民工对基层党组织工作的总体满意度也比较高,总体上看来,女青年农民工对基层党组织工作的满意度略低于男性青年农民工,可能与女性农民工对进城务工过程中出现的诸多困难与问题有更深切的感受,比如外出务工与老人赡养、孩子留守的

矛盾,夫妻分居带来的家庭矛盾与婚姻破裂的风险、城市陌生环境引致的心理压力、长期加班对身体的影响等等,面对现实处境,她们无奈、无助,但又无力改变,对现实的不满有可能影响他们对基层党组织及其工作的看法。

图2-1-2呈现的是不同月收入水平和学历层次的青年农民工对基层党组织工作的满意程度,图中的统计结果可以看出,随着月收入水平的提高,青年农民工对基层党组织的工作持"比较不满意"的看法的比例在降低,月收入水平千元以下的群体选择这个选项的比例最高,月收入4000元以上的群体的比例很低,在图上几乎难以表现出来;选择"非常满意"这个选项的比例与月收入也有明显的正向关系;选择"比较满意"比例较高的是月收入2000—3999元的群体和月收入1000元以下的群体,月收入1000—1999元的群体选择此项的比例最低;而选择"不太满意"比例最高的恰恰是月收入1000—1999元的群体,选择此项比例最低的是月收入2000—2999元的群体,其次是3000—3999元的群体。可见两极的选择("非常满意"和"比较不满意")都与收入水平有正向关联,但中间的选择出现了"中等、中下收入不满意"的现象。中等收入的农民工比上不足,比下有余,对自己的收入缺乏安全感,对收入与付出的比率不满意,这种不满意可能发生迁移。

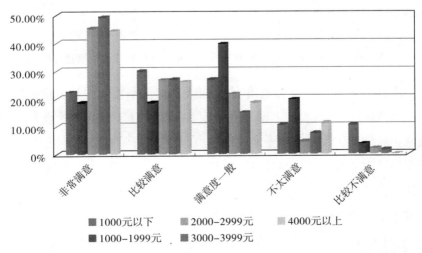

图2-1-2　从收入水平角度看青年农民工对基层党组织工作的满意程度

正常情况下,学历与收入呈正方向的关系,学历越高在就业市场上相对而言选择机会更多,能找到相对比较轻松且收入也比较高的工作,总体待遇也更好,对自己的生存和工作现状也会更满意。图2-1-3也表明随着农民工学历水平的提高,他们对基层党组织工作的满意程度也呈提高趋势,虽然在个别选项的选择上有些波动(比如小学及以下学历的青年农民工选择"非常满意"的比例远远高于选择"比较满意"的比例,大专及以上学历的青年农民工选择"不太满意"的比例略高于初中和高中学历的青年农民工,初中学历农民工选择"比较不满意"的比例低于高中学历的农民工,也低于大专及以上学历农民工的选择比例),但整体的趋势还是学历越高的青年农民工对基层党组织工作的满意程度也逐步提升。

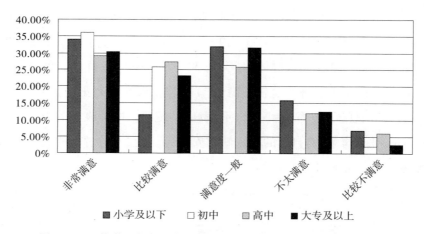

图2-1-3 从学历角度看青年农民工对基层党组织工作的满意程度

综合考察图2-1-1可看出,青年农民工群体整体上对基层党组织工作的满意度比较高,实际上也是对中国共产党领导下的社会建设和发展现状比较满意。农民离开土地进城务工,尤其是青年农民工有很多期待,现实生活中还有一些体制障碍影响他们在城市扎根和安居,但随着城乡一体化发展战略的推进,青年农民工对城市生活充满憧憬,一些困扰农民工城市生活的障碍开始逐步得到清除。进城对农民而言是一种向上的流动,他们在城里看到了另一种生活状态的可能。尤其是青年农民工,可以不再像父辈那样"脸朝黄土背朝天",离开"单调乏味"的农村,进入丰富多彩、多元变换的城市,开启另一种人生可能,尽管他们可能直接政治参与不多,但他们了解这是改革开放带给他们的机会,是中国共产党的领导为他们创造的机遇,进而呈现出来的便是对基层党组织工作比较满意的认知和态度。因此,一般情况下,只要能比在农村获得更多的收入和相对更好的生活境遇,他们就会成为现有体制的顺从者或认同力量,不易成为体制的对抗者或破坏力量,这对社会稳定是有利的。

2. 青年农民工的入党缘由考察

青年农民工相信中国共产党,对中国共产党也比较满意,那么青年农民工是否愿意加入中国共产党? 他们的入党缘由又是什么? 前面谈到,入党动机是一种主观理念,入党缘由会涉及一些现实层面的因素,考察青年农民工的入党缘由可以洞察其入党动机。青年农民工入党的机会实际上并不多,但他们如果想入党,是基于哪些缘由呢? 尽管对书面问卷的作答不一定是他们内心真实的想法,但因为问卷是匿名的,在一定程度减少了回答者的顾虑。调查的结果显示(图 2-2-1 所示),从性别来看,男性的入党缘由更加现实,31.58% 的男性农民工认为,入党有利于升迁和找工作("为了个人更好地发展"),而女性农民工选择这一选项的比例为24.30%;38.73% 的女性农民工认为入党有利于"提升个人素质",而男性农民工的选择为 32.89%;相较男性,女性更容易被他人感动或感染,10.92% 的女性农民工选择入党乃是因为受到先进人物和优秀共产党员的影响("受先进人物影响"),男性选择这一选项的比例不足 10%。但是不论男性还是女性青年农民工都有约 16% 的人认为自己加入中国共产党是"随大流",看别人的样;女性选择因为共产主义信念("对共产主义的追求")而入党的比例在所有选项中最低,男性农民工的选择比例稍高,但也在所有选项中排倒数第二。的确,对于青年农民工群体而言,共产主义理想信念教育不足,因为他们面对更多的是生存和生活的压力,如何能更好地在城市立足、并比较体面地生活下来是第一要务,所以对他们而言,能有助于他们找工作和升迁、能有效提升个人素质的选择自然愿意,其他目的则可能退居其次。这种选择并不应该受到责备,因为每个人都是他所在环境的产物,这种选择有助于他们积极融入城市生活,对社会稳定也是有益的。

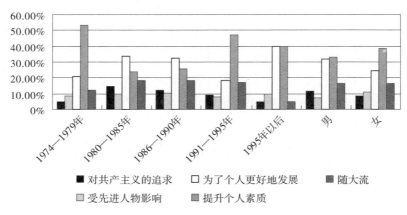

图 2-2-1　不同年龄阶段、性别的农民工的入党缘由

从年龄的角度来看青年农民工的入党缘由,图 2-2-1 的结果显示,"70 后"和 1991—1995 年期间出生的农民工的第一选择都是"提升个人素质",第二选择是"为了个人更好地发展",排第三位的选择则是"随大流";"受先进人物影响"和"对共产主义的追求"对他们入党的影响较小。整个"80 后"农民工的第一选择均是"为了个人更好地发展",其次才是"提升个人素质";统计结果还显示,"80 后"青年农民工要求入党,其受到"对共产主义的追求"的影响比"80 前"以及"90 后"的青年农民工要大。1995 年以后出生的农民工对"为了个人更好地发展"和"提升个人素质"的选择比例差不多,大约 40%。总体看,"共产主义信念"对"70 后"和 1995 年以后出生的农民工入党的影响相对要小,而对"80 后"农民工的影响相对更明显。同时不可忽视的是所有年龄段青年农民工选择"随大流"的比例,尤其是"80 后"的农民工,选择比例达到 18% 左右,1991—1995 年出生的农民工也有近 17% 的人选择了"随大流",说明他们如果选择入党,其思想认识上具有一定的盲目性,动机不明确。虽然没有明显地表现出越年轻入党缘由越功利的趋势,但个别年轻一代信仰的选择是值得关注的问题。

从收入状况分析青年农民工的入党缘由,具体数据如下表 2-1 所示:

表 2-1　从收入角度看青年农民工群体的入党缘由

选项 比例 收入	1—1	1—2	1—3	1—4	1—5
1000 元以下	5.97%	8.96%	17.91%	52.24%	14.93%
1000—1999 元	11.34%	7.73%	25.77%	30.41%	23.71%
2000—2999 元	5.73%	9.55%	27.39%	42.68%	14.65%
3000—3999 元	22.39%	8.96%	37.31%	26.87%	4.48%
4000 元以上	7.41%	22.22%	40.74%	22.22%	7.41%

〔选项说明:1—1 对共产主义的追求;1—2 受先进人物影响;1—3 为了个人更好地发展(有利于找工作和升迁等);1—4 提升个人素质;1—5 随大流〕

从表 2-1 的统计数据可以看出,不管收入水平高低,大家的首选基本都集中在选项 3("为了个人更好发展")或选项 4("提升个人素质"),其次才是其他选项。相对而言,月收入水平越高的青年农民工受到"对共产主义的追求"和"先进人物的影响"相对大些,随大流的比例相对小些。说明收入水平低的青年农民工选择入党的现实目的越强,因为他们改变现实处境的压力更大,物质生活基础是其他精神追求的保证。

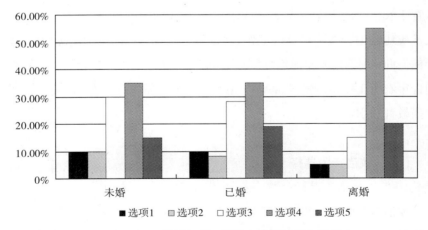

图 2-2-2　不同婚姻状况的青年农民工的入党缘由

〔选项 1:对共产主义的追求;选项 2:受先进人物影响;选项 3:为了个人更好地发展(有利于找工作和升迁);选项 4:提升个人素质;选项 5:随大流〕

婚姻状况与农民工的入党缘由有何关系？图 2-2-2 显示，未婚的青年农民工选择"对共产主义的追求"和"受先进人物影响"的比例高于已婚、离婚的青年农民工，已婚、离婚的青年农民工选择"随大流"和"提升个人素质"这两个选项的比例较高，三者选择"为了个人更好地发展"（有利于找工作、升迁）这个选项的比例相对都较高。整体上看未婚青年农民工基于政治信仰的入党动机更强，但总体上他们选择入党都有现实目的的考量。

综合从不同角度分析的农民工入党缘由，我们可以看出入党的选择不仅与个人的学识水平、思想境界有关，而且与个人生活经历、收入状况以及生活水平都有很大的关系。

青年农民工的政治意识方面主要考察了两个问题——对基层党组织工作的满意度以及自己的入党缘由，作为一个整体，他们对基层党组织的工作比较满意，但不同的婚姻状况、收入水平以及受教育年限（学历层次）会使个体的认知和态度表现出差异来；同时也看到，选择"满意程度一般"的比例也不低，还有极少部分人选择了"不太满意"，这种认知有可能会影响他们对当下政治社会体制的认同。如果造成这种认知的原因得不到消除，某些不认同可能演化为抵触甚至对抗，就会损害社会的稳定。从青年农民工的入党缘由来看，总体上是积极向上的，不管是为了提升个人素质还是为了找到更好的工作，都是为了获得更好的生活境况，都有助于他们向上流动，改变他们的境遇，增强他们对体制的认同感。当然，个别青年农民工中出现的信仰缺失现象是一个值得关注的信号，需要对其加强教育和引导。

（二）政治行为选择

1. 参与政治活动的情况——以是否参加选举为例

政治参与涉及选举、决策、监督和管理等多环节、多领域的活动，但基本的形式是选举，我国公民参与政治活动最主要和最常见的形式也是政治选举，选举也是决策和管理的前提。为此，本课题拟通过是否参加政治选举来考察青年农民工参与政治活动的情况。政治选举是我国民主政治建设的重要组成部分,完善的选举制度和选举参与,对于推动民主政治建设和维护国家及社会稳定具有重要的意义。每一位达到法定年龄的公民都有参加选举的权利,因此对于青年农民工而言,他们在国家事务方面直接参加的选举是县级及乡人大代表的选举,另外,农民还可以参加村民委员会的选举。根据现行有关法律规定,户籍地和居住地(常住地)不在一处的,可以参加居住地选举,但只能参加一地的选举,不能同时参加两地的选举,且需要回户籍地开具证明才能在居住地登记为选民。但农民工在城市工作,一般居住在工厂提供的员工宿舍或周边的出租房,工厂或当地社区之前主要从治安角度来管理他们,较少关注他们的选举权,所以农民工能在居住地参加选举的机会微乎其微,一般都只是回户籍地参加选举。如果务工地与户籍地离得较远,农民工一般不会为了行使自己的选举权而舟车劳顿地跑一趟①。他们参加选举的情况究竟怎样呢?图2-3-1从青年农民工学历状况的角度呈现了他们参加选举的情况。

从学历来看(图2-3-1所示),所有受调查对象选择"未参与过"这一选项的比例最高(均在60%以上),其中比例最高的是小学及以下学历的青年农民工,接近80%,其次是大专及以上学历者,72%左右;选择"参加过多次"的比例最低,最高还不到10%,"参加过一次"的最高比例约27%,最低为11%左右。即便是2000年出生的农民工也达到了法定的选举年龄,但大多数青年农民工"未参加过"政治选举,且是否参加选举和参加次数的多少与学历没有什么关系,并不是学历越高其政治权利意识越强。在访谈中了解到,那些参加过选举的农民工,他们唯一参加的选举就是户籍所在村的村委会主任选举,且大多是村干部提前通知他们,而他们是否回村参加选举基本上取决于是否本来就打算在那段时间回老家一趟。如果不是预先有回去的计划,一般不会为了村委会换届选举专程回村,大多情况就是委

---

① 户籍地与居住地的分离,使他们参加选举的热情和权利行使的效果都会受到影响。所以不少农村三年一届(2018年村主任的一届任期调整为五年)的村委会换届选举为了达到法定的投票人数,往往提前动员外出务工的村民回村选举,甚至还要许以经济补助让他们回来投票,实在不回来,就需要办理委托投票,否则村委会换届选举会因参加投票的村民达不到法定人数要求而无效。

托留守的老人或亲友代为投票。当问及为什么不愿意回去行使自己的政治权利时,他们的理由主要为:一是回去一趟成本太高,耽误打工,不划算;二是投不投票关系不大,谁当村主任主要看上级组织的安排;三是选谁都一样,穷地方照样穷。他们的这种认识其实就是我国当下村民自治面临的困境,民主选举虽已制度化,但老百姓的选举热情有所下降。青年农民工的政治冷漠既受父辈的影响,也与村民自治发展的大环境有关。

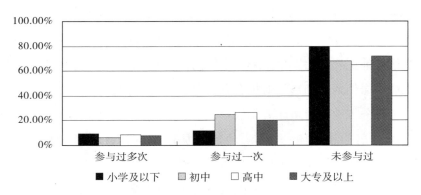

图 2-3-1 从学历看青年农民工政治选举参与情况

图 2-3-2 从青年农民工性别和婚姻状况的角度呈现了他们参加选举的情况。从性别角度分析,图 2-3-2 显示女性青年农民工选择"未参与过"政治选举的情况高于男性。一般而言,新生代农民工大多是初中毕业就外出打工,高中毕业或大专以上学历的极少,也有不少是小学毕业在家务农几年就随父母或亲友、老乡外出了,且从受调查的青年农民工来看,女性青年农民工绝大多数是初中或小学学历,读完高中的很少,而男性上完高中的比例高于女性。因为对多数农民家庭而言,如果上高中考不上大学还不如早点出去打工,减轻家里的经济负担,尤其是女孩子,往往较早地替家里分忧,外出挣钱供家里的男孩子上学,为自己挣嫁妆,成为家里主要的劳动力。生活的压力、较低的学历和社会角色的传统认知让她们对自己的政治权利没有概念,缺少这方面的意识。

从婚姻状况看,总体上离婚和已婚农民工的政治选举参与状况稍好,未婚农民工的政治选举参与状况最差,选择"未参与过"的比例近 75% 左右。离婚农民工选择"参与过多次"和"参与过一次"的比例比已婚和未

婚农民工的比例稍高,而选择"未参与过"的比例在三者中最低。一方面
是由于未婚农民工的年龄一般较小,三年一届(2019 年起调整为五年一
届)的村委会换届选举他们可能因为年龄原因还没赶上一次;同时年龄
小社会阅历浅,网络、游戏、追星、追剧可能是他们热衷的,对选举一类的
政治活动不感兴趣。离婚的青年农民工,无论在生活上还是精神上受到
一定的冲击,他们中的某些人容易对现实社会产生一些愤懑或不满情绪,
希望有机会参与到政治活动或者社会活动中,以此表达自己的心声,进而
改变生活现状。图 2-3-2 的数据表明离婚的青年农民工群体参与政治
选举活动的情况要好于其他群体。

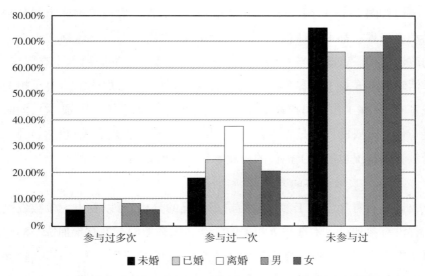

图 2-3-2　从性别和婚姻状况看青年农民工政治选举参与情况

再从收入状况看青年农民工的政治参与状况,如图 2-3-3 所示。五
个收入层次的农民工群体,在同一选项上的选择比例差别不大;无论哪个
收入层次,选择"未参与过"政治选举的比例要远远高于另两项选择。这
与前述的调查结果一致,说明大部分青年农民工都未参加过政治选举或
其他政治性活动,其中月收入水平越低的青年农民工参与的次数越少,
"未参加过"的比例越高。收入水平中等的青年农民工参加过一次的情
况稍好,且选择"未参加过"的比例低于收入水平最高的群体。

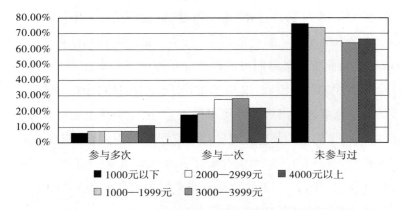

图 2-3-3　从收入水平看青年农民工的政治选举参与状况

综合图 2-3-1、图 2-3-2、图 2-3-3 来看,青年农民工整体上的政治活动参与现状都不太理想,基本上约 60% 的比例未参与过包括选举在内的政治活动。这既和当下与农民工有关联的政治选举活动本身有限、选举活动的形式重于内容等大环境有关,也与他们要参加选举需要承担的成本有关(在工作地与户籍地来回的交通成本和耽误工作的成本),同时还与他们首要的任务是谋生存、在城市找到工作落脚地有关,当然,年龄、受教育的情况也制约了他们的权利意识和政治热情。

2. 参加政治选举的意愿分析

通过对青年农民工参加政治选举情况的分析,可以看出大多数农民工都没有参加过政治选举等相关的活动。那么他们有没有参加选举的意愿? 本书设置了"你是否想参加村委会这类的选举"这样一个问题,表 2-2 是不同学历的青年农民工参与政治选举的主观意愿情况:

表 2-2　不同学历的青年农民工参加政治选举的意愿情况

学历＼选项比例	2—1	2—2	2—3	2—4	2—5	2—6
小学及以下	11.36%	6.82%	25.00%	31.82%	4.55%	20.45%
初　中	8.04%	8.04%	41.21%	28.14%	5.03%	9.55%
高　中	7.69%	10.26%	33.33%	35.04%	1.71%	11.97%
大专及以上	15.13%	18.42%	25.66%	32.24%	2.63%	5.92%

(选项说明:2—1 非常想;2—2 很想;2—3 想;2—4 不太想;2—5 不想;2—6 非常不想)

由表2-2可以看出,青年农民工参加政治选举的意愿处于中等状态,总体上看(小学及以下学历除外)想参加政治选举的比例(前三项的选择比例)稍高于不想参加政治选举的比例(后三项的选择比例),且表现出学历越高的青年农民工更愿意参加政治选举的趋势,尽管其中高中学历的农民工参加选举的意愿有时低于初中学历的农民工。一般而言,学历越高的农民工认为政治参与对社会建设、国家发展以及个人长期发展具有非常重要的意义,知道政治参与不仅仅是每个公民的权利,也是每个公民应该尽的义务。但在调查中发现,青年农民工的生活压力非常大,个人的生存和发展、家庭的责任、子女的教育、父母的赡养以及对自己以后养老的担忧,物质生活的压力让他们无暇他顾;同时我国政治选举体制还不够完善,部分选举的不规范操作,导致部分青年农民工对之失望,认为那不过是"走过场"而已,所以对自己的政治权利的行使表现出无所谓的态度。

观念决定行动,行动带来结果。青年农民工一方面对自己的政治权利不关注,远离或与政治疏离,表现出政治冷漠;另一方面如果参与渠道不畅或参与没有达到预期目的,产生失落感。于是一旦自己的基本要求得不到满足,又会表现出政治盲从,采取不理智甚至违法的行动来维护自己的权益,成为社会不稳定的因素。

从性别角度分析,图2-4-1表明男性农民工选择"非常不想"参加政治选举的比例为11.84%,高于女性农民工的9%,男性青年农民工选择"想参加"的比例低于女性青年农民工,但综合分析起来,男性青年农民工参与政治选举的热情和意愿略高于女性青年农民工。如果考虑收入水平,调查的结果显示随着收入水平的提高,青年农民工参与政治选举的积极性也逐步提高。

不同婚姻状况对青年农民工参与政治选举的积极性有无影响呢? 如图2-4-1所示,婚姻状况与参与政治活动的意愿没有比较明显的关联,因为从选择的答案看,未婚和已婚青年农民工选择"非常想""很想"参加的比例高于离婚的农民工,但选择"想参加"比例最高的又是离婚的群体,选择"不太想"参加和"不想"参加比例最高的则是已婚的群体,而选

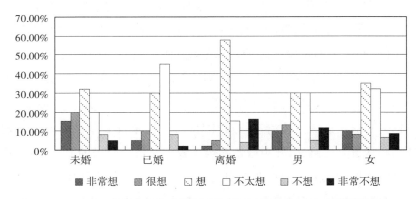

图2-4-1 从婚姻、性别角度看青年农民工参与政治选举的意愿

择"非常不想"参加比例最高的是离婚的群体。统计结果基本上可以看出未婚群体参与政治活动的意愿稍强,其次是离婚的农民工群体。未婚的群体一般年纪更小,进入农民工群体时间不长,多数受过初中教育,权利意识得到一定培育;离婚的群体相对来说经历坎坷一些,想要通过参加政治选举等活动,表达自己的心声,维护自己的权益;而已婚群体由于有家庭,责任和压力相对要大,为生计而奔波耗去他们大部分精力,对其他事情难以顾及。

图2-4-2呈现的是不同行业的青年农民工参与政治选举的意愿情况。从事不同行业的青年农民工参与政治活动的意愿表现得比较矛盾,比如选择"非常想参加"比例最高的私营企业主同时选择"非常不想"参加的比例也为最高,选择"想参加"比例最高的个体工商户选择"不太想"参加的比例也比较高。总体而言,相比其他行业,产业工人、从事商业服务业的农民工因工种的性质使得他们在时间上的自由度可能不如其他行业,参与政治活动的意愿偏低(产业工人"不太想"参加政治选举的比例为42.11%,"非常不想"参加政治选举的比例为14.04%),其他行业的青年农民工参加政治选举等活动的意愿还是很强烈的。不过,诚如亨廷顿所言,"常为喂饱肚子而担心的人,往往不会考虑社会变革的大问题"。如果考虑到图2-4-2没能呈现出来的另外一些行业的青年农民工群体的选择情况,比如从事农业劳动的外地农民工、在城镇处于失业半失业状

态的青年农民工群体,他们的收入水平较低或极不稳定,其政治参与热情最低,"不太想"参加政治选举的比例达到了23.44%,"非常不想"参加政治选举等活动的比例也高达21.88%。

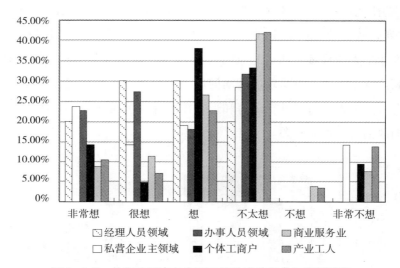

图 2-4-2　从行业看青年农民工的政治选举参与意愿情况

3. 参加政治选举的原因分析

人的行为总是受一定动机驱使的。青年农民工参与政治活动的原因何在? 研究中设计了这样的问题——"你是出于何种原因参加政治选举并投票的",以了解他们的政治心理活动。

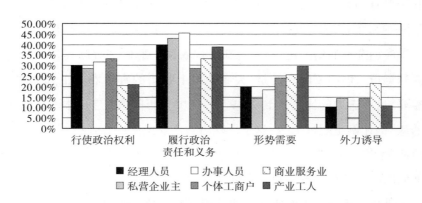

图 2-5-1　不同职业领域的青年农民工参加选举投票的原因

　　图 2-5-1 的统计结果告诉我们,不管从事什么工种,青年农民工出于"行使政治权利"和"履行政治责任和义务"而参加选举的比例是比较高的,当然不同行业的农民工存在差异,个体工商户选择"行使政治权利"的比例最高,超过 30%,其次是办事员职业的农民工和私营企业主选择"履行政治责任和义务"的比例超过了 40%;相对而言,商业服务人员和产业工人选择参与选举的原因为"形势需要"和"受外力诱导"的比例稍高。青年农民工参与政治活动的原因来自内在因素还是主要的,当然也有一部分人是迫于外在压力和形势需要才去参加选举,这与青年农民工的政治参与意识有关。

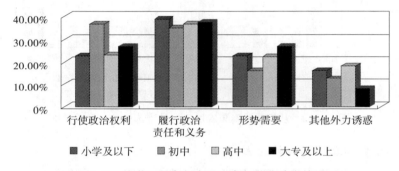

图 2-5-2　从学历看青年农民工参与政治选举的原因

　　从学历来看,图 2-5-2 表明,各种学历的农民工选择"行使政治权利"和"履行政治责任和义务"这两个选项所占的比例最高,并没因学历不同在选择上有明显的区别,说明青年农民工出于政治权利和政治责任意识参加选举的动因比较明显,新生代农民工群体多数已具备了一定的权利意识。但需要注意的是,大专及以上学历的青年农民工选择"形势需要"这一选项的比例达到 26.97%,高中学历的农民工选择"其他外力诱惑"的比例也超过 15%,这也反映出青年农民工中存在着一定的"政治疏离"情绪,如果学历越高,越认为选举是一种形式或仪式,这种认知对他们的政治行为会产生很大影响。

　　再从青年农民工的收入水平来看,认为参与政治选举是基于"政治权利"和"政治责任"的选择仍是主流,认为是履行责任义务的比例要超

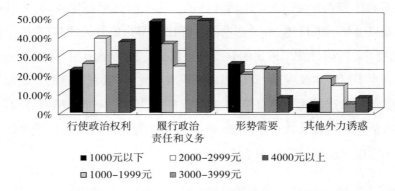

图 2-5-3　从工资水平看青年农民工参与政治选举的原因

过认为是行使权利的比例,高达 24% 的月收入在 1000 元以下青年农民工的选择是配合走过场而去参加选举,随着收入水平提高,迫于其他外力参加选举的比例整体上呈现出降低的趋势。

综合青年农民工的职业、学历、收入来看,认为参加政治选举是行使自己的权利为主流趋势。同样,不管从哪个角度来考察青年农民工的政治参与心理,还有一定比例的青年农民工认为参加政治活动是"形势需要"和"其他外力诱惑"。一方面随着社会的进步和发展、教育的普及,民众的政治参与意识逐渐觉醒,激发了他们的政治权利和义务意识,表现出比较强烈的参与意愿;另一方面部分青年农民工(特别是已婚群体)迫于生计压力,又无心关注政治活动,加之实践中他们参与政治活动的渠道有限,参与后的获得感还不尽人意,对这种政治活动效果的失望久而久之就会产生沮丧、挫败感,使他们的政治参与意识更加淡薄,以至于越来越远离政治。

4. 依据何种标准投票

青年农民工参与选举等政治活动,他们投票的依据何在(可多选)?通过调查发现(图 2-6-1 所示),他们的选择有些混乱。比如小学及以下学历的农民工,各种答案的选择都比较高,初中学历的农民工也是如此(初中学历群体选择"基于对候选人的满意程度""基于自我的政治责任感"和"其他外力诱惑"的比例在各种学历中都为最高,且选择"无所谓,乱投"这个选项的比例也仅次于小学及以下学历的群体,达到次高比例);而高中和大专及以上学历的群体每一选项的比例都比较低,尤其是大专及以上学历的群体,每一选项的选择比例都是最低的,随着学历的提高,选择"无所谓,乱投"的比例是逐渐下降的。因为学历越低,他们的政治权利意识可能越模糊,因此选择越是跟着感觉走,没有清晰的判断标准导致了他们的选择无规律可循,于是容易随意作答。而学历越高,他们对政治生活运行的现状认知越清楚,进而选择可能越谨慎。这种选择状况在一定程度上反映了他们的政治认识和政治态度。

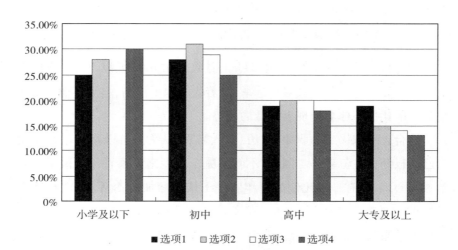

图 2-6-1 从学历角度看青年农民工投票的标准

(选项1:基于对候选人的满意程度;选项2:基于自我的政治责任感;选项3:其他外力诱惑;选项4:无所谓,乱投。因有受调查者未做选择,故数据有缺损)

结合青年农民工的年龄来看他们的投票标准(图2-6-2所示),不管在哪个年龄段,选择"基于对候选人的满意程度"和"基于自我的政治责任感"的都是主流,且分布在两端的群体选择这两项的比例都比较高,即40岁左右的农民工和20岁左右的农民工选择前两项的比例都比较高,选择后两项("其他外力诱惑"和"无所谓、乱投")的比例相对较低,40岁左右群体大多家庭、工作都相对稳定,认识偏理性;20岁左右群体思维活跃,大多尚未成家,对新生活充满憧憬,理想主义色彩浓厚。"80后"和1991—1995年期间出生的农民工大多处于家庭、事业尚未完全定型阶段,政治认知、态度也有些变幻不定。

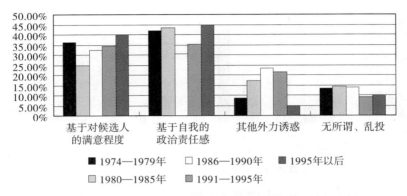

图 2-6-2　从年龄角度看青年农民工投票的标准

　　而从不同的婚姻状态和性别角度来考察，图 2-6-3 所示离婚青年农民工对于这一问题的回答，很不同于其他两种婚姻状态的农民工，68.97% 的离婚农民工投票的标准是"基于自我的政治责任感"，这一比例高出其他两种婚姻状态的农民工近三十个百分点，而离婚农民工选择"基于对候选人的满意程度""其他外力诱导"和"无所谓、乱投"这三个选项的比例又是最低的。这可能是婚姻生活的波折让他们对自己的政治权利更为关注，或希望通过政治参与来化解因婚姻生活不顺而带来的某些失落或挫折感。因性别不同带来的选择差异不明显，男女青年农民工居主导地位的选择都是"基于对候选人的满意程度"和"基于自我的政治责任感"，两项选择的比例之和均超过六成，不过男性农民工选择"其他外力诱导"的比例也达到 20%，男女农民工选择"无所谓、乱投"的比例也均超过了 10%。这说明，不是出于自我自己的政治责任和认为候选人适合而投票的青年农民工仍接近三成。

　　再考虑青年农民工的收入状况（图 2-6-4 所示），总的来看，青年农民工认为自己投票的标准主要还是"基于对候选人的满意程度"和"自我的政治责任感"，尽管选择中有些波动，比如收入水平最低的群体选择"基于对候选人的满意程度"的比例高于另三个收入超过他的群体，收入居于中间偏低水平的群体选择"乱投"的比例最高或收入最高的群体选择受"其他外力诱导"的比例为次高，但大的趋势是收入水平越高，越倾

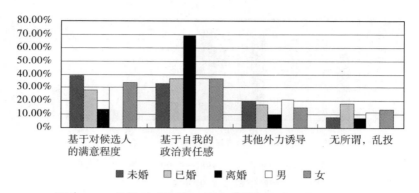

图 2-6-3 从性别、婚姻状况角度看青年农民工的投票标准

向于从承担政治责任的角度来投票,重视对候选人的满意与否,表现出相对较高的政治素养。

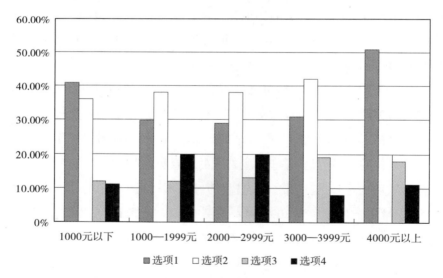

图 2-6-4 从收入状况角度看青年农民工的投票标准

(选项 1:基于对候选人的满意程度;选项 2:基于自我的政治责任感;选项 3:其他外力诱惑;选项 4:无所谓,乱投)

(三) 政治态度偏好

1. 对基层政府工作的满意程度

政府要为全体社会成员提供公共服务,但作为个体社会成员,经常打交道的是基层政府,比如乡镇政府或城市(镇)社区的街道办①等,社会成员对政府工作的满意度影响他们对基层政府工作人员以及对各种政策、措施的信任和评价。对基层政府的工作越满意,便会表现出越高的信任度,满意度与信任度呈正相关的关系。为此,了解青年农民工政治态度的一个维度便可以从他们对基层政府工作的满意程度来考察。

表 2-3　从学历、婚姻状况、性别角度看青年农民工
对基层政府工作的满意程度

类别＼比例＼选项	3—1	3—2	3—3	3—4	3—5
小学及以下	11.36%	22.73%	36.36%	15.91%	13.64%
初　中	8.54%	43.22%	31.16%	14.07%	7.54%
高　中	6.84%	35.04%	29.91%	8.55%	11.11%
大专及以上	9.87%	34.21%	36.18%	13.82%	5.92%
未　婚	8.86%	35.44%	34.60%	10.97%	10.13%
已　婚	8.94%	35.77%	32.11%	16.26%	6.50%
离　婚	6.90%	58.62%	24.14%	0.00%	10.34%
男	6.58%	38.60%	34.65%	12.28%	7.89%
女	10.56%	35.56%	31.34%	13.38%	8.80%

(选项说明:3—1:非常满意;3—2:比较满意;3—3:满意度一般;3—4:不太满意;3—5:比较不满意)

从婚姻状况看,选择"比较满意"和"满意度一般"这两项之和比例最高的是离婚的青年农民工群体,但选择"比较不满意"比例最高的和选择"非常满意"比例最低的也是他们。总体上看,未婚和已婚群体的认知分化不是特别严重,而离婚群体的评判差异比较大,可能婚姻生活的不顺对他们的认识多少还是有些影响,因为导致他们离婚的一些客观原因比如

---

①　城市的街道办事处是市辖区人民政府或不设区的市人民政府的派出机构,不是一级政府,但是行政机关,是代表区政府在辖区内实行社会管理的基层组织,行使市辖区或不设区的市人民政府赋予的职权,其管理手段是行政手段,其工作人员属于公务员。由于其代表区(市)政府行使社会管理职责,实际工作中代行了区(市)级政府的不少工作,人们习惯上视其为基层政府的代表,视为实际上的基层政府的组成部分。

外出打工不得不夫妻分居、进城买房的压力、子女留守问题或随迁就读的困难、生活成本的提高……都与我国长期实行的城乡二元经济社会体制有关,而且这一体制壁垒至今没有被彻底消除,让农民工在城里工作、生活还存在许多体制上的障碍,如果这些外在因素加速了其婚姻的破裂,就可能使他们对基层政府的工作和社会产生一些不满情绪。表2-3还显示性别与对基层政府工作的满意程度没有明显的影响。

从年龄来看,如图2-7-1所示,各年龄阶段农民工的选择仍然集中在"比较满意"和"满意度一般"这两个选项,且选择"比较满意"的比例总体上稍高于后者,其中"95后"农民工和1974—1985年期间出生的农民工选择"比较满意"的比例相对更高,分别达到49%和41%左右,且"95后"农民工选择"非常满意"的比例为最高,达到13%左右;1986—1990年期间出生的农民工选择"比较满意"的比例最低,且这个年龄段的农民工选择"非常满意"的比例也较低,处于倒数第二的状况,而选择"不太满意"和"比较不满意"的比例均为最高。图2-7-1表明,相对而言"70后"和"95后"农民工对基层政府工作的满意程度最高,即是说青年农民工群体中年龄最长和最年轻的群体对基层政府的工作表示最认可度,而中间年龄群体(30岁左右)对基层政府工作的满意度相对低一些。

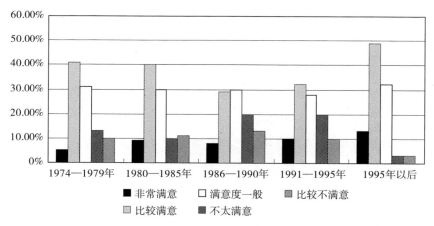

图2-7-1 从年龄角度看青年农民工对基层政府工作的满意程度

再从收入水平的角度看,新生代农民工对基层政府工作的满意程度,如图 2-7-2 所示,随着收入水平的提高,农民工对基层政府工作的满意程度没有明显的提高趋势,月收入在 4000 元以上的农民工对基层政府的工作"非常满意"和"满意度一般"的选择比例都没有其他收入群体的农民工大,并且月收入在 4000 元以上的农民工,22.22% 的人对基层政府的工作持"不太满意"的态度,但是收入在 4000 元以下的农民工群体对基层政府的工作表示"比较不满意"的比例处于 4.48%—9.79% 之间,而收入在 4000 元以上的农民工群体对基层政府的工作"比较不满意"的比例为 0%。总体来看,高收入群体的农民工不容易出现极端的选择,究其原因大体在于:(1)高收入群体的农民工接触面更广,社会关系更趋于复杂,信息来源较广,有助于提高其认知的准确性和客观性;(2)高收入农民工群体视野相对开阔,看待事物受他人影响相对较小,比较独立、理性一些;(3)低收入农民工群体,由于生活往往比较拮据,对现实生活的不满,有可能会转化为对社会、政府工作的负面评价。

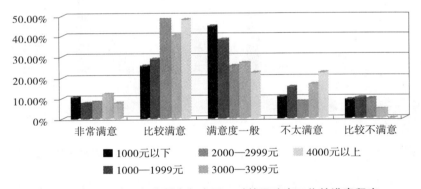

图 2-7-2　从收入角度看青年农民工对基层政府工作的满意程度

2. 对政府机关办事效率的评价

农民工大多数时候生活在城市,但仍需要与身边的一些政府机关打交道,比如办理身份证、暂住证、生育证、子女入学等事务。这些事务关乎他们的日常生活和工作,政府机构能否及时高效地办理既反映了政府的管理水平,也体现了政府形象和公信力,影响着群众对政府的满意度和认可度。调查结果显示,不同收入水平、婚姻状况以及性别的青年农民工对这一问题的认知和判断有差异。

从收入水平来看(图2-8-1),总体趋势是随着农民工收入水平的提高,他们对政府机关办事效率的认可度也相应提高,月收入在1000元以下的青年农民工中(月收入在此水平的青年农民工数量较少)5.97%的认为我国行政机关的办事效率"普遍很高",而月收入在4000元以上的农民工选择这一选项的比例为11.11%;选"部分较低"这一选项的比例,月收入在1000元以下的群体为31.34%,月收入在4000元以上的群体为25%。收入水平影响人的生活水平和对生活满意度的体验,进而也在一定程度上影响他们对单位、社会和政府的评价,收入相对较高的青年农民工群体对现实生活的满意程度相对要高于低收入群体,致使他们对政府机关办事效率的评价也相对积极和正面。

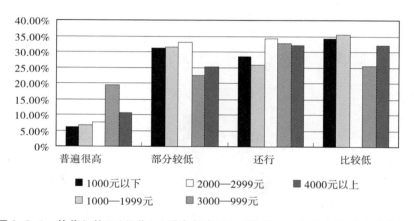

图2-8-1　从收入状况(月收入)看青年农民工群体对政府机关办事效率的态度

图2-8-2显示,离婚的青年农民工群体中41.38%的认为行政机关的办事效率"还行",而未婚群体选择这一选项的比例为26.58%,已婚青年农民工群体选择这一选项的比例介于两者之间,为32.11%;34.18%的未婚农民工群体认为行政机关的办事效率"部分较低"。整体来看,离婚的青年农民工群体对政府机关办事效率的评判略好于已婚群体;选择"普遍很高"和"部分较低"的未婚群体比例高于已婚群体,而已婚群体选择"还行"和"比较低"选项的比例高于未婚群体,看不出来已婚和未婚群体在评判上的显著差异。离婚的青年农民工群体,并没有因为个人婚姻生活的变故而迁怒于政府机构。

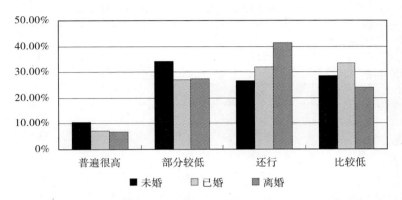

图 2-8-2　从婚姻状况看青年农民工群体对政府机关办事效率的态度

从性别角度统计的青年农民工对政府机关办事效率的态度如图 2-8-3 所示。相较于女性，男性与外界接触、打交道的机会更多一些，与政府机关的交集更多一些；而女性农民工基于其自身的角色和心理特征，与政府机关打交道的机会相对较少，某种程度上更胆小怕事，也比男性更有耐性，进而对我国政府机关效率的满意程度要稍好于男性农民工。

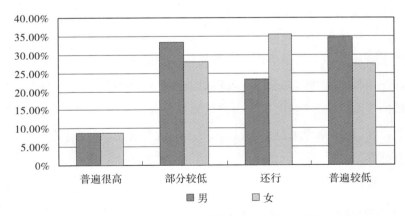

图 2-8-3　从性别看青年农民工群体对政府机关办事效率的态度

青年农民工群体对政府机关办事效率的认知和评判，还可以从学历和年龄的角度加以考察（见表 2-4）。

表 2-4　从学历、年龄看青年农民工对政府机关办事效率的态度

学历年龄　　　比例　　选项	4—1	4—2	4—3	4—4
小学及以下	6.82%	18.18%	38.64%	36.36%
初　　中	7.54%	27.14%	41.71%	23.62%
高　　中	5.98%	37.61%	21.37%	35.04%
大专及以上	13.16%	32.89%	19.08%	34.87%
1974—1979 年	2.86%	21.90%	42.86%	32.38%
1980—1985 年	11.54%	24.04%	31.73%	32.69%
1986—1990 年	10.98%	38.15%	17.34%	33.53%
1991—1995 年	5.45%	35.45%	31.82%	27.27%
1995 年以后	25.00%	15.00%	55.00%	5.00%

（选项说明:4—1 普遍很高;4—2 一些机关高,但大部分低;4—3 还行;4—4 普遍较低）

　　表 2-4 呈现的数据可以看出,大专及以上学历的农民工选择"普遍很高"和"一些机关高,但大部分低"这两个选项的比例之和高于其他学历层次的农民工群体;小学及以下学历群体的青年农民工选择"普遍很高"和"普遍很低"的比例相较于其他学历群体都不低,这说明他们的选择是比较矛盾的,没有表现出比较明显的总体判断趋势;高中学历的青年农民工群体在四个选项呈现出来的比例说明此群体对政府机关办事效率的评判偏低。这些结果表明对政府机关办事效率的认可程度并没有随着学历的提高而明显提升,表现出比较复杂的情况。反倒可能随着文化水平的提高,信息来源渠道更广,认识更加理性和全面,对政府的要求更高,批判更多。

　　从年龄角度看,20 世纪 70 年代后期出生的农民工和 1991—1995 年期间出生的农民工对政府机关办事效率的评价不高,而 1995 年以后出生的青年农民工,他们对政府机关工作效率的满意度明显高于其他年龄阶段的农民工群体,这可能与这个年龄段的农民工刚走入社会,一方面与政府机关打交道的机会还不多,另一方面他们是个性极其鲜明的群体,在一定层面上关注自我胜于关注他人和社会。

综合图 2-8 和表 2-4 的数据,可以看出部分青年农民工对我国政府行政效率的认可度不容乐观,尤其是其中收入偏低、年龄偏大、文化程度不高的青年农民工群体。面对激烈的市场和社会竞争,这些群体在就业、个人生存及家庭生活方面都容易陷于困境,个人生活境遇的困难容易使他们对政府、社会产生不满情绪,再加上确实有些政府机关服务意识淡薄、滥用权力、办事拖拉、吃拿卡要、作风粗暴、缺乏诚信甚至草菅人命,让农民工群体对政府机关及其工作人员心生畏惧、不满和怨恨,进而把这种不满向社会和其他群体转移,危及社会的稳定,这不能不引起党和政府的高度重视。与此同时,也要看到,在不同文化程度、收入群体和年龄阶段的青年农民工群体中也有一定数量的群体对政府机关的办事效率表现出较高的认可度,这说明推进政府机关工作作风的改进和反腐败的成效是显著的,农民工群体也是能感知到的。

对于大多数普通老百姓而言,有事找政府是一种惯性思维。他们中的多数人有事、有困难自己无力解决时,常常寄希望于政府,这在一定程度上说明他们还是信任政府的,也是在这种情况下他们才和政府有密集的交往和互动。在这种互动过程中,政府的办事效率、方式和态度直接影响了他们对政府的认知、评判和信任。这种评判有时不是基于问题的解决,而是基于政府的一种姿态。由于政府本身不是万能的,不可能大包大揽,变身为横扫一切困难的"超人",但中国老百姓从全能国家和全能政府的体制中走出来,对政府有一种天然的依赖,这就需要政府划定自己的权力边界并约束自己的行为,提高自己的行政效率,思考如何与民众互动、以何种姿态与民众互动、互动的方式和结果如何呈现,以增进民众与政府的互信和理解。与此同时,让民众形成对政府、社会、个人权责边界的理性认识,以机会均等和帮助个人能力提升作为解决弱势群体困难的关键举措,提高民众对政府的认可度和信任度。

3. 对基层政府工作人员行为的认知

前面考察了青年农民工对基层政府工作的满意程度和对政府机关办事效率的感知。青年农民工到政府机关办事时,具体过程中要与经办人员发生联系,比如会和户口所在地的村两委、派出所、计生部门以及教育

部门的工作人员打交道,有时还会与工作地的派出所、教育部门人员发生
联系,而政府机关的工作作风正是通过一个个具体员工的态度和行为来
体现,比如工作人员办事过程中是否耐心、是否吃拿卡要、是否故意刁难,
等等。他们通过与这些影响其日常生活和工作的基层政府部门工作人员
打交道,会对他们的行为形成一些认识和评价,比如认为他们是否平等待
人、是否官腔十足、是否廉洁、有无贪腐行为等。他们如何评判这些基层
政府工作人员的行为,从受调查的农民工的年龄看,不同年龄阶段的农民
工群体的看法如下图所示。

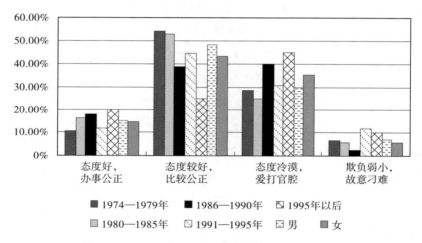

**图 2-9-1 不同年龄阶段、性别的青年农民工群体
对基层政府工作人员行为的看法**

从图 2-9-1 的统计结果可以看出,除 1995 年以后出生的青年农民
工以外其他年龄阶段的青年农民工,选择"态度较好,比较公正"这个选
项的比例最高,高于选择"态度冷漠,爱打官腔"和"欺负弱小,故意刁难"
这两个选项的比例,也高于选择"态度好,办事公正"的比例。其中,1995
年及以后出生的青年农民工的选择波动较大,他们选择"态度好,办事公
正"和"态度冷漠,爱打官腔"的比例在各年龄段中均是最高的,而选择
"态度较好,比较公正"的比例又是各年龄段中最低的,说明这个群体的
认知内部差别较大,不稳定。总体来看,青年农民工对基层政府工作人员
的办事态度和行为总体上是比较认可的;同时也可以看到,1995 年以后

出生的青年农民工选择"态度冷漠，爱打官腔"这一选项的比例较大，说明1995年以后出生的青年农民工群体对部分基层政府工作人员的办事风格不太认同，如何把按原则的公事公办与耐心的解释工作都做到位，相关部门在作风建设上需要做绣花功夫。在性别方面，男女对各选项选择比例的差别不明显。

　　图2-9-2呈现的是不同学历的青年农民工群体对基层政府工作人员行为的感知，从图中的数据我们可以看出：不同学历的青年农民工选择"态度好，办事公正"和"态度较好，比较公正"这两个选项的比例之和超过了50%，说明青年农民工群体认为基层政府工作人员的行为总体上是好的，其中小学及以下学历、初中学历的农民工选择这两项的比例为最高，均超过60%；随着学历的提高，认为"态度好，办事公正"的比例有所下降，但认为"欺负弱小，故意刁难"的比例并没因此上升。这个群体整体上对基层政府工作人员的工作态度和行为结果的评判是比较积极的，说明这些年来对权力的约束和政府部门工作作风建设的成效是明显的，青年农民工从切身服务中得以感知。

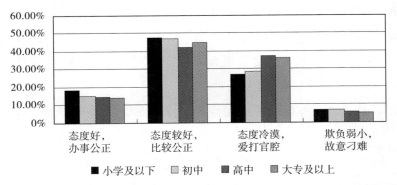

图2-9-2　不同学历的青年农民工群体对基层政府工作人员行为的看法

　　再看收入水平是否影响青年农民工对基层政府工作人员行为的看法，图2-9-3显示，收入水平的高低与对基层政府工作人员行为的评判呈现出比较复杂的情况。比如3000—3999元组的群体选择"态度冷漠，爱打官腔"的比例最高，选择"态度较好，比较公正"的比例最低，但同时选择"欺负弱小，故意刁难"的比例又分别高于收入低于和高于其的两个

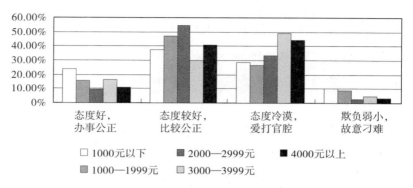

图 2-9-3　不同收入水平的青年农民工群体对基层政府工作人员行为的看法

群体。总体来看,随着收入水平的提高,青年农民工群体认为基层政府工作人员在办事中"欺负弱小,故意刁难"的比例在下降,认为"态度冷漠,爱打官腔"的比例在上升,选择"欺负弱小,故意刁难"的比例与收入水平呈现反方向变化的情况(除开收入水平 3000—3999 这个群体)。说明收入水平的提高有助于增强青年农民工群体对基层政府工作人员行为的认同,对基层政府工作人员办事作风持有更乐观态度的比例也在提高。相对低学历的部分青年农民工,本身的生活压力较大,如果有自卑心理,容易出现"惧怕"或"抵触"政府机关工作人员的行为,由此对他们的行为可能形成要么只有"听之任之",要么认为"当官的都不好"这样一些极端的认知,进而在评判上相对消极一些。

4. 对政府出台的农民工相关政策的评价

随着我国城镇化的推进,为更好地解决农民工的就业、收入和城市融入等问题,中央和地方政府陆续出台了一些与农民工有关的政策。① 这些政策有些是关乎农民工的就业和基本生存问题,有些是关于他们生活质量的提升、未来发展和权益保障,有些涉及子女的教育和下一代的培

---

① 我国存在大量农民工群体,这一群体当下从其身份(或户口)看是农民,从其职业看是工人。为解决农民工的身份和职业的错位问题,国家先后出台了一些与他们有关的政策举措,比如关于整治拖欠农民工工资问题的政策文件、有关进城农民工子女的上学升学问题、农民工的技能培训、社保的购买、落户、返乡农民工的创业扶持及扶贫贷款,等等。这些政策关乎农民工的就业、生存、生活、发展和下一代的培养。

养。出台这些政策有些是问题倒逼,比如关于解决拖欠农民工工资的系列文件;有些是从公民身份角度,让农民工及其子女享有平等的权益保障。农民工自身是否了解这些与他们有关的政策、是否认可这些政策,既关系到他们的行为选择,也关系到他们对党和政府的信任和认同,本书就此进行了调查。

表 2-5-1　从年龄、婚姻、性别角度看青年农民工对有关农民工政策的态度

分类 / 类别 / 比例 \ 选项		5—1	5—2	5—3	5—4
年　龄 (出生时间)	1974—1979 年	31. 43%	44. 76%	11. 43%	12. 38%
	1980—1985 年	15. 38%	55. 77%	15. 38%	13. 46%
	1986—1990 年	14. 45%	50. 87%	21. 39%	13. 87%
	1991—1995 年	23. 64%	50. 00%	11. 82%	14. 55%
	1995 年以后	55. 00%	35. 00%	5. 00%	5. 00%
婚　姻	未　婚	23. 21%	50. 63%	11. 81%	14. 35%
	已　婚	21. 14%	49. 19%	18. 70%	11. 38%
	离　婚	13. 79%	48. 28%	17. 24%	20. 69%
性　别	男	21. 93%	51. 32%	14. 91%	11. 84%
	女	21. 48%	48. 59%	15. 85%	14. 44%

(选项说明:5—1 认可;5—2 基本认可;5—3 比较不认可;5—4 不知道)

从表 2-5-1 的数据可以看出,年纪最小的群体表现出了最高的认可态度,其次是最年长的群体;选择"比较不认可"比例最高的是 1986—1990 期间出生的青年农民工,其次是 1980—1985 期间出生的群体,这两个群体选择"基本认可"和"不知道"的比例也排在前列,说明 20 世纪 80 年代出生的青年农民工群体对事关农民工相关政策的整体认可度偏低,而这个群体恰恰是当前青年农民工的主体。从各年龄段看,选择"比较不认可"和"不知道"这两项比例之和最高超过 35%,剖析其原因在于:一方面国家和社会对这些政策的宣传不够,部分青年农民工因为时间、精力

的不济和文化水平的制约,自身对这些政策的关注不够,了解不多,理解不深;另一方面这些事关农民工权益的政策在具体执行中还存在着挂在墙上、写在纸上、久拖不决、打折扣、推诿扯皮等落实不到位的情形,相关政策执行一阵风、缺乏资金支持等问题,让部分青年农民工对政策失去信心,进而对政府失去信任。

从婚姻状况这个因素看,离婚的青年农民工对相关政策的认可度总体上最低。进一步看,对政府近年来出台的农民工相关政策的认可程度上未婚群体高于已婚群体,已婚群体高于离婚群体;无论婚姻状况如何,选择"基本认可"的比例都是最高的,选择"认可"和"基本认可"两项之和的比例最低也超过了 60%。这又说明国家近年来出台的有助于改善农民工生活境遇的政策还是有成效的,虽然暂时还没有做到让大家都"满意",但政策的良好反应会逐步显现。当然,关注农民工的婚姻问题和婚姻状况也应成为农民工政策需要考虑的问题。表 2-5-1 的数据也显示,性别差异对青年农民工对相关政策的认识和评判影响不大。

从职业类别看(表 2-5-2),对事关农民工相关政策选择"认可"和"基本认可"这两项之和比例最高的是办事员群体的青年农民工,其次为经理人员、私企业主和产业工人,选择这两项比例最低的是失业和半失业人员;但选择"比较不认可"比例最高的也是私企业主;选择"不知道"比例的高低依次为商业服务人员、失业半失业人员和个体工商户。这种认知状况与青年农民工的职业类别有较强的关联,比如办事员群体、经理人员以及专业技术人员,他们大多是农民工群体中的脑力劳动者或白领阶层,一般文化水平较高,对国家的大政方针和与个人利益相关的政策较为关注,了解较多。而个体户和商业服务人员大多属于蓝领群体,工作时间长且强度大,工作的辛劳和劳动的疲惫让他们难以有时间和精力去关注工作之外的事情,也缺少相应的敏感度;失业半失业人员处于社会底层,生活压力已经让他们不堪重负,对社会难免心生不满,对相关政策也就缺乏认同,同时也缺乏精力去了解相关政策,而这个群体恰恰是最需要政策扶助和救济的,帮助他们熟悉、了解相关政策,获得政策帮助有利于改善他们的生活处境,也有助于社会稳定。

表2-5-2　从行业、收入水平角度看青年农民工对有关农民工政策的态度

分类 类别 选项 比例		5—1	5—2	5—3	5—4
职业类别	经理人员	20.00%	60.00%	20.00%	0.00%
	私营企业主	33.33%	38.10%	28.57%	0.00%
	专业技术人员	17.86%	50.00%	20.24%	11.90%
	办事员	22.73%	63.64%	4.55%	9.09%
	个体工商户	28.57%	33.33%	23.81%	14.29%
	商业服务人员	20.25%	46.84%	13.92%	18.99%
	产业工人	33.33%	35.09%	22.81%	7.02%
	失业半失业人员	23.44%	37.50%	23.44%	15.63%
月收入水平	1000元以下	28.36%	41.79%	10.45%	19.40%
	1000—1999元	15.98%	47.42%	19.59%	17.53%
	2000—2999元	21.66%	55.41%	14.65%	8.28%
	3000—3999元	26.87%	53.73%	11.94%	7.46%
	4000元以上	33.33%	44.44%	11.11%	11.11%

（选项说明：5—1认可；5—2基本认可；5—3比较不认可；5—4不知道）

再从月收入水平看，月收入2000元以上的青年农民工群体对事关农民工相关政策选择"认可"和"基本认可"这两项之和的比例差不多，都在76%以上；月收入1000元以下的青年农民工群体选择这两项的比例之和为70.15%，月收入1000—1999元的群体选择比例只有63.4%；而选择"比较不认可"比例最高的是月收入1000—1999元的群体，其次是月收入2000—2999元的群体；选择"不知道"比例最高的是月收入1000元以下的群体。但总体看，不管收入水平高低，选择"认可"和"基本认可"的比例都比较高。

5.认为利益受到侵害时的态度与行为选择

农民工作为身份和职业分离的群体，其利益也可能受到侵害，一些农民工卷入群体性事件，或不明就里地参与群体泄愤，在某些时候是因为他

们的利益受到了侵害而借机发泄。为此,考察当他们认为自己利益受到侵害时,会采取什么样的态度和行动,是逆来顺受,还是采取对抗,都与社会稳定有关联。从本书的调查看,不同的青年农民工群体会有选择上的差异(本题可多选①)。

从青年农民工的学历看(图2-10-1所示),当认为自身利益受到行政机关损害时,整体来看不同学历的青年农民工首先选择的是"申请法律援助",其次是"自认倒霉",再次是"信访",最后的选择才是"到政府部门示威"。说明当他们认为自身利益受损时,青年农民工群体还是希望通过法律救济获得帮助,或者自认倒霉了事,不会首先选择直接找政府讨说法或信访。但需要注意的是高中学历的青年农民工,选择"到政府部门示威"和"信访"的比例均超过20%,也是所有学历中比例最高的,而选择"自认倒霉"的比例在所有学历中是比较低的。农民工群体一旦采取非制度化渠道维护自身利益,就容易引发群体性事件,影响社会稳定。

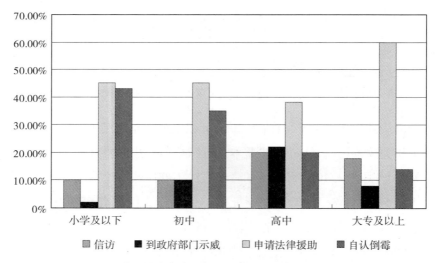

图2-10-1 不同学历的青年农民工认为自身权益受到侵害时的行为选择

---

① 实际上农民工认为自身利益受到侵害时的行为选择不止这几种,比如他们可能通过在网络上发布信息求助,还可能选择向媒体人士求助等,由于问卷设计未涉及"网络求助"和"向媒体人士求助"选项,所以此处无法进行分析。

如果从青年农民工的婚姻状况看（图2-10-2所示），选择"信访"途径比例最高的是未婚和已婚群体，同时，选择"申请法律救济"渠道比例最高的也是这两个群体；而离婚群体选择"到政府部门示威"和"自认倒霉"的比例均为三组人群中的最高，选择"信访"的比例却最低，仅为2%左右。说明离婚的青年农民工群体认为自身权益受到侵害时，要么容易采取极端行为，要么听之任之，选择忍气吞声。未婚和已婚群体倾向于通过制度化的信访渠道或法律救济维护自身权益，退而求其次才是"自认倒霉"，选择"到政府部门示威"的比例不高。为此，离婚的青年农民工群体的维权行为更需要予以高度关注。

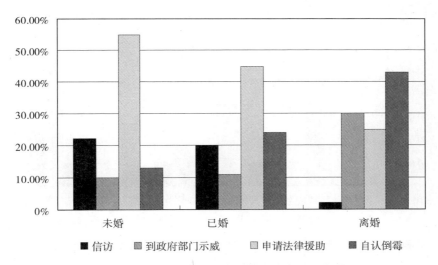

**图2-10-2　不同婚姻状况的青年农民工认为对
自身权益受到侵害时的行为选择**

接下来再从年龄、性别两个维度来考察当青年农民工认为自身利益受到侵害时的行为选择。从年龄角度看，如图2-10-3所示，选择"信访"途径比例相对高的是20世纪80年代出生的青年农民工群体，而这个群体选择法律救济渠道的比例在所有年龄段中最低。20世纪70年代出生的群体更倾向于"自认倒霉"，其次才是"申请法律救济"，选择"信访"和"到政府部门示威"的比例均为最低；20世纪90年代出生的群体首选是"申请法律救济"，其次是默认和忍耐（"自认倒霉"），选择"信访"和"到政府部门示威"所占的比例差不多,说明农民工群体作为整体上的弱势群体,其维权意识、维权途径和维权能力都还受到制约,当认为自身利益受到侵害时,逆来顺受和沉默忍受的心态还有不少的影响。尤其是当利益受到行政机关或"官员"侵害时,更易遵从"民不和官斗""民斗不过官"等传统观念的影响,把这种利益受损归因于个人运气不好,不去抗争。这种行为选择在一定程度上避免了当下的社会冲突,维护了社会稳定,但值得注意的是,这种稳定是表面和脆弱的,稍有不慎,容易带来较大的不稳定。与此同时,利益受损的情形若在本人或身边的人身上重复出现,容易使这个群体对政府的信任和对体制的认同受到损害,这种不信任的积累和传递,最终会破坏社会的稳定。

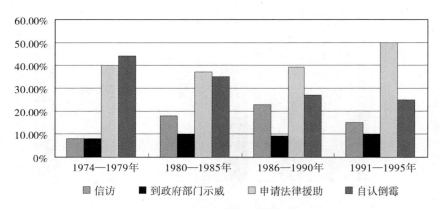

图 2-10-3 从年龄角度看青年农民工对自身权益受到侵害时的行为选择

从性别角度看(图 2-10-4),男女青年农民工对同一选项的选择比例差别不大(唯一的不同是男性选择"信访"渠道的比例差不多是女性的两倍),相对而言,女性更倾向于选择"申请法律援助"和沉默忍受("自认倒霉")。总体来看,性别对行为选择的影响不明显,但四个选项中选择"申请法律援助"的比例最高,其次是"自认倒霉"和"信访",说明青年农民工更多还是希望通过制度化的渠道维护自身利益。要维护社会稳定,就需要给他们提供更多的制度化维权渠道,并切实让这些渠道公正、公平地为他们伸张正义,让矛盾得以缓解。

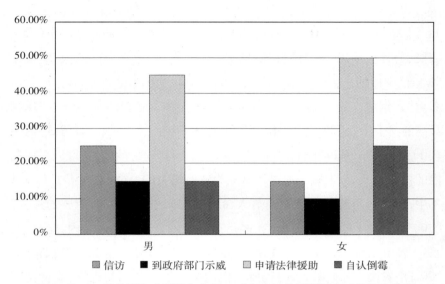

图 2-10-4　从性别角度看青年农民工对自身权益受到侵害时的行为选择

6. 对进入体制途径的满意度评价

进入体制一般理解为进入政府机构,青年农民工大多数在城市从事体力劳动或在工厂流水线上劳动,进入体制的人很少。这一问题主要了解他们对其他群体进入体制途径(比如公务员考试)的认知和态度,进而推断他们对体制开放程度的满意和认可状况。

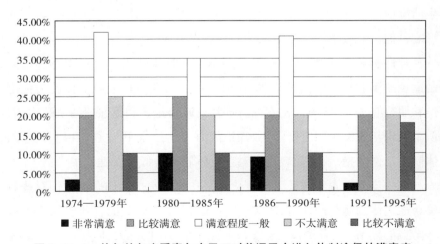

图 2-11-1　从年龄角度看青年农民工对普通民众进入体制途径的满意度

  从年龄角度考察青年农民工对普通民众进入体制途径的满意度感知,图2-11-1显示,认为"满意程度一般"的最高比例群体是"70后"的农民工,其次是"90后"的群体;感觉"不太满意"比例最高的为20世纪70年代中后期出生的群体,其次是"80后"和"90后"群体;感觉"比较不满意"比例最高的是1991—1995年出生的群体;而选择"非常满意"比例最高的又恰恰是"80后"群体。随着进入体制内工作必须经过考试,对于"80后"农民工来说,他们的同龄人通过接受高等教育可以获得进入体制内的机会,一部分人顺利通过考试成为政府机关的一员,也有不少人屡试不中,所以他们通过对自己同龄人命运的感知做出了看似矛盾的选择。"70后"农民工的同龄人当年大多是通过计划分配进入体制内,能力、关系、人情和机会或许都起了作用,所以他们的感知处于中等满意状态;而"90后"农民工的同龄人,时代既为他们提供了更多元的机会,也使他们面对更残酷的竞争,其总体评判"不满意"的选择超过了三成。

  从婚姻状况角度分析该问题(图2-11-2所示),未婚和已婚的青年农民工对现行我国公民进入体制内的途径持基本满意的态度,离婚的青年农民工对现行进入体制内的途径持不满意的态度,比例高达60%以上。未婚和已婚的青年农民工群体对我国现行民众进入体制途径的满意度感知高于离婚群体。其原因可能是由于离婚的青年农民工群体在感情生活方面的受挫,婚姻生活的波折容易引发他们对现实生活的不满,进而影响着他们对政治社会生活其他面的评价。

  从性别角度考察(图2-11-3所示),男性青年农民工对现行进入体制途径的满意程度要低于女性,这种现象的出现与社会对男性的角色定位和期待有关,一般男性比女性有更强的政治抱负和更强烈的从政愿望,但个别青年农民工因自身学历、知识能力、经历的原因往往难以实现进入体制内工作的抱负,从而表现出对现行体制评价低于女性就很自然了。

  进一步分析青年农民工的文化水平和收入水平如何影响他们对普通民众进入体制途径的评价,图2-11-4显示,学历越高的青年农民工选择"非常满意"和"比较满意"这两个选项所占的比例越大,同样高学历群体选择"不满意"(包括"不太满意"和"比较不满意"两项选择)的比例也较

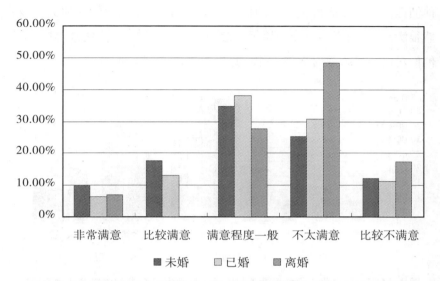

图 2-11-2 从婚姻状况看青年农民工对普通民众进入体制途径的满意度

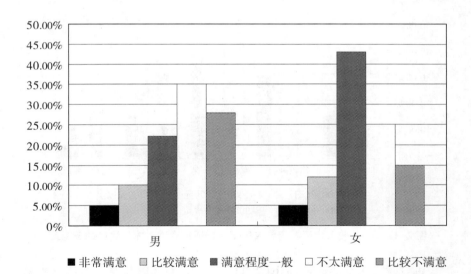

图 2-11-3 从性别角度看青年农民工对普通民众进入体制途径的满意度

高,而低学历的群体更多持"一般"态度。究其原因,低学历青年农民工群体基本没有进入体制内工作的可能,他们更多是一个旁观者,有关进入体制途径的信息大多来源于其同龄的熟人、朋友、同学或亲戚,本人与此缺少交集。高学历尤其是大专及以上学历的青年农民工,期望体制能为他们提供进入政府机关工作的机会,对体制内工作机会能向他们开放自然很满意,但由于多方面的原因,多数人在考试面前可能屡战屡败,使得他们对民众进入政府部门工作的途经表现出不满态度来。

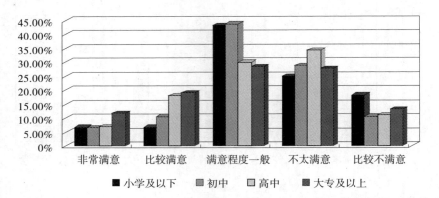

图 2-11-4 从文化水平角度看青年农民工对普通民众进入体制途径的满意度

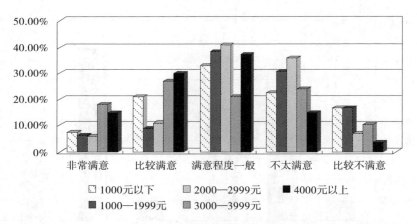

图 2-11-5 从收入水平看青年农民工对普通民众进入体制途径的满意度

再看收入水平的影响,如图 2-11-5 所示,总体趋势是月收入水平越低的青年农民工选择"不太满意"和"比较不满意"这两个选项所占的比例越大,月收入水平越高的群体选择满意的比例越高。的确,物质生活永远是基础,收入水平低的群体,面临的生存压力更大,经济压力让他们缺少时间和精力去关注现行体制对民众的吸纳途径是否公开公正,是否开放透明,自己也缺乏进入体制的愿望和能力,甚至可能把个人收入水平的不高归罪于现行体制,其评价自然朝不满意方向倾斜。

7.对政府公共服务内容的满意度评价

政府需要向老百姓提供公共服务,对农民工而言,他们需要哪些公共服务,不同年龄、学历和婚姻状况的青年农民工需求不一样。一般而言,与青年农民工关联较为密切的政府公共服务涉及就业、社会保障、劳动保护、法律援助、子女入学等。政府提供这些服务的内容和质量能否满足他们的要求,是否解决了他们面临的问题,可以从其对这些服务的满意度评价来考察。

表 2-6-1　从学历、年龄、婚姻维度看青年农民工对政府
公共服务内容的满意度(可多选)

分类	类别	6—1	6—2	6—3	6—4	6—5
学历	小学及以下	36.36%	47.73%	34.09%	11.36%	18.18%
	初　中	80.40%	63.82%	25.13%	28.64%	38.69%
	高　中	60.68%	51.28%	30.77%	22.22%	46.15%
	大专及以上	29.61%	61.84%	32.89%	32.89%	39.47%
年龄（出生时间）	1974—1979 年	64.76%	67.62%	37.14%	27.62%	43.81%
	1980—1985 年	54.81%	66.35%	31.73%	27.88%	34.62%
	1986—1990 年	54.91%	52.02%	27.17%	26.01%	43.93%
	1991—1995 年	60.00%	57.27%	26.36%	27.27%	34.55%
	1995 年以后	30.00%	45.00%	15.00%	25.00%	15.00%
婚姻	未　婚	58.65%	62.03%	31.22%	28.69%	34.18%
	已　婚	53.66%	56.91%	27.64%	27.64%	43.09%
	离　婚	72.41%	51.72%	31.03%	6.90%	41.38%

（选项说明:6—1:劳动就业;6—2:社会保障;6—3:监督用人单位履行劳动合同;6—4:法律援助;6—5:子女入学）

从学历角度看,表 2-6-1 显示,对于劳动就业方面的服务,大专及以上学历的青年农民工群体满意度最低,其次是小学及以下学历的群体;对

社会保障服务,初中学历群体满意度最高,其次是大专及以上学历的群体;政府对用人单位履行劳动合同的监督情况,各学历层次的群体满意度都不高,最高满意度也只有三成多一点;对政府提供的法律援助也不大满意,小学及以下学历的群体满意率最低,可能这个群体由于自身学历层次的限制,他们对这一项服务了解和关注甚少,很少利用政府提供的这项服务,也就谈不上满意与否了。而对子女入学的服务,最满意的是高中学历的农民工群体,有四成多一点,最不满意的是小学及以下学历的群体。相对而言,除了就业服务外,不同学历层次的青年农民工对政府提供的面向他们的公共服务满意度都不容乐观,尤其是与他们密切关联的子女入学、法律援助和政府对用人单位履行劳动合同的监督。对这些服务,学历最低层次的群体总体满意度最低,但也没有表现出随着学历层次的提高,总体满意度随之上升的趋势。

从年龄角度看,总体趋势是年龄越大的青年农民工群体对各项服务的满意率都高,当然具体到某项服务的满意率差距很大,最高可以接近七成的满意率,最低的不到三成;20世纪90年代后期出生的群体基本上对所有服务内容的满意率都为最低,除了就业和社会保障,这一群体对其余几项服务的满意率都排倒数第二(除了法律援助为倒数第三);整个"80后"群体对各项服务的满意率基本处于中间状态。与从学历角度的分析进行比较,青年农民工群体总体上对法律援助、子女入学和政府对用人单位履行劳动合同的监督情况满意度都不太理想。

再从婚姻状况看,未婚群体对社会保障、政府对用人单位履行劳动合同的监督、法律援助的满意率最高,对就业服务的满意率居于中间状态;离婚群体对就业服务的满意率最高,对法律援助的满意率最低;已婚群体最不满意的是政府对用人单位履行劳动合同的监督和法律援助服务,其次是政府提供的子女入学服务。与前面两个维度相似,尽管婚姻状况不同,但部分青年农民工群体对政府提供的法律援助、子女入学以及对用人单位履约监督的满意率均不太高,这种满意度不高的共性趋势说明政府提供的这些服务要么数量不足,要么质量不高,或者数量质量均受限,难以满足青年农民工群体的需要。

表 2-6-2　从月收入水平、职业领域维度看青年农民工对政府
公共服务内容的满意度（可多选）

分类	类别	6—1	6—2	6—3	6—4	6—5
月收入水平	1000 元以下	43.28%	44.78%	31.34%	28.36%	31.34%
	1000—1999 元	56.70%	60.31%	34.02%	30.41%	32.99%
	2000—2999 元	64.97%	65.61%	28.03%	23.57%	49.04%
	3000—3999 元	52.24%	49.25%	16.42%	22.39%	38.81%
	4000 元以上	59.26%	70.37%	33.33%	29.63%	40.74%
职业领域	经理人员领域	60.00%	50.00%	20.00%	20.00%	60.00%
	专业技术人员	66.67%	61.90%	33.33%	30.95%	33.33%
	办事人员领域	50.00%	59.09%	36.36%	40.91%	50.00%
	个体工商户	61.90%	76.19%	52.38%	42.86%	52.38%
	商业服务业	72.15%	50.63%	29.11%	25.32%	44.30%
	产业工人	43.86%	42.11%	22.81%	24.56%	35.09%

（选项说明：6—1：劳动就业；6—2：社会保障；6—3：监督用人单位履行劳动合同；6—4：法律援助；6—5：子女入学）

结合青年农民工群体的月收入水平来看（表 2-6-2），最低收入群体最不满意的是法律援助服务，其次是子女入学和政府对用人单位履约的监督，对就业、社会保障服务相对满意，但其满意度在不同收入水平中均为最低。最高收入群体最不满意的也是法律援助服务，其次是政府对用人单位履行劳动合同的监督，最满意的服务是社会保障，其次是就业服务，这与他们的收入高有关系，因为收入越高的群体，其单位为他们购买的养老保险、医疗保险、失业保险等越齐全，员工就越不依赖政府提供的兜底社会保障。

再考虑农民工的职业领域，表 2-6-2 显示，大体上流水线上产业工人对各项服务的满意度都在最低档，而个体工商户对各项服务的总体满意水平居于前列。经理人员和专业技术人员作为白领阶层，是青年农民

工群体中的杰出代表,其最不满意的仍然是法律援助服务和政府对用人单位履约情况的监督。

总之,从多维度来考察青年农民工群体对政府提供的几项公共服务的满意度调查看,尽管从事的职业不同,收入水平也有差异,但毕竟是在非农行业获得了就业的机会,工作单位和各地政府也尽可能在不同层面上为这个群体提供社会保障,因此总体上他们对政府提供的就业和社会保障服务满意度相对较高,而对他们作为弱势群体急需的法律援助、政府对用人单位履约的监督以及关系他们后代发展的子女入学服务却满意率不高。这说明青年农工群体生存需要的急迫性在下降,而涉及权益保护、子女教育的公共服务需求在上升,要求政府服务内容的方向做出调整,提供以青年农民工需求为导向的公共服务。

正因为社会稳定首先是一个政治问题,为此,前面分别从青年农民工的政治认知、政治行为、政治态度三个层面考察其与社会稳定的关系。

政治认知方面主要考察了"对基层党组织工作的满意度"和个人的"入党缘由"这两个问题,作为一个整体,青年农民工对基层党组织的工作比较满意,入党的动机整体上是积极向上的,也愿意成为其中的一员,当然因个人经历不同,在对基层党组织工作的满意程度和个人入党缘由上存在差异。对于存在不满意认识的群体要通过改善他们的处境,同时予以教育和引导,增强他们对基层党员干部和基层党组织的认同,消除其负面情绪。

政治行为方面主要设计了他们"是否参加了选举、是否愿意参加选举、参加选举的原因是什么和依据什么标准来投票"几个问题,从调查结果看青年农民工对自己作为公民的政治权利和义务整体上有比较清楚的认知,并有相应的行为选择。但由于生活和工作的压力、个人素质和能力的不济,加之目前继续存在的城乡分割体制和政治参与渠道的不畅,使得他们政治意识的觉醒、政治参与的意愿与政治行为的能力并不匹配,有时甚至自相矛盾,这种情况无疑会增加他们的政治挫败感,由此对体制产生不满情绪,这对培养成熟、理性的公民显然不利,长期下去也不利于社会的和谐与稳定。有效的选择是提供多元的政治参与途径,让他们的政治热情得以表达和释放,在具体、规范的政治实践中实现他们的利益诉求,培养他们的政治理性。

政治态度方面设计了七个问题,涉及对基层政府工作的满意程度、政府机关的办事效率、基层政府工作人员的行为、政府公共服务内容(与农民工相关的政策和相关公共服务)、进入体制的途径和认为自身利益受损时的行为选择,希望据此了解青年农民工群体对这些问题的认知、判断、态度以及行为选择,进而分析他们整体的政治态度趋势,以便政府完善服务内容,提高服务效率,提升政府的整体形象,帮助他们解决问题,化解社会矛盾,增强他们对政府的信任,为社会稳定奠定坚实的基础。从对以上调查问题的分析看,青年农民工群体由于学历、年龄、婚姻状况、收入水平以及职业类型的不同,对以上问题的回答呈现出极其复杂的状态,难以得出统一的结论和提出放之四海而皆准的建议,但有几个趋势或现象值得关注:

一是对于低学历、低收入和离婚的农民工群体需要予以重点关注。无论是对基层政府工作的满意程度、对基层政府工作人员行为的认知和评价,还是对政府出台的与农民工相关政策的认同,这一群体的评价或满意度都相对偏低。他们是弱势群体中的弱势,学历低,婚姻受挫,收入低,生活压力大,容易把个人工作、生活中的波折迁怒于社会、政府,也容易被鼓动,成为群体性事件的盲目参与者,甚至出现过激的反社会行为,需要引起重视。

二是注意“80后”农民工和“90后”农民工群体的分化。20世纪80年代后期和20世纪90年代出生的农民工其实是农民工三代,相比而言,“70后”农民工年龄大,一般工作比较稳定,更多地选择按部就班地生活,面对命运的不公也更倾向于选择认命,但“80后”尤其是“90后”农民工则不同,他们获取信息的途径十分多元,自卑但又缺少能力去改变处境,比他们的父辈学历高、见识广但又不理性,了解法律但又不会运用或不相信法律能帮助他们,自认倒霉但又不完全认命,这些矛盾的认知让他们焦虑、纠结、无所适从,在遇到偶然事件时容易冲动,出现过激行为,或被人利用,出现破坏社会稳定的行为。

三是关注学历提高对青年农民工政治态度的影响。随着"80后""90后"的农村青年进入城市,青年农民工群体的学历有逐步提高的趋势①,绝大多数接受过九年制义务教育,还有部分是高中学历或大专及以上学历,学历水平的提高使他们的知识面更广,能力更强,但也让他们对农民工的处境更易产生不满,对某些社会问题的容忍度更低。比如对政府机关办事效率的评价,学历高的群体评价反而更低,对进入政府体制的途径也不满意,高学历带来的不一定是更宽容和理性,可能是更偏激和失望,这就需要对这个群体予以更多的关注和引导。

四是注意青年农民工公共服务需求内容的转向。新生代农民工群体对政府公共服务的需求内容发生了变化,他们更关注子女教育、法律救济和用人单位是否有效履行了劳动合同这些权益方面的政府服务,对就业、社会保障尤其是就业服务的需求迫切程度有所下降,这就需要政府及时调整公共服务的供给方向,以满足他们的需要。

二、从经济要素方面看新生代农民工与社会稳定的关系

农民工是一群从事非农劳动,但是身份仍为农民的群体,他们不从事传统的农业生产,主要是为了获取更高的收入,改变家庭的经济状况。考察他们经济方面的这些要素与社会稳定的关系,通过对这些问题的调查分析,以了解这些问题会如何影响他们的行为,进而是否会对社会稳定带来影响。

(一) 对收入分配、社会资源占有现状的认知

收入分配状况涉及社会各阶层成员的利益,对于农民工来说更是重

---

① 据国家统计局发布的《2017年农民工监测调查报告》显示,农民工中,未上过学的占1%,小学文化程度占13%,初中文化程度占58.6%,高中文化程度占17.1%,大专及以上占10.3%。大专及以上文化程度农民工所占比重比上年提高0.9个百分点。外出农民工中,大专及以上文化程度的占13.5%,比上年提高1.6个百分点;本地农民工中,大专及以上文化程度的占7.4%,比上年提高0.3个百分点。见 https://www.tuliu.com/read-79449-2.html,2018-4-28。

要,而社会资源占有状况在一定程度上会直接影响收入的分配。

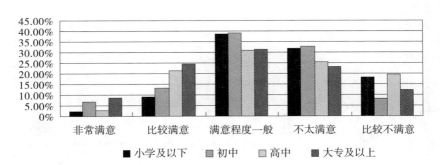

图 2-12-1　从学历层次看青年农民工对收入分配、社会资源占有现状的评价

图 2-12-1 提供了一个从学历角度看青年农民工群体对收入分配和社会资源占有状况的认知与评判结果。可以看出,各学历层次的首选项是"满意程度一般",接下来是"不太满意","非常满意"为排在后面的选项。相对而言,学历越高的群体选择"比较满意"的比例越高,大专及以上学历的群体满意率最高,但高中学历的群体表现出了较为复杂的选择结果,其选择"非常满意"的比例基本上最低,而选择"比较不满意"的比例达到了最高,可能是这个群体的学历于他们找工作比较尴尬,技术性强的工作不易胜任,但完全的体力活又不情愿干,因此在农民工就业市场上高不成低不就,对工作不满意,收入也就难以满意,进而对当下的收入分配和资源占有状况满意度不高。但不同学历层次的群体整体上都对收入分配和资源占有状况评价不高,说明整个社会的财富分配确实存在问题,如果任由这种情况持续,一旦陷入马太效应,农民工群体对收入分配、资源占有现状的不满情绪日益累积,是不利于社会稳定与和谐发展的。

青年农民工的婚姻状况怎么样影响他们对上述问题的评价,图 2-12-2 显示,离婚群体的评价总体较低,他们选择"不太满意"和"比较不满意"的比例均为最高,在他们的选择中分列前两位,选择"比较满意"和"非常满意"的比例为最低。而未婚和已婚群体除了在"比较满意"和"不太满意"这两项选择上有差别外,其余选项的选择比例差距不显著。无论婚姻状况如何,"满意程度一般"和"不太满意"为他们靠前的选择,接下来便是"比较不满意"或"比较满意",这也从另外的维度印证了新生代

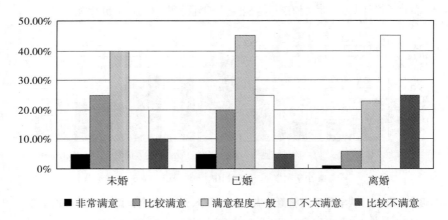

图 2-12-2 从婚姻角度看青年农民工对收入分配、社会资源占有现状的评价

农民工群体对我国收入分配和资源占有状况总体上不太满意,需要引起高度重视。

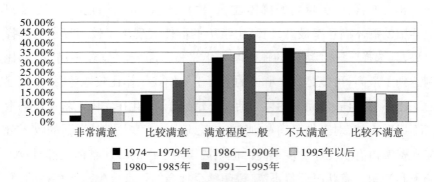

图 2-12-3 从年龄角度统计的青年农民工对收入分配、社会资源占有状况的评价

再从年龄角度看(图 2-12-3 所示),20 世纪 70 年代后期出生的群体的第一选择是"不太满意",其次是"满意程度一般""比较不满意""比较满意",这个群体选择"非常满意"的比例低,约 3% 左右;整个"80 后"群体的选择趋势与"70 后"差不多,只是"满意程度一般"成为 1986—1990 年出生的青年农民工的首项选择;"90 后"群体出现了分化,"满意程度一般"成为 20 世纪 90 年代前期出生的群体的首选,其次是"比较满意",而 20 世纪 90 年代后期出生的群体首选却是"不太满意",其余项的选择顺序与20世纪90年代前期出生群体的选择相同。

进一步从青年农民工群体的收入差别来看(图2-12-4所示),月收入水平3000—3999元的群体是个例外,他们的首选项是"比较满意",其次是"满意程度一般""不太满意""比较不满意"和"非常满意";月收入水平3000元以下群体的首选项都是"满意程度一般",接下来是"不太满意""比较满意"或"比较不满意",最后才是"非常满意"。月收入4000元以上的群体尽管其首选也是"满意程度一般",但其选择"非常满意"的比例相对最高,接近21%,选择"比较不满意"的比例最低。总体看来,收入越高的群体对这一问题的评价相对越高(月收入3000—3999元的群体除外)。

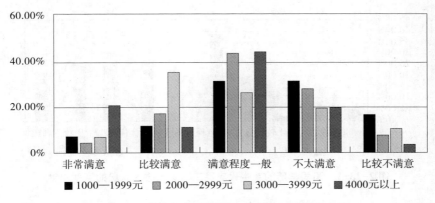

图2-12-4 从收入状况看新生代农民工对收入分配、社会资源占有状况的评价

综合学历、婚姻状况、年龄和收入水平来看,新生代农民工群体整体上对收入分配和资源占有状况的满意度不高,因为他们中的多数人首选基本上都是"满意程度一般",且选择"不太满意"的比例总体上超过"比较满意",选择"非常满意"的比例整体上最低。这种比较一致的评价取向与官方统计的我国的基尼系数自2009年以来均在0.46上下徘徊和城乡收入比超过3∶1的状况是基本一致的,要消除他们的不满意情绪需要党和政府在收入分配制度改革上着力,提高最低收入水平,增加农民工的收入,缩小收入分配差距和资源占有差别,消除社会稳定的隐患因素。

（二）对个体境况的认知与行为选择

1. 对本人收入状况的满意度考察

青年农民工如何评价自己的收入状况，其学历、年龄以及婚姻状况不同，评价结果也会有差异。

从学历角度看（如图2-13-1所示），除小学及以下学历的群体首选项为"满意程度一般"外，其余学历群体的首选项皆为"不太满意"，接下来的选择大多为"比较不满意""满意程度一般"，最后的选择才是"非常满意"。相对而言，学历层次越高，选择"比较满意"和"非常满意"的比例也较高，选择"比较不满意"的比例相对较低。总体上看，尽管学历层次不一，但都对自己的收入状况不太满意。

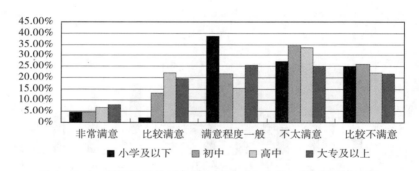

图2-13-1　不同学历的新生代农民工对本人收入状况的满意程度

从年龄角度分析（如图2-13-2），除开1995年以后出生的群体首选项中选择"满意程度一般"和"不太满意"的比例相同（均为35%）外，其余年龄段群体的选择表现出了基本一致的趋势：首选项为"不太满意"，排第二位的选项是"比较不满意"（除1991-1995年期间出生的群体选择的是"满意程度一般"外），再后面依次是"满意程度一般""比较满意""非常满意"。相对而言，20世纪80年代后期出生的新生代农民工对自己收入的满意程度要高于其他群体，其次是20世纪90年代出生的群体。因为农民工越年轻，一般文化水平相对越高，获得高收入工作岗位的能力越强，同时越年轻，来自家庭的经济负担越小（尚未成家或孩子小、父母年轻，赡养父母和抚养孩子的压力还不大），对自己的收入满意度会提高。但 20 世纪 90 年代后期出生的群体对自己收入的评价出现了明显的两极分化,因为这个群体选择"不太满意"的比例高达 35%,在所有年龄段中比例最高,且其选择"满意程度一般"的比例也为最高(35%),高出第二名差不多 9 个百分点。

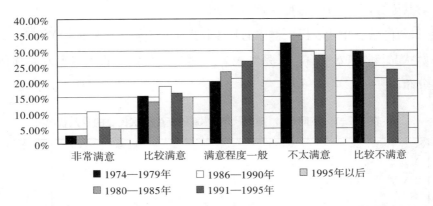

图 2-13-2　不同年龄的新生代农民工对本人收入状况的满意程度

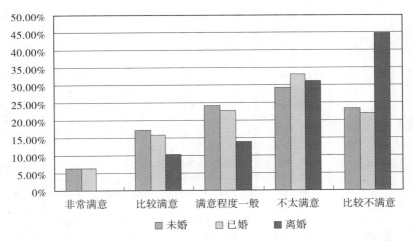

图 2-13-3　不同婚姻状况的新生代农民工对本人收入状况的满意程度

　　再从婚姻状况看(图 2-13-3 所示),未婚和已婚农民工群体的选择基本一致,首选项是"不太满意",接下来依次是"满意程度一般""比较不满意"和"比较满意","非常满意"为最后的选择,且比例均为约 7% 左右。离婚群体的选择有所不同,首选项是"比较不满意",且比例高达

45%左右,随后是"不太满意""满意程度一般"和"比较满意",离婚群体选择"非常满意"的比例为 0。离婚的新生代农民工其绝对收入不一定比已婚和未婚的群体要低,但其自我满意率却相当低。这种感觉难免有婚姻不顺引致的迁移效应,婚姻不顺既然能引发对收入的不满,也可能引发对其他方面的不满,这种现象需要予以关注。

那么,新生代农民工群体的具体收入水平究竟怎样? 他们的年龄、婚姻状况与收入水平有何关系? 表 2-7 呈现了他们的收入状况及其比例分布。

表 2-7-1　不同年龄、婚姻状况、性别的新生代农民工的收入状况

分类 / 类别 / 比例 选项		7—1	7—2	7—3	7—4	7—5	7—6
年　龄（出生时间）	1974—1979 年	15.24%	36.19%	38.1%	8.57%	1.90%	0.00%
	1980—1985 年	6.73%	40.38%	25.96%	14.42%	7.69%	4.81%
	1986—1990 年	11.56%	38.15%	26.59%	20.81%	20.81%	0.00%
	1991—1995 年	18.18%	40.91%	30.00%	8.18%	2.73%	0.00%
	1995 年后	40.00%	20.00%	30.00%	10.00%	0.00%	0.00%
婚姻状况	已　婚	11.38%	42.28%	27.24%	14.63%	3.25%	0.81%
	未　婚	16.46%	33.76%	29.96%	14.35%	4.22%	1.27%
	离　婚	13.79%	37.93%	48.28%	0.00%	0.00%	0.00%
性　别	男	8.33%	29.39%	36.4%	18.86%	4.83%	2.63%
	女	18.31%	45.07%	24.3%	9.86%	2.47%	0.35%

（选项说明:7—1:1000 元以下;7—2:1000—1999 元;7—3:2000—2999 元;7—4:3000—3999 元;7—5:4000—4999 元;7—6:5000 元以上）

表 2-7-1 显示,20 世纪 70 年代后期出生的新生代农民工群体月收入主要集中在 1000—3000 元这个区间,其次在千元以下,3000—

5000 元的很少，在受调查对象中月收入 5000 元以上的没有；"80 后"群体的月收入也差不多，但"80 后"群体中年龄越小的人群月收入超过 3000 元的比例越高，3000—5000 元的占了 1985 年以后出生群体的 40%以上；"90 后"群体的情况比较复杂，但整体收入偏低，3000 元以上收入的人很少。从婚姻状况与收入的关系看，未婚群体的月收入整体上高于已婚群体，离婚群体的收入集中在 3000 元以下区间。而男性的收入整体上高于女性，女性月收入在 4000 元以上的几乎是凤毛麟角，月收入千元以下的比例不低，男性月收入 3000 元以上的比例超过 25%。

再从学历和职业类别看新生代农民工的具体收入状况（表 2-7-2)，月收入在 1000—3000 元这个区间看不出学历的优势，因为一般来讲月收入这个水平的一般为蓝领阶层，属于非技术性劳动，学历高的人难以展现其优势；随着月收入水平的升高，高学历群体便显示出其竞争力来，当月收入超过 4000 元后，高学历群体的整体优势得到了体现。新生代农民工的职业领域不同，收入也不一样，比如经理人员的起薪在 2000 元以上，月收入 3000—5000 元的占了八成；专业技术人员位于各个收入段的人皆有，但月收入在 2000 元以上的仍是主体；相对而言，产业工人、农业产业劳动者、个体户群体的月收入总体偏低，3000 元以下是主体人群。

表 2-7-2 呈现的新生代农民工群体的具体收入水平表明，除了少数经理人员、专业技术人员、个体户（这群人以大专及以上学历的人居多）和少数学历不高但有技术的产业工人外，这个群体的多数人月收入集中在 1000—3000 元这个区间，属于达到或稍稍超过各地的最低收入水平，月收入尚未达到个人所得税需要扣除的基本生活费标准，尽管对个人收入的估计都会偏保守，倾向于低估收入、高估支出，但这个群体的整体收入水平确实不高，这也与前述他们对自己收入的满意度评价不高大体相符。

表 2-7-2 不同学历、职业类别的新生代农民工的收入状况

分类	类别	选项 比例	7—1	7—2	7—3	7—4	7—5	7—6
学历		小　学	20.45%	40.91%	25.00%	13.64%	0.00%	0.00%
		初　中	17.09%	32.66%	33.17%	12.56%	3.52%	1.01%
		高　中	12.82%	41.03%	29.91%	13.68%	1.71%	0.85%
		大专及以上	8.55%	42.11%	26.32%	15.79%	5.92%	1.32%
职业领域		经理人员	0.00%	0.00%	20.00%	60.00%	20.00%	0.00%
		私营企业主	4.76%	52.38%	28.57%	0.00%	4.76%	9.52%
		专业技术人员	10.71%	38.1%	19.05%	21.43%	5.95%	4.76%
		办事员	0.00%	45.45%	31.82%	13.64%	4.55%	4.55%
		个体工商户	14.29%	38.1%	19.05%	14.29%	9.52%	4.76%
		商业服务人员	6.33%	39.24%	41.77%	12.66%	0.00%	1.27%
		产业工人	8.77%	40.35%	33.33%	12.28%	5.26%	0.00%
		农业产业劳动者	18.83%	29.87%	37.66%	13.64%	0.00%	0.00%
		其他	31.25%	53.13%	10.94%	3.13%	1.56%	0.00%

（选项说明：7—1：1000 元以下；7—2：1000—1999 元；7—3：2000—2999 元；7—4：3000—3999 元；7—5：4000—4999 元；7—6：5000 元以上）

　　总之，以上从学历、年龄和婚姻状况三个维度来考察新生代农民工对自己收入状况的满意度评价，可以看出，其共同的趋势是无论学历、年龄和婚姻状况有何差别，新生代农民工群体对自己收入的满意度评价均不高，特别是离婚的群体选择"比较不满意"和"不太满意"两项的比例之和超过了 70%。尽管中国人传统的财产观念是低调"不露富"，对自己的收入要往低了说，农民受这种观念的影响更深，但新生代农民工群体普遍表现出来对自己收入的不满状态，在一定程度上折射了收入分配差距较大的问题，也反映了农民工群体整体收入偏低的现实，从共享社会发展成果的角度看，从有利于社会各阶层和谐相处的角度看，从维护社会的长远稳定的角度看，都是需要高度重视的问题。

2. 对个人生活境况的总体评判

（1）对工作环境是否满意

农民工生活境遇的改善不仅仅需要工资水平的提高，还包括他们是否有良好的工作环境，单位是否有相关的劳动保护措施等。近年来，有的农民工因为职业病死亡、致癌、失去劳动能力、全家陷入深度贫困的报道，像"开胸验肺"这类事件的出现，往往成为社会舆论的热点，甚至成为引发社会不稳定的导火索。为此，考察新生代农民工对自身工作环境的认知和评价，也是了解是否存在社会不稳定因素的重要方面。

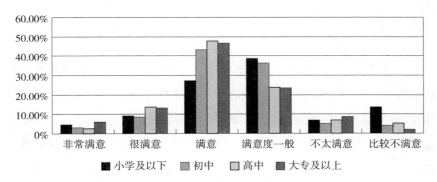

图 2-14-1　不同学历的新生代农民工对工作环境的满意状况

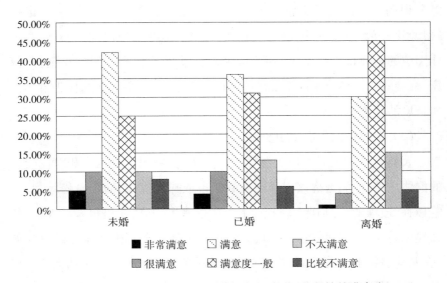

图 2-14-2　不同婚姻状况的青年农民工对工作环境的满意度

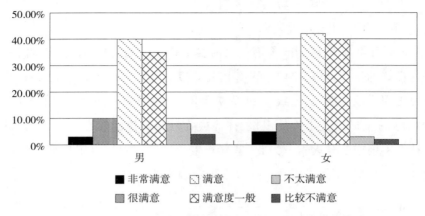

图 2-14-3　不同性别的青年农民工对工作环境的满意度

　　图 2-14-1、图 2-14-2、图 2-14-3 呈现了不同学历、婚姻状况和性别的青年农民工对自身工作环境的满意度评价,可以看出,除去离婚的群体外,青年农民工群体的首选是"满意",其次是"满意度一般",随后依次是"很满意""不太满意"。除小学及以下学历的群体外,其余群体不管男女、已婚还是未婚,选择两端的"非常满意"和"比较不满意"的比例差不多。离婚群体的首选项是"满意度一般",但其排第二位的选项是"满意",说明新生代农民工整体上对工作环境还是比较满意的,尽管选择"满意度一般"的比例也比较高,且成为他们的次选,但对他们而言,对工作岗位的选择权本身不大,随着国家对劳动保护和安全的日益重视,国家、社会对用人单位不断施加压力,在一定意义上也促使了农民工群体工作环境的改善。

　　(2)对整体生活压力的感知

　　人们容易看到对农民工群体这样的描写:农民工是压力相对比较大的群体之一,他们远离故土和亲人到城市或异地谋生,面临身份歧视,干着最脏、最累的活,但收入不高,工作环境恶劣,蜗居在出租屋里,没有什么娱乐活动,只有无休止的加班。农民工群体自己对生活压力的感知如何,尤其是新生代农民工,人们普遍认为他们没有他们的父辈那么吃苦耐劳,也没有他们的父辈那么能忍、能吃苦,他们希望在城市扎根,最终获得与城市人差不多的生活待遇,让他们的子女在城市生活,从此不再重复他们的生活道路。通过这个问题的调查,希望了解青年农民工群体对生活压力的自我感知,了解这种感知和评判会对他们的行为带来什么影响。

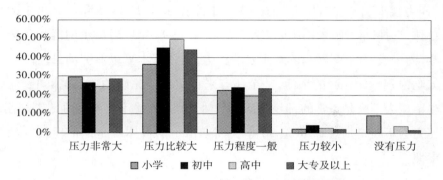

图 2-15-1　不同学历的青年农民工对生活压力的感知

图 2-15-1 呈现了不同学历层次的青年农民工对生活压力的感知情况,他们共同的首要感受是"压力比较大",其次是"压力非常大",再往后依次是"压力程度一般""压力较小",除了小学学历的群体选择"没有压力"的比例约 7%外,其余学历群体选择"没有压力"和"压力很小"的比例都很低。

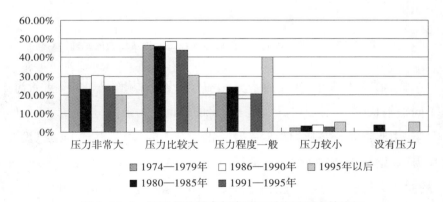

图 2-15-2　不同年龄的青年农民工对生活压力的感知

再从年龄来考察青年农民工的生活压力感知(图 2-15-2 所示),除开 1995 年以后出生的群体选择"压力程度一般"的比例最高外,其余年龄段都是选择"压力比较大"的比例最高,均超过 40%,紧随其后的选项比例依次是"压力非常大"（20世纪80年代前期出生的群体除外，20世纪80年代前期出生的群体选择"压力程度一般"的比例位于这个年龄段选择顺序的第二位）、"压力程度一般"，而所有年龄段的青年农民工选择"压力很小"和"没有压力"的比例都非常低，即使是1995年以后出生的群体，选择这两项的比例也仅为3%左右。1995年以后出生的群体年纪小，尚未成家的多，没有养育子女的压力，父母基本上也能劳动，过着"一人吃饱，全家不饿"的生活，甚至还有来自父母或兄姐的关照，感知到的生活压力不大是正常的，但随着年岁增长，家庭的责任不断增加，其生活压力会不断增加。20世纪90年代前期出生的群体就是他们比较好的参照。

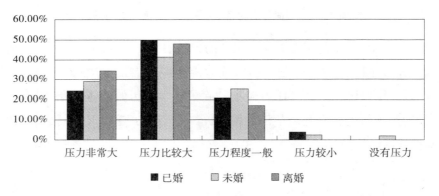

图 2-15-3　不同婚姻状况的青年农民工对生活压力的感知

婚姻状况与青年农民工生活压力有什么关系，从图2-15-3可看出，不同婚姻状况的人选择"压力比较大"的比例均为最高，排第二、三位的是"压力非常大"和"压力程度一般"，很少有人认为"压力较小"或"没有压力"。婚姻状况对他们对生活压力感知的趋势选择基本没有影响，只是在"压力比较大"这一选项中离婚群体和已婚群体所占的比例更高，感受到的压力更大一些。因为已婚群体和离婚群体基本都处于上有老、下有小的阶段，父母养老、子女教育、家庭医疗的大山压着他们，使他们倍感生活的压力。未婚群体一般年纪不大，但他们也面临留在城市生活的住房压力、以后结婚生子的压力，所以并不觉得生活轻松，选择"生活压力比较大"的比例仍为最高,接近40%,且选择"生活压力非常大"的比例也接近30%。

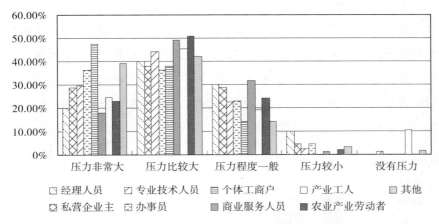

图 2-15-4　不同职业的青年农民工对生活压力的感知

从新生代农民工从事的职业类别来看对生活压力的感知(图2-15-4所示),除了个体工商户,其余工种选择"压力比较大"的比例均为最高,接下来除了经理人员、商业服务人员外,余下的群体选择"压力非常大"的比例均排第二位;然后才是"压力程度一般"。除了有10%左右的经理人员选择了"压力较小"和差不多10%的产业工人选择了"没有压力"外,其余选择"压力较小"和"没有压力"的比例非常小,可谓寥寥无几或无人选择。总体看,偏向蓝领工种的青年农民工选择"压力比较大"的比例相对更高,这与从事的职业能带来的收入、工作时间的长短、职业成就感有一定的关系。

总而言之,不管职业、年龄、学历、性别和婚姻状况如何,青年农民工群体对生活压力的整体感知排首位的是"压力比较大",其次是"压力非常大"或"压力程度一般",前两项选择的比例之和超过六成,甚至达到七成。他们中认为"压力非常小"或"没有压力"的比例非常低。青年农民工群体的这种感知既有客观存在的有形压力,也有这个群体因为城乡分割、身份差别引致的主观感受带来的无形压力。压力需要得到缓解,也需要释放。如果这种压力不断累积且得不到有效缓解或释放的话,这个群体要么弃城回乡,要么继续在城里,承受比较大的压力,这无疑为社会稳定理下了隐患。

3.经济活动中的行为选择——如何面对劳资纠纷

青年农民工进城后与用人单位不可避免地会产生劳资纠纷,采用什么样的方式解决劳资纠纷是考察农民工行为选择的重要领域,据此可以进一步判断这些行为会不会危及社会稳定。为此设置的问题是:当用人单位无故拖欠你的工资时,你会作何选择,下面从青年农民工的学历、年龄、性别和婚姻状况等维度来分析。

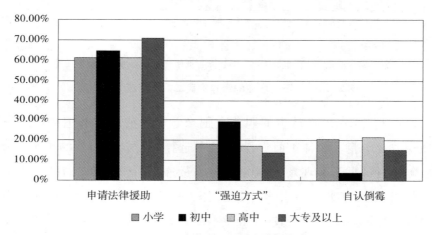

图2-16-1 不同学历的青年农民工解决劳资纠纷的方式

图2-16-1呈现的是不同学历的青年农民工解决劳资纠纷的行为方式选择,可以看出,不同学历层次的群体首先选择的都是"申请法律援助",比例差不多都超过60%,且除了初中学历的群体选择"强迫方式"讨要工资的比例超过20%外,其余学历选择"自认倒霉"的比例稍微超过选择"强迫方式"的比例,不过均在20%以下。

图2-16-2和图2-16-3分别从婚姻和性别的角度看青年农民工面对工资拖欠时的行为选择,其共同的趋势是,他们的首选仍然是"申请法律援助",除离婚群体外,比例均接近或超过60%,离婚的青年农民工群体选择"申请法律援助"的比例接近40%,有超过45%的人选择了"强迫方式"讨要工资,已婚群体中也有30%的人选择了"强迫方式"这一选项。

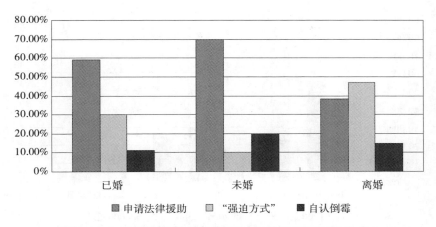

图 2-16-2　不同婚姻状况的青年农民工解决劳资纠纷的方式

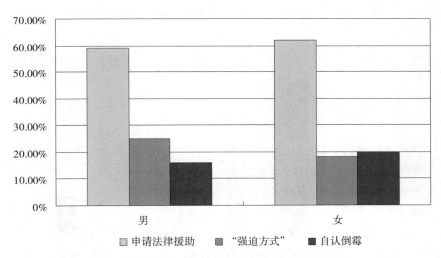

图 2-16-3　不同性别的青年农民工解决劳资纠纷的方式

未婚群体排第二位的选项是"自认倒霉",最后选项才是采取"强迫"手段。是不是未婚群体年纪最小,相对而言整体受教育程度高些,从而法治意识也更强,更愿意选择相信法律,而不选择强力;但这个群体选择无所作为的"自认倒霉"的比例超过已婚和未婚的群体,这又与较强的法治意识相冲突,这个现象值得思考。另外,女性农民工更倾向于通过法律途径解决问题,选择采取"强迫"手段的比例比男性低。那些选择"强迫"手段的群体,就难免使用武力甚至对抗手段,容易把事件扩大化。

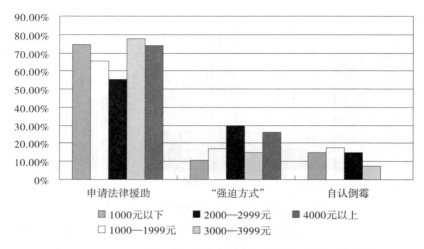

图 2-16-4　不同收入水平的青年农民工解决劳资纠纷的方式

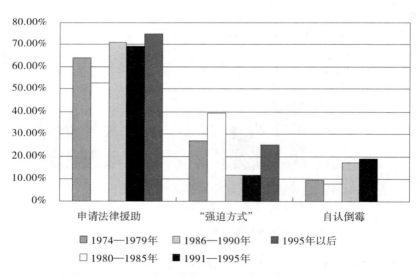

图 2-16-5　不同年龄的青年农民工解决劳资纠纷的方式

　　青年农民工的收入水平和年龄对他们解决劳资纠纷的行为方式选择有无影响？从图 2-16-4 和图 2-16-5 的情况看这种影响不明显，因为不同年龄和不同收入水平的群体选择"申请法律援助"的比例均是最高的。从收入看，值得注意的是月收入在 2000—2999 元之间和月收入超过 4000 元的群体，他们选择采取"强迫"手段的比例均超过了 20%，月收入最低的群体反而不易采取"强迫"手段,法律救济不成,就更多地选择沉默和忍耐。另外从年龄看,20 世纪 80 年代前期、20 世纪 70 年代后期和 1995 年以后出生的群体选择采取"强迫"手段的比例也都超过 20%,20 世纪 80 年代前期出生群体的选择比例甚至接近 40%,对这些群体需要予以关注。前面谈到农民工年纪越小,受教育程度越高,法治意识相应也会越强,但 1995 年以后出生的群体面对工资拖欠,却不易选择"自认倒霉",法律途径如果不能保护他们的利益时,个性不羁的他们会采取任何可能的方式来实现个人利益。

以上说明青年农民工面对劳资纠纷整体上还是比较理性的,希望通过法律途径化解矛盾,也逐渐习惯用法律武器保护自己的合法权益;当然,也有少部分农民工选择沉默和忍耐。面对这种现象,从化解矛盾和纠纷的角度出发,政府需要为农民工提供更多的法律救济渠道,提高法律援助的效果,并加强普法教育,同时监督用人单位依法履行劳动合同,保护农民工的合理权益。这样,用人单位和农民工都用法律思维解决问题,而不是采取武力或暴力的手段,劳资关系和谐了,社会稳定也才会有坚实的基础。

本节从经济方面考察新生代农民工与社会稳定的关系,选取了宏观和微观两个层面。之所以分别从他们的学历、年龄、收入水平、婚姻状况或性别等维度一一分析,主要是想了解不同学历、年龄或收入水平的新生代农民工对同一问题的选择和评价有无差别或有多大的差别,从而哪些群体更需要予以重点关注。

宏观方面考察新生代农民工对于收入分配和社会资源占有状况的认知和评价,整体看他们的满意程度一般,且选择"不太满意"和"比较不满意"的比例在各年龄段、各学历层次和各种收入水平的群体中都不低;微观方面涉及他们对个人收入的满意度调查和对个人生活境况的总体评判,而个人生活境况又分别选取了对工作环境满意与否、对整体生活压力的感知两个认识问题和如何处理劳资纠纷的行为选择问题,从调查结果看新生代农民工群体对自己收入的满意度评价均不高,对生活压力的整体感知排首位的是"压力比较大",当自己的工资被拖欠时,也首先希望通过法律途径得到解决。这些都说明,进入城市的部分青年农民工群体整体上对自身的收入状况、生活境况,包括全社会的资源占有状况不太满意,但当这种状况尚未影响他们的生存时,他们虽有不满,更多还是选择发发牢骚,默默承受,或者选择更努力地工作以期望改变现状。绝大部分青年农民工的行为总体上是比较理性的,但不能认为他们的理性是可以持续和不断提升的,一旦收入分配差距继续扩大,他们对生活压力的承受达到或超过极限,利益一再被侵犯却无处可诉,那么这种理性就很脆弱,选择非理性、非制度化的行为就难以避免。尤其是青年农民工中的个别群体,比如离婚群体,他们可能把婚姻生活的不顺归为社会的不义、政府的不为或命运的不公,容易走极端。再比如,1995 年以后出生的群体和高学历的群体,他们的公平、公正诉求更强烈,对体制的耐性更有限。为此,经济方面如何更有效地提高农民工群体的收入水平,减轻他们的生活压力,维护他们的经济利益,并从全社会角度促进资源的公平分配,对于提升他们的满意度和化解他们的不满情绪都有积极意义,让他们的行为更加理性和有序,更好地在城市落地生根,进而对维护社会稳定不无裨益。

三、从社会要素方面看新生代农民工
与社会稳定的关系

前述从政治、经济方面讨论新生代农民工与社会稳定的关系时,也涉及农民工对整个社会的评判,这里进一步具体考察新生代农民工群体对社会公平和社会信任的认知与评价,以了解这种评判是否会影响他们的行为选择,进而对社会稳定有何影响。

(一) 对社会公平状况的认知

离开土地谋取非农就业收入的农民工往往被社会视为弱势群体,他们本人对社会公平与否持怎样的看法? 下面从多个角度予以考察。

根据新生代农民工的年龄来分析(如图 2-17-1 所示),1995 年以后

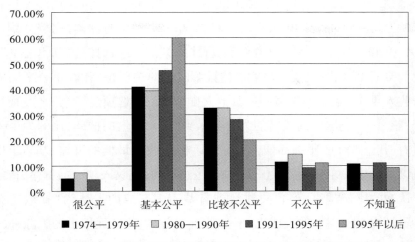

图 2-17-1　不同年龄的青年农民工对社会公平状况的评判

出生的群体认为这个社会"基本公平"的比例接近 60%,认为"比较不公平"的比例约 18%,认为"不公平"和"不知道"的比例差不多,约为 11% 和 9%,而认为"很公平"的比例几乎为零。20 世纪 90 年代前期出生的群体选择"基本公平"的比例为第二高,达到 46%,选择"比较不公平"的比例为 28%,选择"不公平"的占 8% 左右,而选择"不知道"的达 10%。20 世纪 70 年代后期和 20 世纪 80 年代出生的群体选择"基本公平"的比例分别为 40% 和 38%,他们排第二位的选项均是"比较不公平",比例也都为 32% 左右,接下来的选择都是"不公平",只是 20 世纪 80 年代出生的群体的比例略高于 20 世纪 70 年代出生的群体。所有年龄段的人选择"很公平"的比例都低,最高的是 20 世纪 80 年代出生的群体,但也只有 7% 左右。整体看,不同年龄段的新生代农民工差不多四成及其以上的比例认为社会"基本公平",这也是他们的首选项;其次的选项为"比较不公平",接近或超过两成的比例,最高超过三成;认为"不公平"和"不知道"的比例差不多,比例为一成左右。相对而言,年纪越小的群体选择"基本公平"的比例越高,选择"比较不公平"的比例越低。

　　结合农民工的收入来分析(图 2-17-2),除了月收入不到 2000 的群体首选项是"比较不公平"(比例接近 46%)外,其余收入水平的群体首选项都是"基本公平",比例最高的是月收入 3000—3999 元的群体,达到 53%,其次是月收入 4000 元以上和 2000—2999 元的群体,比例分别为 50% 和 40%;月收入不到 2000 元的群体排第二位的选择是"基本公平", 比例接近 19%,其余收入水平群体排第二位的选项是"比较不公平";除 月收入 4000 元以上的群体外,其他人排第三位的选项是"不公平",而选 择"很公平"选项比例最高的为月收入 4000 元以上的群体,比例为 15% 左右,其余群体的比例都低,不足 5%。除了收入最低的群体,基本上四 成以上的农民工认为社会还是"基本公平"的,且收入越高的群体,持这 种认知的比例越高,但也要注意到有差不多三成的人认为"比较不公 平",还有 14% 左右的人认为"不公平"(月收入 4000 元以上的人除外)。 尤其是月收入不足 2000 元的群体,他们的"比较不公平"感受最为强烈

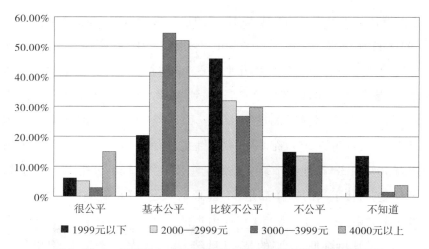

图 2-17-2　不同收入水平的青年农民工对社会公平状况的评判

不同婚姻状况的青年农民工如何看待社会公平? 图 2-17-3 显示, 已婚和未婚群体选择"基本公平"的比例最高,分别占到 42% 和 44%,排 第二位的选项是"比较不公平",差不多为 31%,随后的选项是"不公平" 和"不知道";离婚群体选择"基本公平"和"比较不公平"的比例差不多, 均为 35% 左右,选择"不公平"的比例为 17.24%;他们共同位居最后的选 项都是"很公平",比例差不多都在 6% 左右。离婚群体基于婚姻生活的

不顺,离婚后可能涉及单独养育孩子或支付抚养费等经济压力,加之精神上的孤独,看问题难免不易客观,甚至产生对他人或社会的排斥和仇视心理,将自己个人生活的波折归结为社会的不公,从而对社会公平的评价有失偏颇。

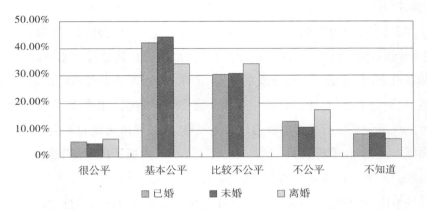

图 2-17-3　不同婚姻状况的青年农民工对社会公平状况的评判

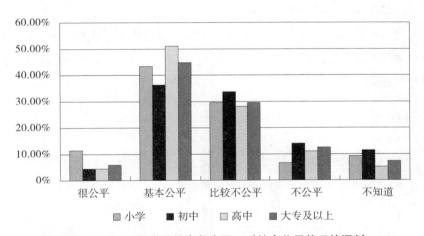

图 2-17-4　不同学历的青年农民工对社会公平状况的评判

再从农民工的学历来看(图 2-17-4),不同学历的群体选择"基本公平"的比例均排第一,最高的是高中学历的群体,超过 50%,其次是大专及以上学历、小学学历和初中学历的群体,比例分别为 45%、43% 和 36%,随后的选项是"比较不公平",初中学历群体的选择比例为 34%,其余学历的群体差不多在28%—30%之间;小学学历的群体选择"很公平"的比例达到11%,其余学历选择"不公平"的比例都超过选择"很公平"的比例。虽然学历越高竞争力相应越强,获得高收入的机会也会越多,但高学历群体的公平诉求也更强烈,因此,对社会公平与否的评价并没有随着学历的提升而更高。

农民工的待遇问题在一定意义上其实就是社会机会的公平问题。公平问题既体现在收入分配和资源占有上,也体现在其他公共服务的占有和享有方面,包括本人或子女的就业、上学、就医等社会保障的待遇。当然,社会公平是相对的,农民工对社会公平的评判也是他们的主观感受,但主观感受往往有客观的社会体验为支撑,农民脱离传统农业生产,成为两栖人,如果长期感受到被不公正地对待或成为城市的"编外公民",其对社会公平的评价就会越来越低,甚至产生怨恨或报复情绪,看不到希望就容易走向绝望,一遇突发事件就可能群体爆发,影响社会的长治久安。

(二) 对社会信任状况的认知

从乡村到都市,农民工的工作和生活环境发生了很大的变化,传统农村"差序格局"的信任模式被破坏,新生代农民工眼中的社会信任又是何种图景呢?

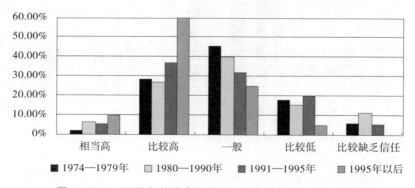

图 2-18-1 不同年龄的青年农民工对社会信任状况的评价

从青年农民工的年龄角度看(图 2-18-1),除了"90 后"的农民工外,其余年龄的青年农民工排首位的选项是信任程度"一般",随后依次是"比较高""比较低",选择"比较缺乏信任"的比例稍高于"相当高",但这两个选项的比例都低,最高的20世纪80年代出生的群体选择"完全缺乏信任"的比例也才接近10%,而这个群体选择信任程度"相当高"的最高比例约5%。1995年以后出生的农民工群体是个例外,他们的首选项是社会信任程度"比较高",将近60%,随后的选项是信任程度"一般"和"相当高",选择信任程度"比较低"的比例为5%,而他们选择"比较缺乏信任"的比例为零,这可能与"95后"群体年轻单纯、涉世不深有关。总体上看,不同年龄段的青年农民工对社会信任度的评价一般,且并没有出现年龄越小越信任这个社会或年纪越长越不信任这个社会的明显趋势。

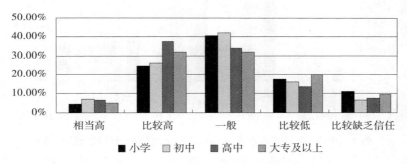

图2-18-2　不同学历的青年农民工对社会信任状况的评价

从青年农民工的学历看(图2-18-2),高中学历的群体又是个例外。因为其余学历群体的选择趋势基本一致:比例最高的选项是信任程度"一般",随后是"比较高""比较低""比较缺乏信任",最后才是信任程度"相当高"。前三个选项的比例之和占到该学历人数的八成左右。高中学历群体的首选项是信任程度"比较高",其次是"一般",再往后的选择趋势与其他学历群体一样。一般来讲,高学历的农民工受到的歧视和排斥要低,更易被他人接纳,建立新的人际关系也更为容易,他们对人与人之间信任度的评价似乎也应更高,但调查结果并没有出现学历越高便认为社会信任度越高的趋势。

那么,收入水平如何影响农民工对社会信任度的评判(图2-18-3所示),月收入3000元以下群体的首选项是社会信任程度"一般",排第二位的选项是"比较高",随后是"比较低",其中2000元以下的群体选择

"比较缺乏信任"的比例为 11% 左右；月收入 3000 元以上群体的首选项是信任程度"比较高"，随后的选项依次是"一般""比较低""相当高"和"比较缺乏信任"。看起来收入越高的群体对社会信任度的评价相对要高，但也不是绝对的，因为月收入 3000—3999 元之间的群体对社会信任度的评价要高于月收入四千以上的群体，且不同收入水平的人选择信任程度"比较低"的比例都差不多，均在 16%—18% 之间波动。

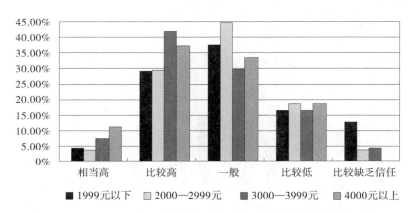

图 2-18-3　不同收入水平的青年农民工对社会信任状况的评价

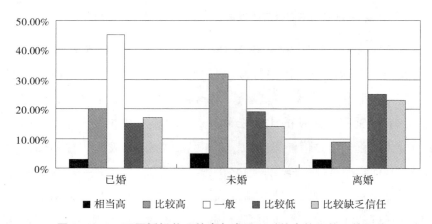

图 2-18-4　不同婚姻状况的青年农民工对社会信任状况的评价

　　再从青年农民工的婚姻状况看，图 2-18-4 显示，已婚和离婚群体的首选项是信任程度"一般"，已婚群体排第二位的选项是"比较高"，而离婚群体排第二位的选项是"比较低"；但二者排第三位的选项又都是"比较缺乏信任",且比例差别不显著,约为 17% 和 23%,且二者选择"相当高"的比例也差不多,均不足 4%,但离婚群体对社会信任度的评价要明显低于已婚群体;未婚群体的首选项是"比较高",随后是"一般""比较低"和"比较缺乏信任",最后选项是"相当高"。说明未婚的青年农民工对社会信任度的评价更加积极,因为他们如果严重地不信任这个社会,就会大大制约他们的社会交往,从而会很不利于他们自身婚姻问题的解决。

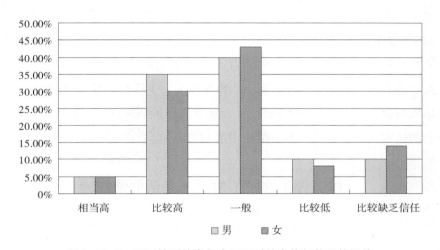

图 2-18-5　不同性别的青年农民工对社会信任状况的评价

如果再考虑性别差异,调查结果显示(图 2-18-5),男女青年农民工对各选项的选择顺序一致,比例差别不明显,但仔细分析会发现女性青年农民工对社会信任度的评价低于男性,因为在陌生的城市,女性一般更小心谨慎,防范意识也更强,尤其是离婚的女性,她们中选择社会信任程度"比较低"和"比较缺乏信任"的比例之和超过了 20%。

公平、公正是现代社会的基本价值追求。农民工作为一个特殊群体,为国家的现代化作出过巨大贡献,他们需要得到公平对待。前述分析表明青年农民工群体虽然受到一些不公正的待遇,但他们总体上感受到了社会的"基本公平",做出了比较理性的评判。当然,作为分化的群体,因年龄、学历、收入水平和婚姻状况等的不同,其对社会公平的评判有差异,这就要求政府不仅要关注整个农民工群体的权益诉求,还要关注青年农民工中的特殊群体的利益所在。

　　社会信任是最重要的社会资本,一个社会的社会信任度越高,越容易建立社会公序良俗。社会信任需要在反复的社会交往和互动中形成,当下的青年农民工仍以"候鸟型"生活方式为主,尚未形成对城市的归属感和责任感,游离于城市之外,社会交往的范围和频次都有限,所以他们总体上认为整个社会的信任度一般,甚至有些群体的感受是"比较低"或"比较缺乏信任"。美国经济学家福山在其《信任:社会美德与创造经济繁荣》一文中指出,信任作为一种普遍的文化特性,是人们从一个规矩、诚实、合作、互惠的行为所组成的社群中分享的价值观和规范中所产生出来的一种相对合理的期待。① 随着我国城市化的加速,还将继续有相当数量的农村人口涌入城市,他们如果不能在一个社会信任度高的社群中形成对他人和自己的行为期待,社会成员之间的隔膜就难以消除,这个社会的结构就是脆性的,缺乏弹性,没有韧性,社会稳定就难以持续。

四、青年农民工对未来生活的期许与社会稳定的关系

　　农民工作为一个特殊群体,存在于我国城市化进程中的一定历史时期,而城市化就是一个国家农村人口向非农产业转移就业,向城市地区集中居住,以及整个社会适应这一变化的过程。② 由于农业人口众多,我国的城市化将是一个较为漫长的过程,比如 2018 年我国城镇常住人口83137 万人,占总人口(2018 年年末我国总人口为 139538 万人)的59.58%(常住人口城镇化率);户籍人口城镇化率为 43.37%③,即是说常年住在城市的人口中还有超过近 22619 万人没有城镇户口,这当中,农民

① 参见邱冠南:《论现代市场经济与社会信任》,《现代经济信息》2013 年第 10 期,第7 页。

② 兀坤:《城市化下一程》,《新理财(政府理财)》2017 年第 8 期,第 78—79 页;根据国家发展和改革委员会发展规划司司长徐林 2017 年 7 月 30 日在北京大学国家发展研究院举办的"CMRC 中国经济观察"第 50 次季度报告会上的讲话整理。

③ 国家统计局《中华人民共和国 2018 年国民经济和社会发展统计公报》,新华网 2019 年2 月 28 日。

工应该占相当的比例。在这个逐步城镇化的过程中一部分农民工融入城市,成为现代市民,一部分会回到乡村,成为新时代的农民。对于当下的青年农民工而言,对未来生活如果有一个稳定的预期,有助于他们工作和生活的稳定,当然也有利于社会的稳定。

(一)　回乡还是"留城"①

近年来,不少城市出台了外来人员落户政策,农民工也有更多的机会选择在城市落户,但目前更多的农民工还是往返于城乡之间的"两栖人",是他们不愿意在城里定居,还是不能满足落户条件,或者是城市生活的压力让他们望而生畏? 本书针对这些问题开展了调查。

1. 回乡抑或"留城"(定居城市)的意愿

当询问农民工对自己未来生活的规划是选择回乡还是定居城市,他们会如何选择?

图2-19-1显示,20世纪70年代后期出生的农民工群体的选择顺序是"回乡"—"留城"(即在城里定居)—"没考虑过",不过这个群体选择回乡和"留城"的比例很接近;20世纪80年代出生的群体的选择顺序是"留城"—"没考虑过"—"回乡";20世纪90年代前期出生的群体与20世纪80年代出生的群体的选择顺序一致,但其三个选项的比例差别不大,且选择"留城"的比例低于20世纪80年代出生的群体;1995年以后出生的群体65%左右的还没来得及考虑这个问题,因为他们年纪太小,可以说是刚进入城市的农民工群体,缺乏在城里立足的基础,因此其选择回乡的比例超过选择"留城"的比例。这说明中等年纪的群体"留城"的意愿更明显,年纪稍大的群体倾向于回乡,比如"70后"的群体,他们人近中年,如果还没有在城里定居,这种保障不足、继续漂泊的生活让他们缺乏归属感,随着年龄增长,如果单凭体力在城里的生活将愈益艰难,加之父母年老需要照顾,子女上学需要陪读,即使回乡挣不了钱也不得不回

---

① "留城"是相对于"回乡"而言的一个范畴,不单指农民工留在城市工作,是指在城市定居下来,长期生活在城市的意思。

去,他们中 38.06% 的人选择了回乡。总体看,除开"95 后"的群体,其他年龄的青年农民工选择"留城"的比例都超过 37%,最高的"80 后"群体接近 43%。

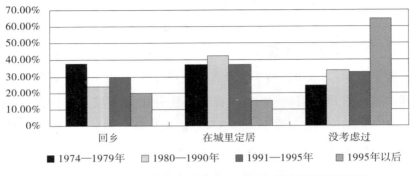

图 2-19-1　不同年龄的青年农民工对回乡抑或"留城"的选择

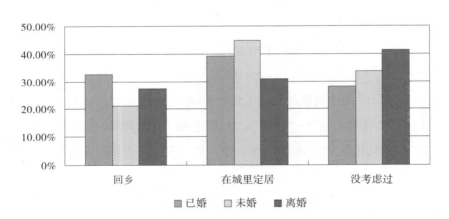

图 2-19-2　不同婚姻状况的青年农民工对回乡抑或"留城"的选择

从婚姻状况看青年农民工对未来"回乡"还是"留城"的选择(图 2-19-2 所示),44.73% 的未婚青年农民工选择在城市定居,而离婚农民工选择定居城市的比例为 31.03%,未婚青年农民工以 1985 年以后出生的为主,他们选择"留城"的比例最高,接近 45%;部分已婚的青年农民工在城市已经漂泊了多年,但依旧没能实现定居城市的梦想,而他们又面临子女上学、父母养老等一系列家庭问题,所以接近 34% 的已婚农民工选择了回乡,这一比例远远高于未婚群体的 21.1% 和离婚群体的 27.59%。

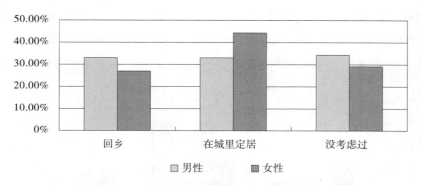

图2-19-3 不同性别的青年农民工对回乡抑或"留城"的选择

从性别差异看（图2-19-3），女性青年农民工想要在城市定居的比例大于男性农民工，相对于农业劳动的艰辛和家务劳动的烦琐，城市里流水线上的工作更单纯一些，女性一般也要考虑子女以后受教育的环境等因素，她们会更倾向于留在城里。

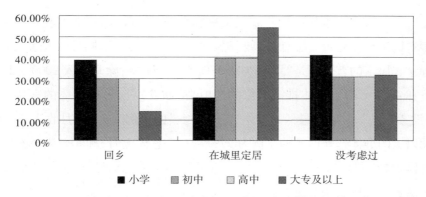

图2-19-4 不同学历的青年农民工对回乡抑或"留城"的选择

进一步从学历角度分析（图2-19-4所示），初中及以上学历的青年农民工首先选择的是"留城"，尤其是大专及以上学历的人，55%左右的人选择了"留城"，初中和高中学历的群体差不多30%的人同时选择了"回乡"和"没考虑过"这两个选项；大专及以上学历的群体只有14%的人选择"回乡"，而小学学历的群体选择"回乡"的比例达38%左右，"没考虑过"的超过40%，选择"留城"的比例仅为20%。这表明高学历的青年农民工更倾向于在城市定居，因为一般来说，高学历的群体在城市谋得高收入工作的机会相对更多,较高的收入为他们在城市定居提供了物质基础,学历越高的群体越希望子女能在城市接受更好的教育,而低学历的农民工在城市的生活更不稳定,压力更大,想到对未来的打算他们就更愿意回乡,或者是不得不回乡。

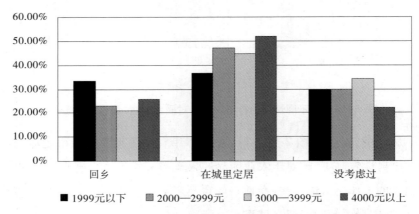

图 2-19-5 不同收入水平的青年农民工对回乡抑或"留城"的选择

一般说来高学历的青年农民工更容易获得高收入,那么高收入的青年农民工群体是否更愿意"留城"呢? 图 2-19-5 显示不同月收入水平的青年农民工的首选都是"留城",从37%到52%不等;除月收入 2000 元以下和 4000 元以上群体排第二位的选项是"回乡"外,另外群体的次选是"没考虑过",月收入最低的群体选择"回乡"的比例为 33%,月收入 4000元以上的群体选择回乡的比例为 27%左右。总体上看,确实收入越高的群体选择"留城"的意愿更强,收入低的群体也愿意留城,但他们中倾向于回乡的比例也相对更高。

前述无论从年龄、学历、性别、婚姻状况还是收入水平角度所做的分析都表明青年农民工整体上三分之一以上的人(小学学历的部分人除外)选择愿意在城市定居,女性、未婚、学历越高、收入越高、年纪中等的群体选择"留城"的比例越高,小学学历、四十岁以上的群体回乡的意愿相对更高。另外,可以看出,"回乡"还是"留城"对青年农民工来说是一个重大且难以抉择的问题,所以也有相当比例的人选择"没考虑过"。其实不是他们不考虑,可能是"留城"不易,"回乡"不愿,所以干脆不想,走一步看一步,顺其自然。随着城市化进程的推进,对于农民工来说,最终的归宿要么是定居城市,要么留在农村,不可能永远游走于城乡之间,只有有了稳定的生活方式,才会逐渐形成共同体意识并找到归属感和安全感,每个社会成员有了安全感,社会才可能和谐稳定。

　　2. 城镇定居的障碍何在

　　既然不少青年农民工愿意留在城市,但实际上在城市定居下来的农民工并不多,究竟是什么原因阻碍了他们在城市定居? 本书就这一问题也进行了调查。

表 2-8-1　不同学历、年龄、婚姻状况的青年农民工感知的"留城"障碍(多选)

分类	类别	8—1	8—2	8—3	8—4	8—5	8—6
学　历	小　学	59.09%	36.36%	4.55%	13.64%	9.09%	18.18%
	初　中	62.81%	33.67%	10.05%	19.10%	26.13%	24.62%
	高　中	58.94%	45.30%	24.79%	11.97%	13.68%	13.68%
	大学及以上	66.45%	29.61%	13.16%	17.76%	11.18%	21.05%
年龄(出生时间)	1974—1979 年	67.62%	44.76%	11.43%	22.86%	30.48%	26.67%
	1980—1985 年	64.42%	34.62%	13.64%	27.88%	26.92%	28.85%
	1986—1990 年	65.9%	35.84%	13.29%	12.14%	11.56%	14.45%
	1991—1995 年	57.27%	30.00%	16.36%	10.00%	5.45%	16.36%
	1995 年以后	30.00%	15.00%	20.00%	0.00%	15.00%	20.00%
婚　姻	已　婚	65.85%	37.8%	12.6%	19.11%	23.58%	19.92%
	未　婚	57.38%	31.65%	14.77%	10.97%	8.86%	18.99%
	离　婚	79.31%	44.30%	17.24%	41.38%	34.48%	37.93%

　　(选项说明:8—1:房价太高;8—2:收入不能负担生活成本;8—3:父母没法同住进城;8—4:子女不能上学,8—5:工作不稳定;8—6:无归属感)

　　表 2-8-1 显示,不同学历的青年农民工一致认为阻碍他们在城市定居的首要障碍是城里的"房价太高",几乎 60% 的人选择了这个原因;紧随其后的障碍是"收入不能负担生活成本"。的确,城市生活成本要远高于农村,无论是米面油盐,还是水电气,均要付费,而原来在农村生活可以有免费的井水、不花钱的秸秆,自己种蔬菜、养牲畜,直接的货币支出要低得多,因此农民工担心自己的收入无力维持城市的高生活成本。随后的

障碍因年龄不同而不一样,大专及以上学历的群体认为依次是"无归属感、子女不能上学、父母没法同住、工作不稳定",高中学历的群体认为是"父母没法同住进城、工作不稳定和无归属感、子女不能上学";初中学历群体的选择依次是"工作不稳定、无归属感、子女不能上学、父母没法同住";小学学历群体的选择为"无归属感、子女不能上学、工作不稳定、父母没法同住"。尽管后面的选择顺序各不相同,但子女的教育问题和有无归属感基本上是比较靠前的共性选择。

从年龄来看,所有年龄段的青年农民工群体认为进城定居排前两位的障碍依然是"高房价"和"收入不能负担生活成本",随后的障碍对于年龄稍大的群体来说,子女教育、工作稳定与否以及在城市是否有归属感就是他们不得不考虑的问题,稍微年轻一些的群体则比较关心在城市是否有归属感和父母能否一同住进城的问题。

再从他们的婚姻状况来看,"高房价"和"收入不能负担生活成本"无一例外地再次成为排前两位的障碍,已婚群体认为接下来的障碍是工作不稳定、在城市缺乏归属感,未婚群体则认为不能在城市找到归属感和父母不能一同住进城里成了他们留城的障碍。

表2-8-2　不同职业领域的青年农民工感知的"留城"障碍(多选)

分类 类别 比例 选项		8—1	8—2	8—3	8—4	8—5	8—6
职业领域	经理人员	70.00%	60.00%	40.00%	20.00%	10.00%	30.00%
	私营企业主	61.90%	28.57%	14.29%	4.76%	19.05%	14.29%
	专业技术人员	57.14%	30.95%	21.43%	22.62%	11.90%	21.43%
	办事员	63.64%	36.36%	27.27%	13.64%	9.09%	9.09%
	个体工商户	71.43%	28.57%	4.76%	0.00%	14.29%	19.05%
	商业服务人员	62.03%	44.30%	13.92%	22.78%	16.46%	17.72%
	产业工人	64.91%	24.56%	7.02%	5.26%	5.26%	7.02%
	农业产业劳动者	68.83%	41.56%	8.44%	21.43%	25.99%	27.92%
	其 他	50.00%	25.00%	12.50%	9.39%	20.31%	21.88%

(选项说明:8—1:房价太高;8—2:收入不能负担生活成本;8—3:父母没法同住进城;8—4:子女不能上学,8—5:工作不稳定;8—6:无归属感)

从事不同职业的青年农民工对以上问题的答案作何选择？表2-8-2再次表明，城市高昂的"房价"和"生活成本"是农民工进城定居的两大拦路虎；接下来"白领阶层"认为父母能否进城同住、无归属感是他们感受到的障碍，"蓝领阶层"感受到的障碍是工作不稳定和缺乏归属感，而"子女不能上学"是不同职业的农民工群体面临的共同障碍。

城市化进程是一个农民数量不断减少的过程，因为会有越来越多的农民工进城定居。但我国目前农民工定居城市还存在不少障碍，前述分析表明城市居高不下的房价和生活成本阻碍了农民工"留城"，加上子女上学问题、高昂的生活成本使得他们没有能力把父母接进城里赡养，不能安居让他们在城市找不到归属感。即是说阻碍农民工在城市定居既有来自物质层面的障碍，也有来自精神层面的障碍。安居方能乐业，没有稳定的住所就不利于密切社会交往和创建熟人社会，不熟悉就缺乏信任，不信任就缺乏安全，不安全就缺乏和谐和稳定。

（二）城市生活融入状况考察

前面考察了青年农民工对自己未来生活的规划，并进一步讨论了影响他们定居城市的障碍何在。具体来讲，当下的农民工要在城市稳定地生活，既要考虑户口、社保等物质生活方面的问题，也要考虑能否形成自己新的朋友圈和社交网络，以找到归属感和精神慰藉。这些因素都会影响农民工进城定居的意愿和行为选择，也关乎他们的城市生活融入度。

1. 有无（城市）户口

随着我国城镇化的推进，越来越多的农民流入城市，以城镇为自己工作、生活的主战场。在城乡二元体制尚未完全破除、城乡居民的社会保障体制并未完全实现一体化的背景下，是否获得了城镇户口，不仅仅是他们身份的变化，还会影响他们子女的入学、个人的医疗和养老，即整体上影响他们进入城镇后的生活质量，影响他们对政府和国家的评判。与此同时，新的人口的进入，对城市社区的管理也提出了新的挑战。

有一种观点认为"学历直接决定城镇化融入的能力"，学历是不是当下中国进城的敲门砖？图2-20-1在一定程度上证明了这句话的正确

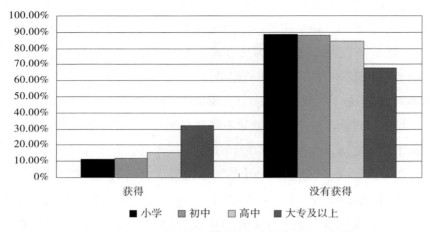

图 2-20-1　不同学历的青年农民工获得城镇户口的情况

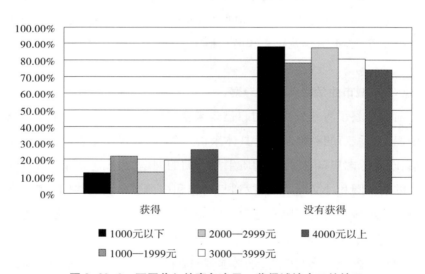

图 2-20-2　不同收入的青年农民工获得城镇户口的情况

性。整体上学历越高的青年农民工群体获得城市户口的比例越高,二者呈现出一种正相关的关系。再看收入与获得城市户口的关系(图 2-20-2),除了月收入在 1000—1999 元之间的群体出现异常外,收入水平与获得城市户口的比例也呈现出了明显的正相关关系。这二者其实是相关联的,因为一般而言,学历越高的群体,获得较高的收入的机会越多、能力越强,较高的收入为他们在城市落脚提供了更好的物质条件,比如他们可以通过购房落户,也更容易满足通过"纳税"或"缴纳几年社保"落户的条件。确实,调查对象中月收入4000元以上的青年农民工取得城镇户口的比例达到了21%。

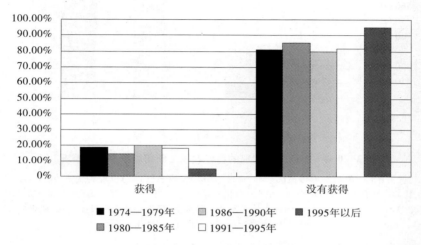

图2-20-3　不同年龄的青年农民工获得城镇户口的情况

图2-20-3从年龄的维度呈现了农民工是否获得城市户口的情况,除20世纪80年代前期和1995年以后出生的群体外,其余年龄段的青年农民工获得城市户口的比例差不多,均在16%左右,1980—1985年期间出生的群体约为10%左右。把年龄与收入结合起来分析,1974—1979年出生的农民工,在城市打拼了很多年,积累了一些在城市落户的物质基础;1986—1990年期间出生的部分农民工,往往学历较高或有一定技术,获得城市户口相对较容易。1995年以后的群体,大多进城不久,虽然可能学历不低,技术也不差,但毕竟时间短,积累不够,尚难达到落户的条件。

再从婚姻状况看(图2-20-4所示),已婚群体在城市落户的比例超过未婚群体,未婚群体又超过离婚群体。而在性别方面,男女在获得城市户口的比例上没有明显差别。

以上分析表明,不管年龄、学历、收入和婚姻状况有何不同,至少60%以上的青年农民工没有获得城市户口,有的甚至超过了80%,这与本

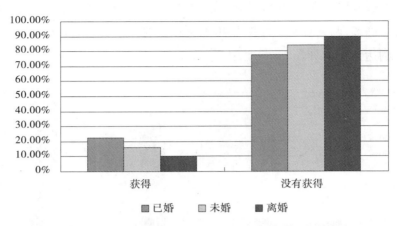

图 2-20-4　不同婚姻状况的青年农民工获得城镇户口的情况

〔说明,图 2-20 显示两种情况——"获得"户口或"没有获得"户口,实践中还有"其他情况",比如有些农民工没有取得和当地人一样的户籍,取得了类似于上海曾发放给外来人员的蓝本(户口本一般为红本),但因为这类情况所占比例很少,所以统计图中没能呈现,使得图 2-20-1、2-20-2、2-20-3、2-20-4 中两种情况的比例之和小于 100%〕

研究团队针对调查对象询问的另一个问题可以相互印证,研究人员同时询问了农民工在城市住房的情况,设置了住工棚、集体宿舍、单独租房、与人合租、自己买房和其他几个选项,调查的结果显示,新生代农民工的居住地以工棚、集体宿舍、租房为主。虽然 1974—1979 年出生的农民工已经在城市打拼了多年,但自己买房的比例也只有 19.95%,其他年龄阶段的农民工买房的比例更低。40% 以上的 1995 年后出生的农民工居住在集体宿舍,月收入在 1000 元以下的农民工中 16.42% 的住在工棚里。购买住房可以成为在城市落户的条件(当然需要达到一定的面积),农民工买房不易落户难,其间排除部分农民工不愿意改变自己的农村户口外,说明我国户籍城市化率仍然不高,这么多农民工没有获得城市居民的身份,当然也没有享受到城市居民的待遇,但他们长期生活、工作在城市的某一小区或社区,城市社区没法通过户口渠道有效地管理和服务于他们,这既给他们的后代在城市入学、就医等带来不便,也使城市社区管理更为复杂,在社区成员多元、隐蔽、流动和变化的情况下,治安维护的难度加大,社会稳定面临风险。

2. 有无社保

完善的社会保障制度是社会稳定的助推器,我国目前在城市和农村分别建立了两套社会保障体制,同时规定公司必须给员工缴纳社保,这是法定义务。那么,农民工进城后是否获得了相应的社会保障,用人单位是否按期为他们缴纳了基本的养老保险、医疗保险和必要的工伤或生育保险,以保障他们老有所养、病有所医或者伤有所治,以下是调查的结果。

从青年农民工的学历看(图 2-21-1 所示),总体趋势是学历越高,单位为其购买各种社会保险的比例相应越高,比如大专及以上学历的群体单位为其购买医疗保险的比例接近 60%,购买养老保险的比例达到 43% 左右,购买工伤保险和失业保险的比例也近 20% 和 30%;而小学学历的群体单位为其购买医疗保险的比例只有 13% 左右,购买养老保险的比例为 29% 左右,而工伤保险和失业保险的购买比例仅为 7% 和 4% 左右,小学学历群体的工作单位没有为其购买社保的比例高达 61.36%,大专及以上学历的为 36.84% 左右。从社保的购买种类看,排前两位的是养老保险(高中、大专及以上为医疗、养老)、医疗保险,失业保险和工伤保险的购买情况差不多。学历越高的群体,单位越重视其医疗保险和失业保险。

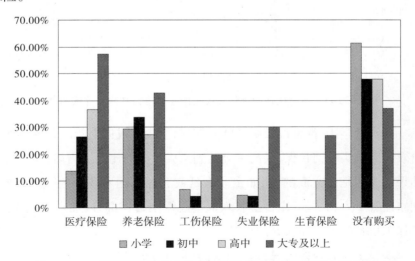

图 2-21-1　不同学历的青年农民工所在单位为其购买社保的情况

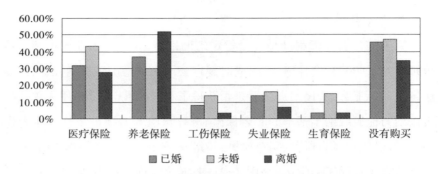

图 2-21-2　不同婚姻状况的青年农民工所在单位为其购买社保的情况

从婚姻状况看(图2-21-2),单位为已婚群体和离婚群体购买养老保险的比例最高,其次是医疗保险;给未婚群体购买医疗保险的比例最高,对失业和工伤保险重视度都不高。从性别差异看(图2-21-3),无论男女,首先考虑的都是医疗保险,其次是养老保险,但最高购买比例也不到40%。

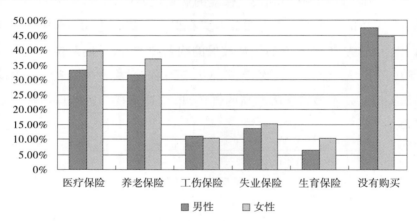

图 2-21-3　不同性别的青年农民工所在单位为其购买社保的情况

可不管学历、性别以及婚姻状况如何,至少三成以上的用人单位没有给农民工购买任何社保,最高甚至达到六成以上的比例。当然,导致这一结果的原因是多方面的,比如企业拖延或有意打国家政策的"擦边球"、国家监管不力,农民工因自身收入低不愿缴纳自付部分,加之流动性大,社保关系转接困难而放弃购买等。

农民工没有退休一说,只有干到干不动为止,加之有些农民工从事的工作具有高风险性,整体工资又低,如果没有相应的社会保障,一旦出事就会让他们陷入灭顶之灾。失去风险抵御能力的农民工群体数量越大，社会稳定遭遇的风险就越大。

3. 有无朋友——青年农民工的社交意愿考察

一个人际关系密切、社会互动紧密的社区有利于社会稳定。农民工进入城市后，如果能够很好地融入居住地所在的社区，有助于他们更好地适应城市生活，建立新的社会交往圈，获得更丰富的社会资本，交往的密切有利于信任关系的确立和互惠规范的形成，这无疑对社会稳定有极大的好处。

农民工能否较好地融入城市尤其是社区生活，既受客观的因素影响，又受主观因素的影响，尤其是农民工自身的社交意愿，考察其是否愿意与城里人交往，从而主动地融入社区生活，可以了解其城市化的程度。

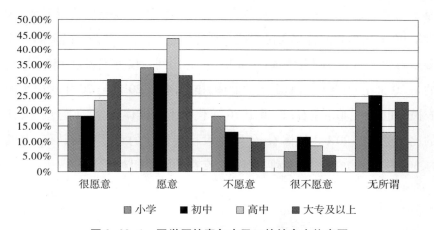

图 2-22-1 同学历的青年农民工的社会交往意愿

学历是否影响青年农民工的社交意愿？图 2-22-1 表明，农民工的社交意愿受学历的影响并不十分明显，虽然学历越高的群体选择"很愿意"社交的比例也越高，选择"不愿意"交往的比例越低，但大专及以上学历的群体选择"愿意"交往的比例却是所有学历层次中最低的，且选择"无所谓"的比例也与小学和初中学历的群体不相上下，并超过高中学历群体的选择比例。总体上，小学学历的群体社交意愿整体较低，高中学历群体的社交意愿最强。整个青年农民工的社会交往意愿还是比较强，因为选择"愿意"和"很愿意"社交这两个选项的比例之和最低接近 50%，最高超过了 65%。

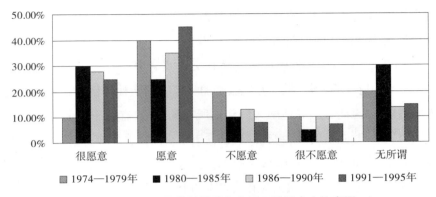

图 2-22-2　不同年龄的青年农民工的社会交往意愿

年龄对青年农民工的社交意愿有无影响？图 2-22-2 显示,选择"很愿意"和"愿意"交往的占了大多数,最高接近 70%,最低也接近五成;20世纪 90 年代出生的青年农民工社会交往的意愿最高,其余年龄段的差不多。当然各年龄段的群体选择"无所谓"的比例均接近或超过 15%,最高的是 20 世纪 80 年代前期出生的群体,接近 30%,20 世纪 70 年代出生的农民工也达到 20% 左右;20 世纪 70 年代出生的群体选择"不愿意"交往的比例也接近 20%。整体看,年龄越大社会交往的意愿相对越低,尤其是 30 岁以上的农民工,主动参与社会交往的障碍相对更大。

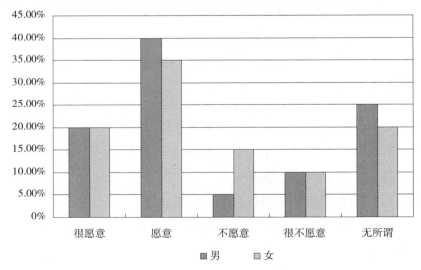

图 2-22-3　不同性别的青年农民工的社会交往意愿

图 2-22-3 显示,性别与青年农民工社会交往的意愿关联不大,不同性别的群体选择各选项的比例几乎没有差别,只是女性选择"愿意"交往的比例略低于男性,而选择"不愿意"交往的比例高于男性。

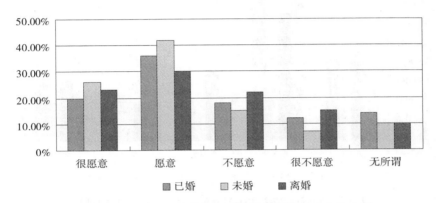

图 2-22-4　不同婚姻状况的青年农民工的社会交往意愿

从婚姻状况来看(图 2-22-4),未婚群体社会交往的意愿最高,选择"愿意"和"很愿意"交往的比例和达到了 66%,其次是已婚群体,前两选项的比例之和接近六成;离婚群体的社交意愿相对低一些,前两选项的比例之和超过五成,选择"不愿意"和"很不愿意"的比例均为最高,分别达到了 22% 和 15% 左右。同样,不同婚姻状况的群体选择交不交往"无所谓"的比例也不低。

从收入水平角度看(图 2-22-5 所示),选择"很愿意"交往比例最高的是月收入 3000—3999 元的群体,其次是月收入超过 4000 元的群体;选择"愿意"交往比例最高的是月收入 4000 元以上的群体,其次是月收入 2000 元以下的群体;而选择"不愿意"交往比例最高的是月收入 2000—2999 元的群体,其次是月收入 2000 元以下和 4000 元以上的群体,选择"很不愿意"交往比例最高的是月收入 2000 元以下的群体,其次是月收入 2000—2999 元的群体。整体来看,中等收入群体的交往意愿都比较高,低收入群体的交往意愿稍弱一些,但并没有出现收入越高越愿意社交的趋势。

以上分析说明,青年农民工整体上社会交往的意愿都在中等偏上,差

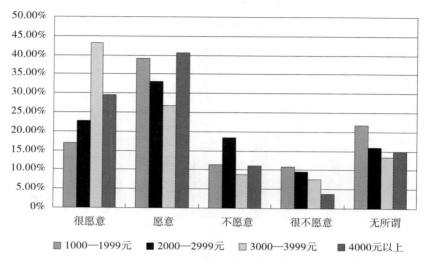

图 2-22-5 不同收入水平的青年农民工的社会交往意愿

不多五成以上的人群都愿意社交,其中因年龄、收入、学历、婚姻或性别不同有一些差异,但不愿意交往的比例整体上都在两成以下。农民工参与社会交往受制于主客观因素,一方面客观上他们需要有时间和精力,且社会或社区要为他们的社交活动提供平台、创造条件;另一方面,他们要克服自己"城市边缘人""城市过客"的心理,甚至是自卑心理,主动地融入城市生活,同时城市也要以开放、包容、平等的心态接纳他们,让他们在城市获得归属感。

分析中我们也发现,对社会交往持"无所谓"态度的青年农民工在各年龄、学历或收入群体中始终占有一定的比例,说明农民工的城市融入障碍还不小。如果农民工不能信任城市,城市对他们有一种天然的歧视或排斥,加之农民工上班时间长,社交时间受限,他们仍长期在自己的老乡、亲戚、同事等组成的熟人圈子里活动,其与城市的隔膜、疏离感就可能得到强化,熟人社会的规则深植于心,生人社会的契约精神、法治理念和平等意识难以生长,市民精神难以形成,这对于有 2 亿多农民工存在的社会而言,其长久稳定的压力可想而知。

农民工是否愿意跨出他们原有的熟人圈子扩大交往,在一定程度上与城市人对他们的看法有关。那么,在农民工眼中,他们认为城市人对待

他们是何种态度呢？本书为此也做了调查，下面是农民工眼中城里人对
他们的态度：

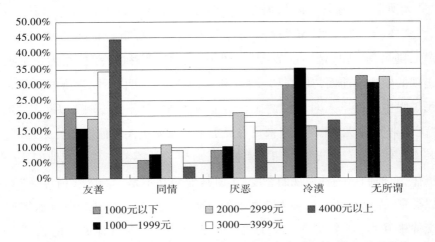

图 2-22-6 不同收入状况的青年农民工眼中的城里人对他们的态度

图 2-22-6 显示，月收入 3000 元以上的群体的第一选项是"友善"，其
次是"无所谓"，再往后是"冷漠"或"厌恶"；月收入 2000—2999 元的群体的
首选项是"无所谓"，随后是"厌恶""友善"和"冷漠"；月收入在 1000—1999
元之间的群体的第一选择是"冷漠"，接下来依次是"无所谓""友善"和
"厌恶"；收入最低的群体的首选项是"无所谓"，其次是"冷漠""友善"。

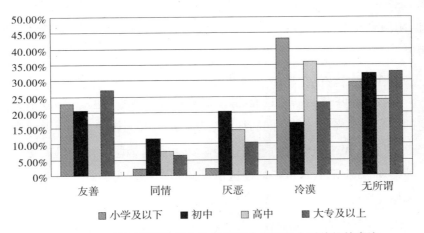

图 2-22-7 不同学历的青年农民工眼中的城里人对他们的态度

从学历看,图2-22-7表明,大专及以上学历的群体比例最高的选项是"无所谓",其次是"友善";高中学历群体首先选择的是"冷漠",随后是"无所谓"、"友善"和"厌恶";初中学历群体的首选项是"无所谓",随后是"友善"、"厌恶"和"冷漠";小学及以下学历群体的首选项是"冷漠",随后是"无所谓"和"友善"。可见,"无所谓"和"冷漠"作为首选项出现的频次排前面,其次是"友善"和"厌恶",这说明,不同学历的青年农民工眼中的城里人对他们的态度并不那么友好,不是"冷漠以对"就是"无所谓"。"无所谓"看起来是农民工不在意城里人对他们是什么态度,其实是他们自己感觉与城里人有隔膜,城里人并不关心和在意他们这个群体,对他们持一种无视的态度,实质是他们并不是一类人。俗语说"物以类聚,人以群分",同类人有互动的资源、信息和人脉基础,可以从彼此交往中互惠,就像农民工中的高收入群体一样,他们有更好的物质基础,感觉城里人对他们也相对"友善",而更多的农民工往往被城市原住民视为外来者,与之交往的互惠性不强,因此,对他们就不是那么友善了。

虽然农民工眼中的城里人对他们的态度是农民工的主观感知,与城里人真实的态度并不完全一致,但这种主观认知会影响农民工的行为,形成自我排斥心理,变得更加敏感或自卑,让他们进一步主动与城里人疏离,退缩在熟人圈子里。农民工与城里人同在一个社区生活但缺乏互动,阶层变得更加封闭,社会联系的链条就会断裂,社会稳定就失去根基。

4. 有无(社区)活动——市民化程度的自我认知与评判

农民工市民化是一个过程,除了观念转变和思维转型,还需要借助一定的实践活动来促进。共同的社区活动是形成共同体意识的重要纽带和渠道,也是农民工城市化的重要途径。如果说是否愿意与城里人交往是一种主观态度,那么是否参加社区活动就是一种行为。进一步考察农民工参加社区活动的情况,可以观察他们融入城市生活的行为选择。

图2-23-1表明,尽管学历层次不一,但50%以上的青年农民工普遍选择了"没参加"过社区活动,高中和大专及以上学历的群体有27%左右

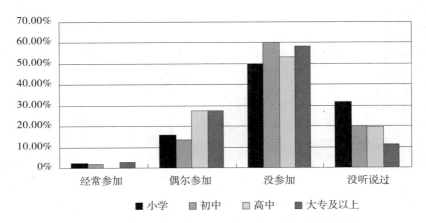

图 2-23-1　不同学历的青年农民工参与社区活动的情况

的人选择了"偶尔参加",30%左右小学学历的群体选择了"没听说过"社区有这类活动,初中和高中学历的也有 20%左右的人选择了"没听说过"社区有这类活动,而选择"经常参加"的比例最高仅为 3%。

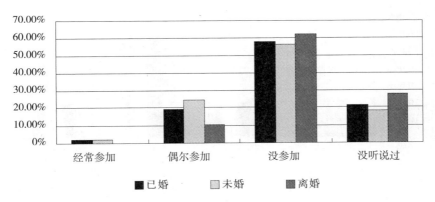

图 2-23-2　不同婚姻状况的青年农民工参与社区活动的情况

　　同样,不同婚姻状况的青年农民工中(见图 2-23-2 所示),50%以上的群体"没参加"过社区活动,已婚群体有近 19%左右的人"偶尔参加",未婚群体有接近 25%的人偶尔参加;而离婚群体偶尔参加这类活动的人只有 10%左右,28%的人"没听说过"社区有这类活动,选择"经常参加"的人没有;已婚和未婚群体"没听说过"社区有这类活动的人也达到 20%和 19%左右,选择"经常参加"的最高只有 2%左右。

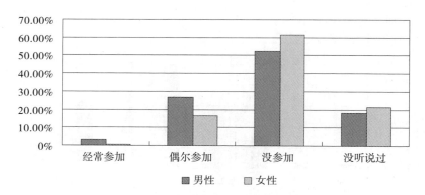

图 2-23-3　不同性别的青年农民工参与社区活动的情况

　　再看不同性别青年农民工的选择（图 2-23-3 所示），仍然是五成以上的人"没参加"过社区活动，两成左右的人"没听说过"这类活动，女性"偶尔参加"的比例女性相对较低，"经常参加"社区活动的女性更是不足 1%。

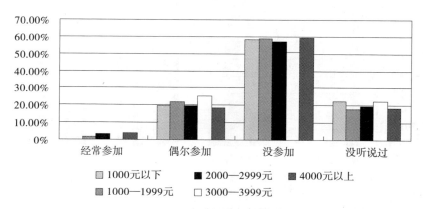

图 2-23-4　不同收入水平的青年农民工参与社区活动的情况

　　参加社区活动被认为要有空闲才行，同时还要有能力。收入越高的农民工是不是有更多的时间和精力参加社区活动？图 2-23-4 显示，不论收入水平高低，依然是五成以上的人"没参加"过社区活动；"偶尔参加"的最高的比例也才 25%，为月收入 3000—3999 元之间的群体，该群体"没听说过"社区有这类活动的比例最高也达 22%；"经常参加"的最高不到 3%，且月收入 3000—3999 元之间的群体没有人经常参加社区活动。

月收入 4000 元以上的群体在所有选项中与其他收入水平的群体均没有明显的差别。

　　同样,不管年纪大小(图 2-23-5 所示),"没参加"社区活动总体上仍是五成以上青年农民工的第一选择,"没听说过"社区有这类活动的比例也不低,"经常参加"的人照样屈指可数。

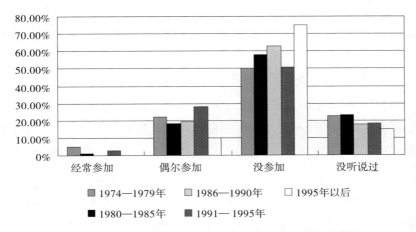

图 2-23-5　不同年龄的青年农民工参与社区活动的情况

　　虽然高学历、高收入的青年农民工参加社区活动的人数和次数要多于其他群体,男性稍高于女性,但整体上,青年农民工参加社区活动的比例十分低,差不多五成以上的人没有参加过,两成左右的人没听说过,偶尔参加的最高才近三成,经常参加的寥寥无几。这种情况肯定有农民工自身的原因,比如工作太忙,经常加班,没有时间和精力参加这类活动,加之自我保护心理和"边缘人""局外人"心态,认为只有挣钱才是第一位的,至于其他的不去奢望,也与自己无关,缺乏主动参与的意识和行动力,但也不可否认社区和社会在提供平台和主动吸纳方面的不足,活动形式与内容是否满足农民工的需求也存在问题。农民工自身的内在"推力"和社区的"拉力"都不足,社区融入不够,共同体意识的培育就很困难。一个社会如果有一个群体长期游离于主流社会之外,而在中国这个群体多达上亿人,这对社会的有序运行无疑是一种隐患。

　　农民工融入城市生活就是其市民化的过程,市民化的结果不仅有外显的指标,比如获得与城里人一样的户口与社会保障水平、享受同样数量和质量的公共服务、与城市人相似的生活方式和行为方式等,还有内在的表征,比如人格意识、思维方式、价值理念、精神生活等。以上希望通过了解他们对自己未来生活的打算——是返乡还是"留城","留城"的障碍何在,在城市稳定生活需要的户口、社保、人际交往和社会活动等方面是何种状态,以考察他们市民化的现状和影响因素。可以看出,青年农民工总体上希望在城市立足,因为无论是收入、就业机会、基础设施,还是公共服务,城乡之间的差距是明显的,但当下无论外部还是内部、物质方面还是精神方面,他们想在城里定居都还存在许多障碍,融入城市生活的步伐缓慢,还将在城乡之间继续迁徙。

我国农民工的流动整体上有序是因为大多数第一代农民工的目的很简单,进城是为了挣钱,回家是因为精神和亲情的需要。但随着农民工队伍的年轻化,他们会更希望在工作地点获得精神和情感的归属,享有同等的社会保障和公共服务,而不愿像其父辈那样成为城市的过客。如果他们能在城市获得稳定的生活,能够充分共享城市化的成果,就会使城乡差距进一步消除,社会稳定得到更好的保证。

第三章　转型期新生代青年群体影响社会稳定的原因探析

前述从政治、经济、社会和文化四个维度对青年大学生、青年农民工与社会稳定的关系展开分析,可以看出无论是他们的政治认知、政治行为、政治态度,还是他们对收入分配、资源占有、个人收入及经济生活境况的评价,以及对社会公平、社会信任等的认知与评判,都与社会稳定有着不同程度、不同角度的关联。这其中的关联有些涉及他们具体的利益关切,比如就业机会、工作环境、房价、收入的高低、工作之外的社区活动等;有些关系到他们的利益和权利,比如个人或子女受教育的机会、参加选举的途径,参加选举有用否,政府机关的工作作风与办事效率、社会流动的机会等;有的涉及他们对现行体制的认知与评判,比如对具体的收入分配体制、社会资源占有或配置现状、教育体制、受教育机会、对自己紧密交往圈以及对社会公平、社会信任的感知与评判等;还有的与他们的行为选择和自我评价有关(个人素质与能力的认知)。

伴随着青年群体权利意识、法治观念以及个人整体素质的普遍提高,其对社会整合和稳定有积极的推动作用。比如受市场经济发展带来的平等、契约、权利、利益等观念的影响,青年一代较为关注自身的成长和机会的平等,尤为关注密切涉及自身利益的公平正义问题。① 正是这种权利意识的不断提高,推动着我国的改革向纵深发展,社会朝着更加公平、公

---

① 刘江宁:《青年群体公平正义问题及其维护机制研究》,《中国青年社会科学》2017年第1期,第61—66页。

正的方向不断进步,社会稳定有了更加坚实的基础。再比如,由各界青年组成的中国青年志愿者协会,其成员遍布各行业、各省市自治区和直辖市以及各大高校,他们通过参与志愿工作,服务和奉献社会,既传递了爱心、传播了文明,又提供了社交和互帮互助的机会,展示了青年一代的责任意识和担当精神,促进了社会和谐与进步。

当然,由于前述与他们有牵连的政治、经济、社会或文化领域中一些具体问题的解决不尽人意,比如青年大学生毕业后的就业问题、就业中的歧视问题、继续升学的问题、住房问题、城市落户问题、子女上学问题、社会信任问题、发展机会问题,等等,这些问题如果不能很好地得到解决,就可能成为社会矛盾和冲突产生的重要原因,影响着他们的生存现状和对未来生活的预期,影响着他们的认知、态度、评价和行为选择,也影响着他们对生存安全和社会公平的认知与评判,而基于自身生存的安全状况与社会公平与否做出的行为选择,将从不同方面和领域影响社会和谐秩序的建构和稳定局面的形成。那么,导致这些与他们有关的具体问题的原因何在? 对此,需要进行深入分析,以便更好地找到化解之策。

一、与在校青年大学生有关的问题的原因分析

青年大学生有关问题的产生是多种因素造成的,这其中既有原生家庭带给他们的机遇不平等,也有学校教育对他们的塑造不全,更有国家和社会提供的服务与条件不完善,还有青年学生自身素质和能力的不足。

(一)原生家庭家庭带给他们的机遇方面

第一章从家庭结构方面分析青年大学生与社会稳定的关系,从中可以看出,不同家庭结构背景的学生对同一问题的回答是不相同的,进而不同家庭背景的学生的行为倾向或选择不同。美国首席家庭治疗大师、心理学专家维琴尼亚·萨提亚(Virginia Satir)从原生家庭入手,着重分析了上一代人对后代的人际交往、交流沟通、学习成败、工作生活等方方面面的影响,认为人的一生都与其原生家庭存在着千丝万缕的联系,主张工作

人员本着"凡事皆以人为本位,以人为关怀"的价值理念,通过积极正面的引导和干预促使家庭成员成长成熟的家庭式人本主义治疗模式①。通过前文的分析也不难发现,在校青年大学生有关问题的产生与原生家庭的影响密不可分。

一是原生家庭背景的差异对于大学生个体发展机遇产生着重要影响。第一章的图1-1-2、图1-1-3、图1-2-2、图1-2-3、图1-3-2、图1-3-3、图1-4-2、图1-6-2、图1-7-2、图1-9-2、图1-10-2、图1-11-2、图1-12-2、图1-13-2、图1-14-2、图1-15-1、图1-16-2、图1-17-1、图1-18-2、图1-19-2、图1-20-2、图1-21-2、图1-22-2、图1-22-3、图1-23-2、图1-23-3中都涉及从家庭背景的角度考察其对青年学生思想、态度、价值观以及行为的影响。从分析中可以看出,原生家庭中的户口、家庭经济状况、是否单亲家庭、是否独生子女家庭都影响他们受教育的机会、获得资源的机会、社会见识、能力与个性的形成,甚至影响他们对就读大学及其专业的选择、就业机会的获得、接受继续教育的条件、个人综合素质的培养等。进一步讲,农村户口、经济收入不高、父母受教育程度不高、单亲、非独生子女的家庭,往往面临着经济上的更大压力、资源上的受限,或交往中的焦虑、行为上的偏差等种种不利局面。尽管已考上大学,原生家庭的这些影响仍然会持续作用,并对大学生的思想认知、价值判断、行为选择等进一步产生影响。由前文调查分析可知,那些原生家庭中经济收入不高的在校学生认为社会不公平的比例和程度都比较高,农村户口的学生因受制于家庭所能提供的有限社会资源等原因,对目前公务员考试方式的满意度低于非农户口的学生,父母受教育程度偏低的家庭往往疲于应付生计上的压力而忽视子女心理疏导、行为指导,家庭结构特殊的单亲、"双失亲"家庭在子女教育上更多地选择以"批评教育为主"的教育方式,非独生子女相对于独生子女在面对困难时更加容易出现"能力不足"的焦虑,凡此种种都从某个方面印证了原生家庭对青

① ［加］约翰·贝曼主编:《萨提亚转化式系统治疗》,钟谷兰等译,中国轻工业出版社2009年版,第1—74页。

年大学生的影响。如果读大学没能让他们获得改变个人和家庭命运的可能和机会,进一步地走向阶层固化,他们有可能把这种不平等转化为对社会、体制及政府的不满。

二是原生家庭观念的不同也是造成青年大学生认知评价、行为选择差异的重要原因。事实上,原生家庭对青年学生的影响并不限于经济条件、物质生活方面,还包括原生家庭观念等思想意识层面。应当指出,伴随着中国城市化的加速和市场经济的纵深推进,计划生育、全面二孩等政策因素的作用,我国的家庭结构发生了重要变化,突出的表现是家庭结构扁平化、家庭规模微型化现象并存,家庭发展能力弱化与外部风险增加的挑战剧增,并给原生家庭的观念带来一定的冲击。在多元化的原生家庭观念之下,青年大学生的认知评价、行为选择等都体现出了一定的差异性。例如,一些经济发展较为落后的地区仍然盛行重男轻女的观念,生长在这种文化氛围的原生家庭中,不仅在入学机会、日常生活等方面对子女的重视程度不够,而且影响了男女青年大学生的社会认知评价和行为选择。例如从第一章的图 1-2-2 中关于不同户口和不同月收入水平家庭的学生对目前公务员考试方式的评价看,农村户口青年学生的满意度相对比非农户口的学生要低,家庭收入越低的学生越不满意。第一章图1-3-2 中关于对接受高等教育机会公平度的评价中,农村户口的学生感受到的不公平程度要高于非农户口的学生,这些认知和评价很难说与其原生家庭的成长境遇无关。

此外,由于原生家庭教育观念的偏差,也会给子女的教育机会选择带来一定的影响。比如生活在云南、贵州、四川大小凉山等山区的农民,一家四五个甚至六七个孩子全由留守老人照顾,或大带小,父母常年在外打工仍难以维持家庭的温饱,孩子接受义务教育都很困难,即便是那些成功考上大学的孩子在能力性格等方面受到原生家庭的影响也很大,其对政治、经济、文化、社会等方面的认知评价更容易消极或走向极端,在入党、考公务员、学习工作等行为选择过程中更加容易陷入短视和功利化的误区。

三是原生家庭教育模式的不足也是进一步拉大青年大学生在认知评

价、情绪调节、行为选择等方面差异的重要因素。家庭教育是人生教育的起点与基础,良好的家庭教育对于学生成长成才颇为重要,所谓"成功的家庭教育塑造成功的孩子,失败的家庭教育造就失败的孩子"正是这一道理的鲜明印证。第一章对图 1-4-2 的分析可以看出,独生子女家庭长大的青年学生对与自己经常交往的社会成员间相互信任情况的评价低于非独生子女家庭长大的学生,这与独生子女得到长辈过分关爱、家长唯恐万一而向他们灌输的社会不信任观念有一定关系。

　　调研中也发现有一部分青年大学生存在拖延、懒惰等不良习惯,存在畏难、自卑、胆怯、焦虑等心理问题,存在过分讨好、极端功利、处事偏激等行为问题,毫无疑问,这些问题的产生与原生家庭教育模式也有着不可割裂的关系。在那些凡事要求完美、处处争当先锋的"完美主义"原生家庭中,父母时刻对子女保持着较高的要求和期待,并且经常给子女设置一些较具难度甚至是难以完成的目标。在这种家庭环境中长大的青年大学生会出现要求自己必须达到某一目标、必须完成某些任务、必须拿到某些名次的强迫心理,因而可能面临着行为强迫、情绪焦虑等问题,这些问题也会给今后的学习、工作、生活、交往带来不利影响,导致现实生活中的失败与挫折,进而影响其对某些问题的认知和评价。而那些在被过度保护或者过度溺爱的原生家庭中成长起来的青年学生,在对一些问题的认知和评判过程中容易倾向于仅从自身角度出发,缺乏独立自主面对问题、承受困难、抵抗压力的能力素养和心理素质,而这些能力素养的匮乏往往导致学业上的失败和工作中的困难,进而影响其对社会公正、社会信任等问题的认识和判断。相反,那些在过分侧重高压管理、从严惩罚的原生家庭中长大的青年学生,往往习惯于被动服从或者忍让克制,以致其在班级集体活动、社团活动等诸多公共参与环节缺乏主动性和积极性,同时,这些学生在面对难以承受的压力和惩罚甚至是言语伤害时都有可能出现偏激情绪或冲动行为,甚至造成严重的后果。

　　另外,那些在常常遭到忽视或者放任的原生家庭中长大的青年学生,往往因为缺少家庭的关怀和关爱而缺乏自我价值感,这些学生反而竞争心和好胜心比较强,希望通过某些与众不同的表现来引起家庭成员的注意或者关心，比如学习上的优异成绩、甚至是故意搞小破坏，直至成年这些行为取向还有遗留。可见，不同家庭教育模式的差异会给青年学生的性格塑造、能力养成、学业成败等多方面带来差异，并且必将进一步影响其对政治、经济、社会、文化等方面的认知评判和行为选择。

（二）学校教育对他们的塑造方面

大学教育不仅承担着青年学生专业知识、学科素养传承和培养的重要任务，使其获得生存和发展的各项技能，同时，诚如孟明义先生所言"大学应培养作为人的人而不是制造工具"，大学教育还担负着青年学生道德品性、审美情操、健全人格等塑造的重要使命，让他们成为适应社会需要的健全的人。然而，遗憾的是，现在大学教育自身仍然存在着许多不足和问题，影响了对青年学生塑造目标的实现。

一是重理论、轻实践。从第一章大学生对就业形势的评判中可以看出，相当比例的青年学生对目前的就业形势感到消极，年年都被认为是"史上最难就业年度"，从第一章图 1-10-1 的分析中可以看出，专科生对就业前景的乐观态度超过本科生和研究生，这一现象的出现与大学课程设置有一定的关系，专科生课程设置重实践、轻理论，而本科生和研究生课程设置重理论却轻实践。大学培养目标体现着高等院校对人才培养发展定位的界定和要求，清晰合理的培养目标界定不仅有助于明晰高等院校办学的指导思想，更有助于进一步提升高等院校的办学质量和人才培养水平。伴随着我国高等教育大众化阶段的到来，一些高等院校仍然固守传统精英教育的人才培养理念和目标，对于人才培养目标的总体设计不精细、不明确，追求高层次人才的培养定位和高水平大学的办学目标，贪图大面积的校舍和大规模的学生扩招，在课程设置方面重理论教学而轻视学生的实践操作，过分的贪图培养目标和办学特色的"高、大、全"，难以适应高等教育大众化和分层化发展的趋势和要求。由于缺乏清晰的培养目标定位，一部分高等院校仍然沿袭过去侧重对研究型、理论型人才的培养，忽视了人才多面发展的基本要求，导致人才培养规格过于单一；过于追求高层次的办学定位和培养目标，不利于应用型、实践型人才的培养,也不利于办学特色的彰显;过于贪图校舍面积和学生规模的发展,以生为本的价值情怀不够,致使人才培养的综合性发展不足;过于贪图齐全的学科门类和学科层次,对培养类型的区分不够明晰,致使专业教育领域里的不同专业背景、不同学历层次都使用类似的推荐教材、规划教材,都按照类似的课程体系进行培养,影响了人才培养的质量和水平,导致大学生自身能力素质难以适应社会的需要。

二是专业设置未能与市场需求接轨。从第一章的图 1-10-2 所示不同学科门类学生对所学专业就业前景不好的原因认识来看,部分高校在设置专业时缺乏对市场需求的社会调研,缺乏对自身学科优势和实际情况的把握,在贪大求全理念的驱动下盲目跟风开设了一些与市场需求契合度不高的专业。同时有些学校盲目开设热门专业,并且在课程设置、知识水平、能力要求、素质技能、培养方法、学制年限等方面相互模仿借鉴,结果出现趋同发展的现象,导致该专业培养的人才供给严重大于需求。在培养方案的制定过程中,不少高校存在着相互模仿的现象,以思想政治教育专业为例,全国多数院校都开设了这一专业,在学制年限、课程安排、能力要求、培养方法等顶层设计时都彼此模仿,有的学校本身文科专业在师资配备、课程设置、教育实习等环节都比较薄弱,但仍然开设相关专业招生。事实上,不少高等院校开设某一专业不是基于严谨的社会调研或者是自身优势学科的整合,而是谋求学科门类齐全思想驱动的结果。伯顿·克拉克指出,需求和反应的不平衡,对大学的需求超过它们做出反应的能力,来自各个方面的逃避不了的需求的洪流,雨水般地降落在高等教育系统,而且衍生地降落在系统内部的特定的大学生身上。[①]

三是职业教育的短板。职业教育是青年学生开展职业生涯规划、端正职业态度、培养职业技能、塑造职业精神的重要途径,是青年学生成长成才的必要环节。遗憾的是,高等院校在职业教育方面存在着诸多的短板,主要体现在:

---

① 　[美]伯顿·克拉克:《建立创业型大学:组织上转型的途径》,王承绪译,人民教育出版社 2003 年版,第 158 页。另参见阳荣威:《高等学校专业设置与调控研究》,博士学位论文,华东师范大学 2006 年。

其一，职业教育与社会需求存在某些方面的脱节。现阶段，我国高等院校开展的职业教育不仅课程设置不够全面，未能根据社会实际需求针对性地加强职业教育规划和职业技能培养，而且在职业教育的对象方面也局限于毕业年级的学生，内容主要局限于就业创业指导，未能将全体在校生纳入职业发展规划和技能培养之列。与此同时，近年来，国家鼓励大众创业、万众创新，并出台了一系列的创业创新扶持政策，然而，现阶段的职业教育对于高校学生的创新能力、创业意识、职业理想等配套的支持体系却并未能及时跟进。

其二，职业教育内在体系设置不够合理。现阶段的高校职业教育未能妥善处理好青年学生的职业生涯规划、职业生涯管理、职业技能培训、职业精神塑造之间的辩证关系，存在着或多或少的偏颇与不足。例如，职业教育中重职业生涯规划轻职业生涯管理，不仅让职业教育出现"虎头蛇尾"的现象，而且进一步助长了某些青年学生眼高手低、缺乏实干精神的不良习惯，对青年学生科学设计和有效管理职业生涯发展带来不利影响。又如，职业教育中存在的重职业技能培养轻职业精神塑造的现象，不仅不利于培养学生在今后的工作和职业发展中的忠诚感，而且对于塑造健全的职业人格、完满的职业精神都会造成负面效应。

其三，职业教育未能适应创业就业需求的发展趋势。尽管当今各个高校都设置有招生就业部门，并有专门的职业规划机构，然而仍然主要停留在就业信息发布、就业政策宣讲以及简单的就业指导上，对于学生在创业就业方面的多层次需求未能充分考虑，过分依赖于课堂教学的单一手段，未能根据青年学生群体的实际开展形式丰富的教育活动，制约了职业教育的实际效果。

四是教师的能力和素质良莠不齐。从对第一章的图 1-10-2 的分析可以看出，工科类学生认为就业前景不好的首要原因是个人能力达不到专业要求，医学类和理科类学生也视其为就业难的第二原因。个人能力的提高得益于两个方面，一个是自身的努力，一个是有合适的引导人。大学教师是高校可持续发展的关键，师资水平和质量不仅关系到高校的办学质量，更对青年学生的健康发展、能力培养、素质提升起到了至关重要的作用。但现在大学教师的能力和素质良莠不齐问题已经十分突出,事实上,伴随着高校扩招步伐的持续推进,不仅教师的职业发展和素质提升未能得到及时跟进,而且高校师生比也严重失衡,教师的教育教学压力巨大,这种压力会投射到对学生的教育培养上。一些教师为了评聘职称而整日忙于科研论文发表和课题调研,对于课堂教学准备不足,所下的功夫不够,影响了青年学生知识学习和素质能力提升的效果。一些教师师德败坏,或是借故向学生索取礼物,或是出现其他作风问题,凡此种种进一步助长了不良的社会风气,在青年学生中造成了不良影响。可见,如何通过制度化、常态化的手段持续推动教师素质和能力提升,夯实高等教育发展的师资队伍建设基础,已经成为高校健康发展和青年学生健康成长成才的重要课题。

五是缺乏必要的引导。前述第一章的图 1-10-2 表明,从学历层次看,专科生和本科生认为导致就业压力大的原因中居于第二、三位的原因依次为"个人能力达不到专业要求"和"就业指导的不足"。青年大学生群体虽然绝大多数都是成年人,但涉世未深,依然处于人生观、世界观和价值观的形成时期,青年学生健康成长成才以及正确的认知评价和行为选择,都与高校对青年学生心理与人格的健康教育密不可分,不管在他们的大学学习还是就业的过程中,都需要科学、合理的引导。然而,高校在青年学生的心理与人格健康教育方面存在着某些缺失。

一方面,近年来日益增多的学生心理问题已经成为影响高校和谐稳定的重要因素。例如,有的学生为了竞争奖学金不惜弄虚作假,甚至大打出手;有的学生质疑奖学金发放的公正性而对某些同学抱有敌意或产生嫉妒心理,不择手段地诋毁诽谤同学;有的学生因为学业成绩较差滋生了自卑厌学心理;有的学生不能妥善处理恋爱与学业的关系,有的因此荒废学业、有的因此反目成仇或大打出手、有的甚至因失恋而自杀身亡;有的学生因性格内向或不善交际而导致心理上的孤独感,甚至出现抑郁倾向;有的学生因家庭缺损或家庭不和等原因猜忌心理较重,对同学缺乏信任与交流,难以形成团结和睦的同学关系;一些学生因为家庭条件优越而滋生了好逸恶劳的心理,贪图享乐、不思进取的行为趋向明显,等等。

另一方面,行之有效的心理与人格健康教育合力仍未形成。为了有效化解学生的心理问题,促进青年学生健康成长成才,高校配备了心理咨询师、辅导员、任课教师等多元力量,并采取心理健康咨询、班会心理辅导、课堂心理疏导等多种形式对学生进行心理健康教育,然而收效却并不理想。当然,这其中既有青年学生群体自身的因素,也与心理和人格健康教育合力尚未形成密切相关,其破解之道不仅在于将心理和人格健康教育纳入青年学生的常态化教育之列,还要借助各种形式、多元力量形成心理和人格健康教育的合力。

(三) 国家和社会提供的服务与条件方面

第一章的图 1-11-1 和图 1-11-2 呈现了青年学生对政府出台的有关青年学生就业扶植政策的评判,再综合前述章节青年学生对政治、经济、文化、社会等方面的认知评价、态度倾向、行为选择等多方面分析,可以看出与青年学生有关联的社会稳定问题的产生还与国家和社会提供的服务和条件不够有密切关系。

就业是民生之本,是社会稳定的基石,是人们幸福生活的支点。化解与青年学生有关的社会稳定问题,首先要大力发展经济,为青年学生提供充足的就业机会,维护青年学生的生存发展权利。一般来说,经济增长与就业之间呈现出正相关的关系,快速的经济发展往往带来就业形势的向好。改革开放三十多年来,我国经济社会发展取得了长足进步,也为社会提供了数以千万计的就业机会,似乎可以印证经济发展与就业岗位供给之间的关系。然而,与经济增长率始终维持在中高位增长相比,就业增长率却呈现出明显的滞后性,国家经济发展对就业增长的贡献效应有限,且近年来这种贡献效应仍然呈现进一步弱化的趋势。事实上,不少青年大学生一踏入校园便从各种铺天盖地的就业求职报道中感受到了就业形势的严峻,调研中有超过八成的青年学生认为当前的就业形势非常严峻或比较严峻正是有力的说明。

在影响青年学生对政治社会认知评价的因素中,国家层面的政策体制和相关服务欠缺同样至为关键。一是收入分配的欠公平是青年学生对社会公正认可度不高的重要原因。社会主义国家的性质决定了我国采取的是按劳分配为主体、多种分配方式并存的收入分配制度,尽管强调初次分配和再次分配都要更加注重公平,然而,我国社会财富分配不均、贫富差距拉大的社会现象是确实存在的,这种收入差距不仅给青年学生家庭带来切身的感受,也给青年学生的学习生活带来了深刻的影响,更给青年学生认知和评价社会现实问题带来了强烈的冲击。二是进入体制途径的开放度不够。长期以来,受"官本位""特权""稳定"等思想观念的影响,进入体制成为不少青年学生优选的就业取向,同时,社会分层与社会流动的相关理论也指出畅通的社会流动有助于社会稳定的维系。然而,遗憾的是当前进入体制途径开放度仍然不够,主要体现为个别招聘岗位为了缩小竞争压力而刻意收缩招聘的专业范围,严重的甚至因人设岗、违法幕后操作等等。例如,在某市一纪念馆招录的4名讲解员中,有3名人员的父亲均为管理局的时任副局长,以讲解员身份进入单位的这3人却从未从事讲解员工作,而是从事了局内的组织人事工作,如此"萝卜招聘""因人画图"的做法引发了强烈的网络舆情,带来的负面影响很大,严重影响了公开招聘的公正性,也会影响青年学生对这类招聘工作的评价。三是就业的相关配套政策不健全。例如,有关部门对就业信息的发布与监管不到位,每年毕业季节,虚假招聘信息让初涉社会的青年大学生真假难辨,其中不乏一些皮包公司、传销组织等等。在创业扶持方面,一些政府部门虽然提供创业贷款、补贴、担保与贴息,以及简单的创业政策宣讲,但对创业过程中的融资、技术、管理等其他难题则鲜有顾及,特别是对那些创业失败、毕业后失业的青年学生群体更是缺乏相应的人文关怀和社会保障,后期服务几乎阙如。

除了国家、政府层面的服务有限,社会环境也是影响青年学生在政治社会等方面的认知评价、情感态度、行为选择的重要因素。一是社会中的不公平竞争产生的负面影响。千百年来,公平正义历来是人们孜孜以求的价值目标,更是影响人们社会评价的重要因素。一些企业为了利益不惜恶意编造竞争对手的谣言以歪曲其社会形象,也有一些企业为了盈利不惜制作伪劣产品甚至有毒产品,还有一些企业为了获得招投标的胜出而不惜动用金钱、美女等不正当竞争手段,也有一些在招聘考试乃至用人提拔过程中仍然通过"打招呼""递条子""通通气"等手段钻营成功者。凡此种种,无疑都是对青年学生的正义感的挑衅,进而影响其对社会公正的认识和评价。二是社会信任的缺失。近些年来,社会上冒充政府部门的电信诈骗案、火车站附近的职业行乞行为、社会暴力犯罪案件的发生等等都引发了青年学生对社会上陌生人信任程度的下降。比如小品《扶不扶》登上 2014 年春节联欢晚会,引发了人们对碰瓷现象的热烈讨论。这类问题不仅侵蚀了社会信任关系,增加了人们为善的成本,给社会公德以沉重打击,还会波及青年学生的社会认知和评判。此外,近些年来,在校大学生寒暑假打工或者在毕业求职过程中误入传销组织的报道屡见不鲜,或人财两空,或失去自由,严重者因此丧命,这些事情的发生无疑会影响青年学生对社会信任的态度。三是社会组织的帮扶和介入不够。社会组织在维系社区稳定、营造和谐环境、矫正社会问题等方面扮演着重要角色。然而,由于现阶段社会组织发育不健全、功能作用发挥不充分,导致青年学生组织化的参与严重不足,影响了其志愿精神的培育、心理问题的矫治、参与能力的提升,进而影响了其对政治、经济、社会、文化诸问题的认知评价,直至影响他们的行为选择,进而影响社会的稳定。

(四) 青年学生自身的素质和能力方面

青年时代是青年群体生理、心理发生剧烈变化的重要时期,是世界观人生观价值观塑造、核心能力养成、道德品行修炼、健全人格培育的重要阶段。青年学生自身综合素质与能力素养的高低,不仅影响青年学生自身的生存、生活状态,也影响他们对政治经济社会文化生活中相关问题的认知态度、价值评判和行为选择,以致影响社会的和谐发展。青年学生自身素质和能力方面存在一些不足,主要表现在以下方面:

一是个体努力程度不够,缺乏竞争能力和素养。如第一章中图 1-10-2 的分析,在对导致就业前景不好的原因的分析中,整体上看,约30%的青年学生认为导致就业前景不好的原因是个人能力不足。其中,工科学生认为导致就业前景不好的第一原因是"个人能力达不到专业要求"。

大学教育不同于中学教育,并非是基础教育的简单延伸和继续。大学阶段,学生有更多的空余时间可以自由支配,同时,也面临着更多的选择机会、更宽的奋斗方向,事实上,不同的目标、不同的努力将会造就不一样的大学生涯。有的青年学生有正确的奋斗目标,并通过一以贯之的努力加以实现;然而,也有一些青年学生将大学阶段视为对高中阶段辛苦学习的"告慰",开始放松对自己的要求,放纵学业、放任生活,在"游戏""逃课""恋爱""吃喝"中度过了四年时光,并未有贴近实际的职业生涯规划、未有为了实现目标的辛苦付出、未有为了提升综合素质的刻苦训练。由于个体努力程度的不够,这部分青年学生在奖助学金、优秀学生等评优评先过程中遭遇失败,在毕业求职过程中因自身能力素养达不到就业单位基本要求而难以就业,其中一部分更易滋生嫉妒心理、自弃心理、仇视心理,从而导致其对一些政治社会问题的认知评价发生偏差,甚至一些人在现实生活中出现偏激、冲动的行为选择,给社会的和谐和稳定带来潜在的威胁。

二是认识水平和自我锤炼不足。从第一章中图 1-20-1、图 1-20-2 的分析可以看出,部分青年大学生认为社会的诚信状况不容乐观。在人与人之间的交往过程中,遵循着诚实守信的原则,"来而不往非礼也",而在戒备的心理状态下,自然会影响人际和谐。如果认为社会诚信不足,就会对社会缺乏最基本的信任,进而影响他们的行为。《礼记·大学》有言:"大学之道,在明明德,在亲民,在止于至善。"可以说,塑造健全人格、培养良好品性是大学教育的重要使命和任务,但同时,也应当是青年学生自身成长成才过程中的一项重要课题。与学业上的成就不同,个性塑造、品行养成更加隐性化,更加需要学生个体有意识地训练和锤炼。部分青年群体在个性特点、道德品行等方面常见的问题是自卑、胆小、偏执、狂傲、自大、眼高手低等,这些问题的形成既有家庭教育原因,也有社会矫正不够的原因,更与学生自身成长过程中自我调适能力不足有关。青年学生的自我锤炼是矫治自身个性弱点、道德品格方面缺陷的重要途径,而其自我锤炼不足所致的个性特点、道德品格方面的缺陷,会影响他们的认知、价值评判、行为选择,等等。例如,通过积极的自我训练、踊跃地参与演讲比赛等集体活动的锤炼,有助于培养青年学生的自信心,克服部分青年学生的自卑心理、胆怯心理。例如,通过担任班干部或从事其他服务班集体的具体事务,有助于培养青年学生的大局观念、集体意识,缓解和克服偏执的思维方式。通过积极参与社会实践,以及与高年级优秀学生的交流互动,有助于发现和认识自身存在的不足,克服狂傲自大、眼高手低等弱点。但不是每一个青年学生都能有这方面的自我意识和实际行动。

三是部分青年学生社会交往能力不强,社会适应能力较差。第一章中图 1-23-1、图 1-23-2、图 1-23-3 从不同角度分析了青年学生的社会交往能力,整体上看,大多数学生的社会交往能力需要得到提升。青年学生迈出校门、步入社会,便面临着岗位适应与社会融入问题,因而,青年学生的社会交往和社会适应能力是影响其能否顺利融入社会的关键因素。如前所述,青年学生总体上对自己的社会适应能力充满信心,并且认为自己具有较强的社会交往能力,然而,在这一总体判断之下,部分医学类学生、本科学历的学生、低收入家庭的学生、农村户口的学生和女生等群体对社会适应和社会交往能力的自我认知更多地持消极态度。社会交往能力的不足,直接导致这些青年学生群体面临更加不利的人际关系和外部环境,并进一步弱化其社会适应能力。这些青年学生群体或多或少地存在社会信任缺失、团体协作不力、人际关系恶化等方面的问题,从而无形之中加大了维系社会和谐稳定的成本。如何切实提高青年学生的社会交往能力和社会适应能力,业已成为青年学生健康发展和成长成才的重要课题。

四是部分青年学生自我认知存在偏差,自我改变的动力不足。第一章的图 1-22-1、图 1-22-2、图 1-22-3 考察了青年学生群体的自我认知,虽然大多数青年学生认为自己适应社会没有困难,但当他们走入社会时眼高手低、难以适应的情况比比皆是。古希腊著名哲学家苏格拉底提出了"认识你自己"这一重要伦理命题,并将其作为人的一项重要使命,这给青年学生合理的自我定位和准确的自我认知带来了重要的启示意义。

事实上,合理的自我认知与积极的自我改变不仅是青年学生群体克服困难和挑战的必要条件,也是青年学生群体取得事业成功的重要法宝。然而遗憾的是,仍然有一部分青年学生自我认知存在偏差,自我改变的动力不足,主要表现为:有一些青年学生自我价值感不强,认为自己很难单独完成一项较为复杂的事情,存在自暴自弃的问题,安于现状、不思进取;也有一些青年学生存在自负、自傲,甚至是自以为是的倾向,认不清自身存在的诸多问题,认不清大学阶段要完成的核心任务和中心工作,沉浸在自我认知的"重要使命"当中,而未有改变现状的实际努力;也有一些学生在就业、择业过程中存在自我认知模糊、社会期望值高的问题,不明确自身的优势与不足,自我定位不准确,从而在就业择业过程中处处碰壁。因为自我认识的偏差,当面对学习、生活以及家庭的困境时,不易正确地从内在和自我方面去分析这些困境产生的原因和寻找走出困境的办法,而是一味地从客观、外界环境去找原因,甚至找借口,把个人的困境迁怒于社会的不公或政府的不力,甚至发泄到无关的群体身上,成为社会和谐的隐患。

二、与青年农民工有关的问题的原因剖析

与青年农民工有关的问题的原因,下文拟从宏观的制度执行、中观的政策体制、微观的措施办法以及青年农民工的个体因素等四个维度加以剖析。

(一) 宏观的制度执行与体制完善方面

为保障和改善青年农民工的生活、工作,党和政府在制度(体制)、政策等多方面采取了很多举措,使青年农民工的整体状况有了很大改善。但宏观制度在执行过程中仍然存在一些偏差或滞后,造成通过制度设计保障青年农民工生活、工作过程中,存在一些不完善的地方,同时制度执行的滞后性也是与青年农民工有关的社会稳定问题产生的重要原因。

一是宏观制度在执行过程中的理念偏差。一方面,青年农民工游离于城市和农村之间,是"双重边缘"的特殊群体。与青年农民工有关问题

的解决,需要从国家层面进行整体设计和强力推进。另一方面,制度设计过程中提出的一体发展、共享发展、均衡发展理念,在具体执行过程中仍然存在偏差,城乡二元结构背景下城市和农村的藩篱依然存在,青年农民工的生活、工作等问题尚需下大力气解决,各级政府和相关部门解决农民工问题的决心和魄力仍有待进一步加强。第二章的图 2-12-1、图 2-12-2、图 2-12-3 分别从不同角度分析了青年农民工群体对我国收入分配、社会资源占有状况的评判,总体上看,青年农民工群体对我国社会资源的占有状况是不满意的。社会资源占有状况与国家收入分配政策紧密相关,正是因为分配体制设计过程中的不完善,加剧了资源占有的不公平。在长期形成的城乡二元结构背景下,城市与农村的社会保障制度之间存在着明显的断裂,生活在农村的农民和青年农民工主要以土地作为基本的、最后的生存保障,社会保障的水平和层次较城市偏低,未能充分享受到城乡一体发展应有的社会保险、社会救济、社会优抚、社会福利等社会保障。另一方面,积极参与城市公共事务管理不仅是青年农民工的基本权利,同时也是其融入城市生活的重要标志。然而,如果现有的管理理念仍然将包括青年农民工在内的流动人口视为不稳定的因素、不和谐的因子来加以管控,就会忽视关于保障和维护青年农民工参与公共事务权利的制度设计。由于制度的原因,不少青年农民工尽管多年工作和生活在城市,但在他们的内心深处,自己的根依旧在实际上已回不去的农村,城市社会并未能完全让他们形成自我身份认同和找到归属,这不仅影响其在城市社会中的交往范围、交流的深度、社会关系网络的形成,也会影响他们对政治社会生活的认知评价和行为选择,进而对社会的和谐稳定产生潜在的不利影响。理念上的偏差会带来实践中的问题,为此必须真正坚持全心全意为人民服务,不忘"为中国人民谋幸福"的初心和使命,严格按照统筹城乡、一体发展、共享成果的基本要求系统地从制度设计层面解决与青年农民工有关的问题。

二是制度执行的滞后性。第二章的图 2-3-1、图 2-3-2、图 2-3-3、图 2-4-1、图 2-4-2 以及表 2-2 对青年农民工政治行为的分析显示,进城的农民工虽然以城市为他们的主要生活场所,他们有参与政治活动的意愿,但实际上他们在城市参与政治生活的机会很少,其中很大一部分原因是因为所居住的地方未能给他们提供相应的参与机会,因为他们的户口不在那里。户籍制度是计划经济时代的产物,在承担户籍管理的功能之外还捆绑了教育制度、医疗卫生制度、住房制度、社会福利制度等其他功能,二元分割的户籍制度使青年农民工(其实包括所有的农民工群体)群体在城市的平等待遇问题迟迟难以彻底解决。户籍制度作为诸多城市制度的"母体",是制度性排斥的基础制度①。伴随着城镇化的推进,越来越多的农民进了城,但他们依然游离于城市生活之外,如何建立和完善与社会主义市场经济发展相适应的新型户籍管理制度,逐步剥离附着在户籍制度之上的其他制度性资源,进而让包括青年农民工在内的社会各阶层的广大群体都能享受到改革发展的成果,不仅是减少与青年农民工有关的社会稳定问题的重要举措,也是促进青年农民工城市融入的重要任务。

与此同时,土地制度改革的步伐整体上也相对滞后,致使土地资源无法变为土地资本,进而广大青年农民工不能获得更高价值的土地收益,无法为青年农民工进城定居落户累积必要的物质资本和经济基础。除此之外,在城乡教育资源发展非均衡的现实背景下,青年农民工的子女教育问题仍是他们的头等难事。尽管国家强力推进义务教育均衡发展,然而城乡教育资源分配不均衡的现状却很难在一朝一夕内根本扭转,加之青年农民工外流城市的薪资水平多数不高,很难维系其子女在城镇读书的生活成本,造成多数青年农民工子女由留守老人代为照看。能否解决好农民工随迁子女的教育问题,不仅关系到青年农民工的切身利益,更是直接影响社会的安定团结与和谐稳定。

(二) 中观的体制健全与政策配套方面

与青年农民工有关的社会稳定问题的产生,还与中观的体制与政策

---

① 许桂苹、沈蕾、赵袁军:《新生代农民工城市适应障碍评价分析》,《技术经济与管理研究》2015 年第 8 期,第 113—117 页。

不配套密切相关。城乡二元结构体制的残留影响、公共服务体制的不健全、社会管理体制的滞后、政策设计的缺陷等都是青年农民工有关问题产生的重要因素。

一是城乡二元结构体制的深远影响。第二章的图 2-20-1、图 2-20-2、图 2-20-3、图 2-20-4 分析了农民工获得城镇户口的情况,从图可以看出,除大专及以上学历的青年农民工群体外,接近或超过八成的青年农民工都没有获得城镇户口,有的农民工虽然在城市生活工作了十多年,依然未获得城镇户口。陆学艺等指出,城乡二元结构体制将公民分为市民和农民两类群体并实行不平等政策,造成了城乡之间的社会区隔,这是"三农问题"产生的体制性根源[1]。改革开放以来,我国先后多次推动破解城乡二元结构体制的改革实践,统筹城乡发展、推动城乡一体化成了改革发展的趋势,然而,城乡二元结构体制早已渗透到中国社会的方方面面,并持续作用于城市和农村社会,催生了由"城乡分割"转变为"区域分割"的变化,吉林大学侯力进一步将其概括为"城市二元结构"[2]。在这种社会体制背景下,城市居民与外来务工者在经济待遇、社会地位、日常生活与公共服务等方面均存在较大的差别,这种身份和待遇的区隔无疑滋生了青年农民工对政治经济社会文化等方面问题的不满情绪。

二是公共服务体制不健全。第二章表 2-6-1、表 2-6-2 呈现的是青年农民工对政府公共服务的满意度情况,从表中可以看出,青年农民工群体作为弱势群体急需的法律援助、政府对用人单位履约的监督以及关系他们后代发展的子女入学服务的满意度不高。伴随着我国经济社会的快速发展,人民日益增长的物质文化需要日益多元化、分层化,公共需求的全面快速增长与公共服务不到位、基本公共产品短缺之间的矛盾已然十分突出,然而,与满足日益增长的需求相适应的社会主义公共服务体制仍然没有建立和完善起来。从体制角度看,我国公共服务有效供给不足、供

---

① 陆学艺、杨桂宏:《破除城乡二元结构体制的当前对策》,《人民论坛》2013 年第 21 期,第 54—56 页。

② 侯力:《从"城乡二元结构"到"城市二元结构"及其影响》,《人口学刊》2007 年第 2 期,第 32—36 页。

需矛盾突出等问题既有供给主体单一和主体缺位的原因,也有政府财政投入不够、服务效率不高等原因,更为关键的是政府公共服务职能转型不到位,错位、越位和缺位现象严重,政府与市场的边界模糊。公共服务体制机制的不健全,致使青年农民工等外来群体不能完全平等地享受城市的医疗、社保、教育等公共服务,沦为城市公共服务的"局外人"。为此,应当积极完善政府的公共服务体制,加大制度性、社会性、经济性公共服务的综合提供力度,让包括青年农民工在内的外来群体都能享受到城乡一体的公共服务。

三是政府社会管理体制相对滞后。第二章的图2-23-1、图2-23-2、图2-23-3、图2-23-4、图2-23-5分析了青年农民工群体参与城市社区活动的情况,从以上五个图呈现的数据可以看出,绝大多数青年农民工都没有参与过社区活动,有的甚至没有听说过社区有相关的活动。我国的社会管理体制脱胎于传统的高度一元化的社会管理模式,就其制度要素来看大体涵盖社团管理体制、社会保障体制、社会治安体制、社会应急体制、社会服务体制、社区管理体制、社会工作体制和社会政策决策体制等几个方面①。积极完善政府社会管理体制对于维护社会公平正义、增进社会和谐稳定都具有重要意义。改革开放以来,我国启动了政府社会管理体制改革,保进了经济、社会的快速发展,但重管制轻服务的管理理念依然存在,政府、市场、社会、公民多元参与的社会治理格局尚未形成,社会管理的法律法规体系也不够健全,社会管理的载体不明、社区作为基本的社会管理单元发挥作用有限,社会管理的方式单一、过于偏重行政强制手段而忽视积极有效的社会协商等柔性管理手段。政府社会管理体制的滞后,特别是农民工的薪资拖欠、工伤保险等权益受损时的法律救助制度缺失,使得广大青年农民工在利益表达、权益维护过程中的话语权进一步弱化,在城市中处于更加不利的边缘化地位。社区管理未能将青年农民工纳入管理范围之内,广大青年农民工基本上游离于社区管理之外,沦为

---

① 丁开杰:《社会管理体制的基本阐释、变迁动力与阶段划分》,《重庆社会科学》2012年第2期,第5—12页。

"漂泊一族",难以通过积极有效的社区参与成为社会和谐稳定的建设性力量。

四是公共政策设计与制定存在缺陷。民主化、科学化、法制化可谓现代公共政策的三大基本特征,是依法行政、建设法治政府的时代要求①。然而,在当前,我国公共政策设计与制定仍然存在着不少缺陷,这使得事关青年农民工问题的解决更加困难和复杂。

例如,公租房、廉租房分配政策的不系统,致使城市的住房保障不能覆盖大多数农民工群体。很多青年农民工他们或者居住在条件艰苦的集体工棚,或者租住在条件较为恶劣的私家住宅,居住条件的舒适性和安全性得不到有效保障。

社会保障政策不完善,特别是有些单位(特别是一些私营企业)存在不给青年农民工缴纳社保的现象,或者虽然缴纳,但标准较低。再就是购买社保的条块分割,致使青年农民工在跨地区流动过程中因不能连续缴费而使社保存在断缴。农民工落户政策的悬浮,加上政府机关的扯皮推诿与服务缺失,致使青年农民工在"留城"与"返乡"之间艰难抉择,致使一些青年农民工的城市梦破碎。

教育政策的不完善,使得有些地方农民工子女随迁入学面临高昂的成本和入学选择的局限,第二章表2-8-1、表2-8-2关于青年农民工感知的"留城"障碍的选择中,子女不能随父母入学这一选项所占的比例平均超过10%。还有社会救助政策的不完善,致使农民工遭遇工资被拖欠、工伤等利益受损时权益维护不到位,甚至出现了"同命不同价"的个别现象,影响了社会的公平正义。

公共政策制定过程中一些地区存在着选举制度、听证制度等制度性安排不到位和价值观念、社会资本等非制度性资源匮乏的现象②,致使包括青年农民工在内的社会公众利益诉求表达不畅、权益维护不顺。如何

---

① 李卫华:《公共政策民主化、科学化、法制化的实现条件及其内在关联》,《理论探讨》2015年第1期,第150—153页。

② 官灵芳:《我国公共政策制定中公民参与的制度缺陷及对策分析》,《湖北社会科学》2009年第3期,第28—31页。

完善公共政策的设计与制定，推动公共政策的民主化、科学化与法制化，已经成为系统解决青年农民工有关问题的迫切要求。

（三）微观的措施到位与办法落地方面

与青年农民工有关的社会稳定问题的出现，还与微观的措施与办法不落地有密切关系。事实上，正是这政策落地的"最后一公里"问题困扰着与青年农民工有关问题的解决。政策落地"最后一公里"问题的解决不仅直接关系到青年农民工的切身利益，而且事关社会公平正义以及政策目标的实现。政策落地中的"最后一公里"问题，可以从以下几方面来考察：

一是公共政策执行的效果不佳。从第二章表2-5-1、表2-5-2青年农民工对国家出台的有关农民工政策的态度可以看出，虽然大多数农民工对国家出台的有关农民工的政策持积极的态度，但是对有关农民工政策选择"不认可"和"不知道"选项所占的比例也不小。现实中公共政策执行过程中经常发生变异和偏差，这既有压力型体制下基层政府往往采取"上有政策、下有对策"的策略主义选择，从而掩盖了政策执行偏离政策初衷的突出问题①，也有中央与地方、部门与部门之间的利益冲突有关。以农民工子女受教育政策落地中遭遇的障碍来看，流入地与流出地的利益冲突便显露无遗。我国现行的财政体制对教育费用的支付是分区域、按户籍进行，流入地政府和学校承担着外来人口子女教育的重任，并不得收取赞助费、借读费、择校费等费用，但却无法得到相应的财政拨款，这对于流入地政府而言无疑有失公允，于是不少流入地政府和当地居民认为外来人口子女挤占了当地人口的教育资源，从而对其抱有怨言和敌意。不少地方政府开办了农民工子弟学校，但对其硬件设施、财政投入、师资配备、校园环境建设等方面仍然缺乏足够的政策支持，对于公立学校的入学名额进行限制、私立学校入学费用未纳入支持体系等，使得农民工

---

① 刘建平、陈文琼：《"最后一公里"困境与农民动员——对资源下乡背景下基层治理困境的分析》，《中国行政管理》2016年第2期，第57—63页。

为适龄子女的上学头痛不已。为此,积极顺应人口流动的社会现实,探索"钱随人走"的义务教育财政拨付方式,既有利于减轻人口流入地的财政压力,彰显公共财政的公平与公正,又有助于提升流入地政府和学校接纳外来务工随迁子女接受义务教育的积极性,促使农民工随迁子女受教育问题得到解决。

二是有效的社会监督尚未完全实现。第二章的图 2-21-1、图 2-21-2、图 2-21-3 分析了用工单位为农民工缴纳社会保险的情况,图中显示,农民工缴纳社会保险的情况不容乐观,至少三成以上的用人单位没有给农民工购买任何社保,最高甚至达到六成以上的比例。虽然国家规定为员工缴纳社会保险是公司的法定义务,但是未为员工缴纳保险的情况并不少见。行之有效的社会监督是克服政策执行"最后一公里"问题的重要保证。青年农民工由于缺乏足够的话语权、社会资本、经济实力、社会认可、制度依赖等支持性因素,在城市结构体系中处于边缘地带,在自身的权益维护中处于弱势地位,会遭遇劳动合同不规范、同工不同酬、社保不到位、劳动保护缺位等现实问题。更为糟糕的是,即便是通过司法途径判决企业按时发放工资,但仍有不少企业的赔偿判决未能得到有效执行。同时,职业技能培训是青年农民工提升自身素质、劳动技能的重要手段,然而,不少地区的职业技能培训却呈现出"走过场""凑人数""骗补助"的乱象,职业技能培训的效果大打折扣,不利于青年农民工人力资本的累积和提升。为此,在完善法律监督、行政监督、司法监督等内部监督体系的同时,还要积极完善群众监督、舆论监督、社会组织监督等社会监督体系,有效督促农民工有关政策的落地,以维护其正当权益。

三是社会组织的支持给力不够。社会组织在青年农民工表达利益诉求、提升谈判能力、有效维护权益、增进城市融入等方面都具有重要作用,有助于相关政策走完"最后一公里"。然而,当前我国社会组织发育不够健全,主要体现在社会组织独立性不够、组织类型仍然不够丰富、组织管理制度不够规范、社会组织人才相对匮乏等。这些问题的存在极大地限制了社会组织在解决青年农民工有关问题上的功能发挥。同时,社会组织的不足也使青年农民工群体缺乏维护和增进自己权益的平台载体,缺少了参与城市建设、融入城市生活的组织支撑,进而权益维护、婚姻、交友、心理健康、父母赡养等问题层出不穷。尤其是青年农民工权益受损而无组织化表达渠道,导致其选择激烈的维权手段,带来极大的社会安全隐患。为此,大力培育社会组织,并有效提升青年农民工参与社会组织的积极性,成为促使青年农民工有关问题解决的重要课题。

四是青年农民工的权利救济途径相对匮乏。政策走不完"最后一公里"时,没有相应的保障措施足以维护农民工的权益。第二章表2-6-1、表2-6-2分析了青年农民工群体对政府公共服务的满意度,从数据中可以看出,青年农民工群体整体上对政府提供的法律援助的满意度最低,而这恰恰是他们维护自身权益时最需要的公共服务。权利救济是维护和保障青年农民工基本权益的重要补充和必要手段,是维护和增进社会公平正义的"最后一道屏障"。然而,遗憾的是,青年农民工可供选择的权利救济途径匮乏,现有的救济途径主要是行政途径和司法途径,但无论选择何种途径都应以"保障要求告知权、申请回避权、获得法律援助权、质证权、听证权、辩论权、上诉权等权利为前提"[①],但是考虑到青年农民工的经济条件、文化水平、工作时间等现实问题,需要政府提供相应的司法援助等来保障其权利。

(四) 青年农民工的能力与自我发展方面

新型城镇化是更加突出以"人"为中心的城镇化,包括推动青年农民工在内的外来务工者融入城市已经被纳入各地城镇化建设的重要议题。因此,就主观层面而言,青年农民工自身综合素质的高低、劳动技能的多寡、心理调适能力的强弱不仅直接影响到了城镇化建设的发展速度和质量,也是与青年农民工有关的社会政治问题产生的主体原因。换言之,离开了作为主体的青年农民工自身素质的提高、自我革新的努力、心理问题的调适,青年农民工有关问题的解决就失去了主体价值和意义。青年农

---

① 姚海波:《提高农民法律地位,构建和谐农村——对农民法律保护问题的调查与思考》,《中共珠海市委党校珠海市行政学院学报》2007年第6期,第34—37页。

民工自身的问题主要有以下表现：

一是自身能力不足、技能缺乏。从第二章中图2-19-5可以看出，超过两成的青年农民工选择未来回乡定居，而至于不在城里定居的原因，第二章表2-8-1、表2-8-2显示，"高房价"和"收入不能负担生活成本"是排前两位的障碍。青年农民工进城务工乃至融入城市面临的首要问题是能否在城市中寻找到稳定而有保障的工作、是否获得能够满足他们城市生活支出的收入，而这又主要取决于青年农民工自身素质能力的高低、劳动技能的强弱。青年农民工在城市劳动力市场结构中处于低端，他们学历层次低——多数仅为初中毕业，与老一代农民工相比，吃苦耐劳的精神不够，劳动技能匮乏，从校园直接进入工厂使得他们缺乏必要的生活历练和技能培养，社会关系网络残缺——既无法获得城市群体的认可，也很难回乡务农。这些不利因素使得他们不易适应经济社会结构转型对劳动者技能的新要求，一些青年农民工的工作稳定性差、工作环境恶劣、工作待遇偏低，在城市生存的困难进而影响其对社会公正、社会信任等问题的认知判断，甚至累积社会不满情绪，滋生社会稳定的不和谐因素。

二是缺乏自我发展的职业规划，对未来发展心存迷茫。第二章的图2-19考察了青年农民工对回乡抑或"留城"的选择，从图表可以看出，选择"没有考虑过"这一选项的比例整体上达成三成，由此看出，部分农民工对于自己的未来人生缺乏规划，或者难以进行规划。职业规划主要涉及职业规划意识的树立、职业规划目标的确定、职业规划的管理与实施等几个方面①，在青年农民工群体中开展职业生涯规划，有助于提高青年农民工就业的竞争力和稳定性，促进其人力资本的逐步提升；也有助于减少其对个体未来发展中的迷茫与困惑，增强对未来生活的信心。遗憾在于不少青年农民工过早地脱离学校，步入社会，缺乏相应的职业规划教育，职业生涯规划意识比较淡薄。一旦步入工作岗位，他们整日疲于生计，从事较为初级的体力劳动和简单的技术工作，周而复始、年复一年，粗陋的

---

① 王丽萍、王郁美、罗发恒：《农民工职业规划意识与就业竞争力相关性研究》，《湖南农业大学学报（社会科学版）》2015年第2期，第54—60页。

工作环境、枯燥的务工生活可能滋生他们的职业倦怠，累积他们的不满情绪，在"留城"与"返乡"的两难抉择中摇摆不定，对于未来的职业发展去向更加迷茫。与此同时，迫于生计压力的现实考量，不少青年农民工即便树立了一定的职业规划目标，也很难一以贯之地坚持实施下去，特别是在职业规划实施过程中遭遇困难的时候，多数农民工会选择退却放弃，从而很难有效地实现职业规划设定的各项目标和完成职业能力的提升。

三是心理调适能力不强，自卑、自闭、自弃等心理问题突出。从第二章中图 2-22 对青年农民工交往意愿的分析可以看出，对社会交往持"无所谓"态度的青年农民工在各年龄、学历或收入群体中始终占有一定的比例，说明青年农民工城市融入的意愿并非很强烈，其原因可能是融入障碍还不小。图 2-22-6、图 2-22-7 分析了农民工眼中的城里人对他们的看法，选择"冷漠"和"无所谓"的比例不低，也许现实生活中有些城里人对农民工的态度不太友好，这一选择也从另外一个侧面折射出部分青年农民工的自卑、自闭和自弃心理。必要的心理调适能力是青年农民工克服常见心理问题的需要，而不少青年农民工进城务工过程中遭遇婚姻家庭生活中的两地分居、就业岗位中的辛苦低薪、未来发展中的迷茫困惑等诸多现实问题，其所具备的知识储备和心理调适能力尚不足以自如应付这些难题，因而易形成与城市高收入群体相比的自卑心理，对陌生的城市社会不适应的自闭心理，对于融入城市生活的自我排斥心理，对于未来发展丧失信心的自弃心理等心理疾患。这些心理问题的持续不仅会引发青年农民工工作、生活、家庭中的失败与困境，也会干扰他们对政治生活、经济发展、文化现象、社会公正与社会信任等方面的认知和评价。为此，如何通过行之有效的心理调节和心理干预，增强青年农民工的心理调适能力，化解青年农民工常见的心理问题，已经成为青年农民工健康发展、社会和谐稳定的重要任务。

四是胆小怕事和自认倒霉的行为选择。青年农民工在权益维护和利益伸张过程中经常处于弱势地位，尤其是在工资被拖欠、工伤维权、福利缺损、中介欺诈等方面，常常感到无力维权。事实上，由于青年农民工在尚小的年纪就进入陌生的城市打拼，无依无靠，遇到困难和问题时往往能忍则忍、能让则让，从而逐渐滋生了其胆小怕事的心理。即便是在他们自身权益受损的时候，不仅无亲人可以寻求帮助，也无便捷畅通、快速有效的维权途径，更多地只能是隐忍或者采取过激的手段。当然，解决上述问题需要政府、社会、企业、青年农民工自身等多方力量的共同努力，然而，作为主体的青年农民工需要在实际的工作中切实提高自身的权利意识，逐步转变胆小怯懦的行为习惯和处事风格，需要习得必要的法律知识，熟悉与自身利益密切相关的维权程序和主要渠道，在自身权利受损时能够积极运用法律的武器依法进行维权，才能有效保障自身的正当权益。但现实中，因能力和精力的不济，他们往往胆小怕事，自认倒霉，加剧了其弱势地位。

五是社会资本相对不足，对解决其所面临的问题的支持作用有限。社会资本是政治学、社会学等学科的重要概念，罗伯特·D.帕特南将其概括为社会信任、关系网络、互惠规范三个核心要素①。学者们将社会资本有关理论运用到农民工问题的分析研究之中，例如山西师范大学任义科等人便强调社会资本对农民工的重要价值，"在'熟人社会'解体的陌生环境中，在制度因素依赖不足的情况下，维持农民工生计只能主要依靠社会资本"②。事实上，青年农民工所能依赖的社会资本较上一代农民工更为稀薄。在社会信任方面，青年农民工远离他乡、独自到大城市闯荡，"黑中介"的欺诈行为、熟人关系中的传销行为、社会中的碰瓷现象等，使得青年农民工群体对社会的信任程度进一步降低。第二章的图2-18分析了青年农民工群体对社会信任的评价，可以看出，选择"信任程度比较低"和"完全缺乏信任"两个选项占据了一定比例。在关系网络方面，一方面，由于远离家乡亲友，传统地缘、亲缘等关系结成的紧密社会关系网络由于相互交流互动频率的减少有逐渐松散之势；另一方面，在流动性强而陌生的城市社会中，在与青年农民工有关的社会组织阙如和社区活动

① ［美］罗伯特·D.帕特南：《使民主运转起来：现代意大利的公民传统》，王列、赖海榕译，江西人民出版社2001年版，第195页。

② 任义科、张彩、杜海峰：《社会资本、政治参与与农民工社会融合》，《甘肃行政学院学报》2016年第1期，第83—91页。

较为匮乏的现实状况下,很难结成较为稳固而亲近的新型社会关系,这些都导致青年农民工的关系网络逐步向核心家庭收缩。在互惠规范方面,青年农民工进城务工后,传统乡村社会的价值体系在城市中失灵,互利互惠、互帮互助等习俗受到个人利益规则的冲击,"在推崇私利的'唯我独尊的年代',则'以人不助我,我不助人'为特征,这是对互惠准则的颠覆和讽刺"①。以上原因导致青年农民工选择"不愿意有社会交往""很不愿意有社会交往"两个选项的比例不低(第二章中图 2-22 的分析)。并且社区建设的滞后与社区管理对青年农民工的排斥使得他们难以参与到社区管理和社区建设之中,无法通过积极的社区参与形成现代互惠规范,其社会资本的积累很慢,也很难。

---

① ［美］罗伯特・D.帕特南:《独自打保龄球:美国社区的衰落与复兴》,刘波等译,北京大学出版社 2011 年版,第 149 页。

第四章 新时代青年工作的
成就与思考

　　青年大学生和青年农民工是新生代青年群体的重要组成部分,他们在一定程度上代表了人们心目中社会劳动者的"白领"和"蓝领"群体,他们对当下政治、经济、社会、文化发展现状的认知、态度、评价既是他们生存状态的写照,也是他们对自己未来发展前途和方向的期盼,还是他们情绪和行为的投射。通过相关问卷调查,我们可以发现,相关结论和观点更多从青年群体主观感受的角度获取,虽然可以反映一些社会现象,但也在存在一定程度的主观片面性。同时,如果对这些方面的现状和未来变化持积极乐观的态度和评价,对社会现状的接受度、认同度和宽容度就会比较高,融入社会就比较容易,就能与社会和谐共生;如果他们对现实政治、经济、社会和文化发展的现状不满,或者对其未来发展不抱希望,那么他们对自身和社会发展就会持悲观、甚至失望或绝望的态度或情绪,这种情绪外化为对现实社会的不认同、不接纳,甚至是反抗或对抗,由此成为社会不稳定的导火索。

　　本书通过问卷调查和个别访谈,从政治、经济、社会或文化四个层面分别了解青年大学生和青年农民工对一些具体问题的认知、态度、情感、评价及其行为选择,进而推断这些层面的哪些问题会成为社会不稳定的影响因素。通过前面的分析可以看出,新生代青年群体更多关注的还是与他们的生存和发展处境密切相关的具体问题——就业、工资收入、城市落户、住房、子女教育、社会保障、工作环境、资源占有与分配等等,远离他们生存、生活与未来发展的问题还无暇顾及或关注不够。前述分析中区分了青年学生的家庭情况、性别、学历层次、所学专业门类以及新生代农民工的年龄、收入水平、婚姻状况、性别以及职业领域等影响因子,这种区分便于我们更深入地了解青年学生和新生代农民工群体中不同小群体对一些问题的认知、判断和行为选择差异,有助于具体政策执行时的对症下药和灵活应对。但由于青年大学生和青年农民工群体面对的政治、经济、社会和文化大环境基本一致,诸多问题的成因更具共性,为此,当我们思考如何进一步做好新时代的青年工作时,把他们视为一个整体来看待,未进行小群体的细分。接下来分别从以下方面来充分阐述新时代青年工作所取得的成就,展望青年发展的未来,优化进一步做好青年工作的观念和思路,并提出一些对策建议,以期通过一些具体问题的解决来进一步改善青年群体的生活和工作境遇,提升他们的生活质量,提高他们的生存和发展能力,让他们获得更充分的参与、成长和成才机会,进而增强新生代青年群体对国家、社会的认同度,让他们顺利融入社会,成为社会文明和进步的推动力量、社会主义核心价值观的引领力量,成为社会稳定的坚定维护者。

一、以习近平总书记关于青年工作的
重要论述为指导

党的十八大以来,以习近平同志为核心的党中央高度重视青年工作,提出了一系列关于青年的重要论述、重大举措,为今后一个时期加强和改进青年工作提供了基本遵循和重要指引。坚持以习近平总书记关于青年工作的重要论述为指导,必须深刻领悟习近平总书记关于青年工作的重要论述的丰富内涵和科学体系,必须深刻认识党的十八大以来青年工作取得历史性进展和创造性成就,必须始终坚持以习近平总书记关于青年工作的重要论述为指引的思想自觉和行动自觉,不断推动新时代青年群体成为伟大梦想的践行者、伟大事业的推动者、社会稳定的建构者。

(一) 深刻领悟习总书记关于青年工作的重要论述的丰富内涵和科学体系

习近平总书记关于青年工作的重要论述内涵丰富、体系完备,不仅涵盖对青年群体的阶段特点、地位作用与历史使命的深刻把握,也有对青年群体思想教育与成长成才的殷殷嘱托,更有对做好青年工作的科学谋划。习近平总书记关于青年工作的重要论述,是新时期进一步做好青年工作、进一步促进青年发展的重要思想武器和行动指南。

一是高度重视青年群体的阶段特点、地位作用及历史使命,重在强化新时代青年群体的责任意识和担当精神,这是习近平总书记关于青年工作的重要论述的逻辑起点。习近平总书记非常了解和熟悉青年群体的阶段特点,认为青年一代是最富有朝气与梦想①、最富活力与创造性②的群体,希望青年充分发挥自身特点,创造无愧于时代、无愧于人民的伟大业绩。同时,他也看到了青年群体的特殊地位和独特作用,倡导青年一代在实现中华民族伟大复兴中建功立业,强调"国家的前途、民族的命运、人民的幸福是当代中国青年必须和必将承担的重任"③,认为"中华民族伟大复兴的中国梦终将在一代代青年的接力奋斗中变为现实"④;倡导青年一代在共建人类命运共同体的伟大进程中贡献力量,认为青年一代是国家和民族的未来,是增进世界人民友谊的重要力量,有助于推动增强国家间政治互信与优化双边关系,"世界的未来属于年轻一代。全球青年有理想、有担当,人类就有希望,推进人类和平与发展的崇高事业就有源源不断的强大力量"⑤。倡导青年一代在引领社会风尚方面发挥更大的作用,认为青年群体思维活跃、创造性强,是文化传承与创新的主力军⑥。正是基于这些判断,习近平总书记尤为强调青年一代要有责任意识和担

---

① 习近平:《携手建设中国—东盟命运共同体——在印度尼西亚国会的演讲》,《人民日报》2013 年 10 月 4 日。

② 中共中央文献研究室:《十八大以来重要文献选编(上)》,中央文献出版社 2014 年版,第 279 页。

③ 习近平:《习近平致全国青联十二届全委会和全国学联二十六大的贺信》,载于《人民日报》2015 年 7 月 25 日第 1 版。

④ 习近平:《在北京大学师生座谈会上的讲话》,《人民日报》2018 年 5 月 3 日第 2 版。

⑤ 习近平:《在联合国教科文组织第九届青年论坛开幕式上的贺词》,《人民日报》2015 年 10 月 27 日第 1 版。

⑥ 柳礼泉、陈方芳:《党的十八大以来习近平青年教育思想论析》,《学习论坛》2016 年第 7 期,第 7 页。

当精神,要勇于接下时代交付的崭新课题和历史赋予的神圣使命,展示新作为、创造新业绩,"青年是标志时代的最灵敏的晴雨表,时代的责任赋予青年,时代的光荣属于青年"①。

二是高度重视青年群体思想教育和成长成才,涵盖青年群体的思想政治教育、理想信念塑造、成长成才实践途径等多方面内容,这是习近平总书记关于青年工作的重要论述的核心内容。习近平总书记关于青年工作的重要论述的一个显著特点是重视价值观的引领和塑造功能,要求青年群体要像扣好"人生的第一粒扣子"一样重视价值观的塑造问题,并提出要用社会主义核心价值观来涵养青年群体的思想观念。② 同时,习近平总书记也反复强调"革命理想大于天",认为理想信念是青年成长成才的精神支撑和奋斗动力,青年群体要自觉加强理想信念教育,凝聚精神之"钙",筑牢精神之"魂",多次要求广大青年群体要在加强学习的基础上,自觉投身到中国梦的伟大实践中砥砺品行、坚定信仰,自觉树立实现中华民族伟大复兴中国梦的远大理想,牢固树立坚定不移走中国特色社会主义道路的人生信念。③ 此外,习近平总书记还特别关注青年群体的成长成才问题,深刻把握了青年一代"勤学、修德、立业、奉献"的成长成才规律特点,希望中国青年要自觉"坚定理想信念、练就过硬本领、勇于创新创造、矢志艰苦奋斗、锤炼高尚品格"④。同时,他还进一步论述了促进和支持青年成长成才的若干具体问题,在谈到鼓励支持青年群体创新创业时,他强调:"全社会都要重视和支持青年创新创业,提供更有利的条件,搭建更广阔的舞台,让广大青年在创新创业中焕发出更加夺目的青春光彩。"⑤

---

① 习近平:《青年要自觉践行社会主义核心价值观——在北京大学师生座谈会上的讲话》,《人民日报》2014 年 5 月 5 日第 2 版。

② 习近平:《青年要自觉践行社会主义核心价值观——在北京大学师生座谈会上的讲话》,《人民日报》2014 年 5 月 5 日第 2 版。

③ 中共中央文献研究室:《在同各界优秀青年代表座谈时的讲话》(2013 年 5 月 4 日),《十八大以来重要文献选编》(上),中央文献出版社 2014 年版,第 278 页。

④ 张克荣、郭锐:《习近平青年教育观初探》,《吉林工商学院学报》2015 年第 4 期,第77—80 页。

⑤ 习近平:《致 2013 年全球创业周中国站活动组委会的贺信》,《人民日报》2013 年 11 月9 日第 1 版。

在谈到构建青年教育一流师资队伍时,他指出要以"有理想信念、有道德情操、有扎实学识、有仁爱之心"等"四有"教师为基本目标,着力打造一支师德高尚、素质优良、专业精湛、结构合理的一流教师队伍。① 在谈到青年成长成才目标引领问题时,他还特别结合自身在梁家河的七年知青经历,号召广大青年一代要将个人的奋斗目标与时代的伟大梦想相融合,牢固树立成长成才的人生目标,并且在持之以恒的奋斗实践中成长成才。在谈到青年群体思想作风对于成长成才的关键作用时,他强调青年群体要善于发扬艰苦奋斗的优良作风,以及苦干实干的工作作风,并认为这是青年群体迈向成功的必经之路。他曾多次语重心长地告诫青年群体"要把艰苦环境作为磨炼自己的机遇,把小事当大事干,一步一个脚印往前走"②。

三是对做好新时代青年工作作出了科学谋划和部署,涵盖对党委政府、共青团组织、团干部、学校教师等方方面面在推动青年工作时的若干具体问题,这是习近平总书记关于青年工作的重要论述的组成部分。党的十八大以来,习近平总书记高度重视各级党委政府在青年工作中的重要角色,要求他们要充分信任青年、热情关心青年、严格要求青年,努力做青年朋友的知心人,做青年工作的热心人③。同时,习近平总书记还要求共青团组织进一步在青年工作中发挥职能、贡献作为,共青团组织"要努力把握广大青年的脉搏","努力把工作延伸到广大青年最需要的地方去","努力做广大青年值得信赖的贴心人","使团组织成为广大青年遇到困难时想得起、找得到、靠得住的力量"④。他也对共青团干部和学校教师提出了具体要求,例如团干部要做青年一代的知心朋友而非"官员",要敢于在急难险重的具体实践中去磨炼自己、提升本领,要善于垂

---

① 乔东亮、李雯、李新利:《习近平青年工作思想论析》,《北京青年研究》2017 年第 4 期,第 10 页。
② 《习近平谈治国理政》,外文出版社 2014 年版,第 174 页。
③ 中共中央文献研究室:《十八大以来重要文献选编(上)》,中央文献出版社 2014 年版,第 281 页。
④ 习近平:《在同团中央新一届领导班子集体谈话时的讲话》,《人民日报》2013 年 6 月 20 日第 1 版。

范、发挥好带头作用；又如，学校教师要牢记使命、甘为人梯，努力在平凡的本职岗位中创造不平凡的业绩。再如，谈到如何加强职业教育促进青年群体成长成才时，他认为建设现代职业教育体系是推动实现青年群体成长成才的重要途径，同时，他也对建设现代职业教育体系提出了"三个重要"的价值诉求、"把握方向"的总体思路、"加快发展"的工作理念，明确了现代职业教育发展的基本方向和工作思路。①

（二）深刻认识新时代以来我国青年工作取得的历史性进展

党的十八大以来，以习近平同志为核心的党中央站在中华民族伟大复兴的战略高度，高起点谋划、高规格布局、高标准推动，在组织引领青年、发挥青年作用、服务青年发展、保障青年权益方面取得了历史性进展和创造性成就，"广大青年亲身见证、经历、参与了进入新时代的伟大进程，展示出了昂扬奋进的精神面貌，我国青年工作业已迈入了新时代"②。深刻认识新时代我国青年工作所取得的历史性进展和创造性成就，有助于增强以习近平总书记关于青年工作的重要论述为指引推动青年工作、促进青年发展的思想自觉和行动自觉。

一是加强顶层设计，青年工作发展规划正逐步厘清。党的十八大以来，以习近平同志为核心的党中央注重从"四个全面"战略角度和实现中华民族伟大复兴历史使命的高度审视和看待青年发展和青年工作问题，研究制定了《中长期青年发展规划（2016—2025年）》，这份被称为"史上第一份青年发展规划"的文件，进一步明确了"党管青年"的根本原则，研究制定了涵盖青年思想道德、青年教育、青年健康、青年婚恋、青年就业创业、青年文化、青年社会融入与社会参与、维护青少年合法权益、预防青少年违法犯罪、青少年社会保障等十大领域和十大工程在内的任务目标和

---

① 张剑、吴丽华：《略论习近平新时代职业教育理念》，《职业教育探索》2018年第7期，第34—40页。
② 贺军科：《高举习近平新时代中国特色社会主义思想伟大旗帜，奋力谱写决胜全面建成小康社会、全面建设社会主义现代化国家的壮丽青春篇章——在中国共产主义青年团第十八次全国代表大会上的报告》，《中国青年报》2018年7月4日。

政策举措①,成为新时期新阶段指导青年发展、推进青年工作的重要遵循。2018年6月,中国共产主义青年团第十八次全国代表大会胜利召开,深刻总结了党的十八大以来青年工作取得的历史性成就,进一步明确了身处强国时代的新青年所担负实现中华民族伟大复兴的历史使命,进一步凸显了塑造培育时代新人的重要任务,进一步强化了鼓励支持青年建功新时代的重要信号。② 这些政策举措是对当前青年工作的深刻总结和科学谋划,彰显了以习近平同志为核心的党中央高度重视青年工作、强力推动顶层设计的突出特点,为新时期做好青年工作提供了有力支撑。

二是强化政治引领,青年思想政治主旋律更加高扬。青年时代是激情满怀、朝气蓬勃的时代,也是树立梦想、成就梦想的时代。强化青年政治思想引领,让青年在党的旗帜下聚集、在党的引领下奋进、在党的团结下圆满,对于个人成长成才和中国特色社会主义事业发展都意义非凡。党的十八大以来,以习近平同志为核心的党中央强力推进政治建设,高度重视青年思想政治教育工作,尊重青年成长成才的教育特点和阶段特征,先后开展形式多样、内涵丰富的主题教育实践活动,取得了较为丰硕的成果。例如,通过组织举办"我的中国梦"系列主题教育活动、党的群众路线教育实践活动、"三严三实"教育实践、"两学一做"学习教育、"不忘初心、牢记使命"主题教育等教育实践活动,广大青年干部更加坚定地增强了以习近平新时代中国特色社会主义思想为指引的思想自觉、行动自觉,更加坚定了实现中国特色社会主义共同理想和中华民族伟大复兴中国梦伟大使命的思想共识,更加坚定了对中国特色社会主义的道路自信、理论自信、制度自信、文化自信。通过社会主义核心价值观教育、青年马克思主义者培养工程等教育实践活动,培养和锻造了一大批信仰坚定、对党忠诚、绝对可靠的青年马克思主义骨干队伍。同时,强化对传统文化传承、

---

① 中共中央、国务院印发:《中长期青年发展规划(2016—2025年)》,2017-04-13,新华社,http://www.gov.cn/xinwen/2017-04/13/content_5185555.htm#allContent。

② 贺军科:《高举习近平新时代中国特色社会主义思想伟大旗帜,奋力谱写决胜全面建成小康社会、全面建设社会主义现代化国家的壮丽青春篇章——在中国共产主义青年团第十八次全国代表大会上的报告》,《中国青年报》2018年7月4日。

革命文化教育的宣传力度,配套制定了《关于实施中华优秀传统文化传承发展工程的意见》,对于传统文化的核心思想理念、中华传统美德、中华人文精神等内容进行了归纳提炼,拟定了一批具有中国特色和文化价值的传统节日,倡导广大青年要做优秀传统文化的传承者,号召广大党员干部特别是青年党员干部不过"洋节"等等,在潜移默化、点点滴滴过程中高扬了青年思想政治工作的主旋律。

三是建功于新时代,青年生力军作用正进一步凸显。党的十八大以来,中国特色社会主义进入了新时代,新时代的广阔天地为青年贡献青春、展现作为提供了崭新的舞台,沐浴在新时代的广大青年生力军作用更为显现。广大青年时刻牢记习近平总书记的殷切嘱托,主动将个人梦想与国家梦想结合起来,立足平凡岗位创造了一个个不平凡的业绩,书写了一个个标注伟大时代的辉煌,"在科技攻关最前沿,在创新创业第一线,在脱贫攻坚主战场,在社会服务各领域,在国际交往大舞台,到处都活跃着青年人的奋斗身影"①,青年一代成为强国时代背景下实现伟大梦想的有力支撑。扎根沙地、把荒漠变成草原的杰出青年万晓白,中国船舶重工集团有限公司第七〇一研究所国产航母总体副总设计师王硕威,在乡村振兴中绽放光彩的山东省东明县武胜桥镇玉皇庙村党支部书记、博士研究生关志洁等等都是这些建功新时代的杰出青年代表。广大青年积极参与"挑战杯"等群众性创新活动,积极参与"振兴杯"技能竞赛和各类岗位创优活动,成为推动支撑全社会创新创业的中坚力量,在推动经济高质量转型过程中发挥了重要作用。广大青年积极投身基层民主建设,助推了民情民意的表达、基层制度的完善、社会治理的优化,在培育和发展协商民主、基层自治、网络民主方面发挥了重要作用。广大青年积极参与文化传承与创新,积极推动社会风尚转型,大力推进文化创意产业发展,主动承担国际文化交流重任。

四是聚焦青年需求,积极构建服务青年发展大格局。党的十八大以

---

① 王沪宁:《乘新时代东风,放飞青春梦想——在中国共产主义青年团第十八次全国代表大会上的致词》,《人民日报》2018 年 6 月 27 日。

来,以习近平同志为核心的党中央坚持服务青年与发展青年并重,研究制定《中长期青年发展规划(2016—2025年)》,建立完善了党委领导、政府主责、共青团协调、各方齐抓共管青年事务的工作机制,并专门聚焦青年发展及成长成才面临的学习成才、就业创业、身心健康、社会融入、婚恋交友等突出现实问题,形成和完善了支持青年发展的政策环境。同时,还扎实推进共青团组织改革,不断完善联系青年、引导青年、服务青年工作制度,广大共青团干部逐步实现了由"当青年官"向"做青年友"的转型。针对青年群体思维活跃等特点,开设网上议题,引导青年合理表达利益诉求,文明理性参与网络公共生活。积极培育和完善社会组织,鼓励支持青年群体创新创业,解除青年群体的后顾之忧。

(三)以习近平总书记关于青年工作的重要论述为指导扎实推进青年工作

当前,做好青年工作、维护社会稳定,必须始终坚定以习近平总书记关于青年工作的重要论述为指导的思想自觉和行动自觉,努力推动青年工作健康有序发展。

一是要从战略高度重视价值观引领。习近平总书记关于青年工作的重要论述的一个显著特点是站在实现中华民族伟大复兴这一宏大的历史使命基础上谈青年的使命与担当,并结合青年价值观形成和塑造的关键节点、重大影响等来深刻认识对青年群体的价值观进行必要引导的极端重要性,以促使青年一代能够担负起新时代的伟大重任、历史使命。在价值观引领的方法上,要采取贴近青年群体特点、认知规律、接受程度等基本思路创新教育方法,突出理想信念教育在"强筋壮骨""补钙铸魂"等方面的关键作用,强化对习近平新时代中国特色社会主义思想的认知理解和内在认同,强化对社会主义核心价值体系的自觉认同和实践遵守,用科学理论武装头脑、指导实践、推动工作。

二是要多措并举推动青年成长成才。推动青年成长成才是一项系统工程,要科学部署、系统发力,当前重要的是抓好《中长期青年发展规划(2016—2025年)》的落实落地,进一步深化改革、优化服务,不断优化形成推动支持青年成长成才的良好环境。要充分发挥学校教育和职业教育的作用,转变青年群体的就业观念,提升青年群体的就业技能,调试青年群体的就业心态,增强青年群体的抗挫折能力。要大力建设线上线下"青年之家"综合服务平台,将"精细化服务"理念引入到支持青年成长成才的工作中去,探索完善支持青年创新创业的财税金融政策,探索完善困难青年、残疾青年的救助帮扶关爱体系,形成推动支持青年成长成才的良性工作机制和健康工作环境。

三是广大青年要牢记嘱托奋斗成才。党的十八大以来,习近平总书记多次深入高校、工厂车间、田间地头与广大青年亲切交流,并多次提出了殷切嘱托和希望。广大青年要时刻牢记习近平总书记关于"革命理想高于天"的嘱托,自觉强化党性修养、不断坚定理想信念、始终坚定信心跟党走;要时刻牢记习近平总书记关于"扣好人生第一粒扣子"的嘱托,切实在立志中提升境界、在勤学中增长本领、在修身中塑造品性、在实践中成就人生;要时刻牢记习近平总书记关于"事业靠本领成就"的嘱托,切实在勤学善学中提升本领、在为民服务中升华本领、在苦干实干中练就本领;要时刻牢记习近平总书记关于"青春是用来奋斗的"的嘱托,将个人梦想融入社会潮流、时代宏愿、国家雄心,在奋斗中释放青春激情、展现青春活力、成就青春梦想;要时刻牢记习近平总书记关于"创新是第一动力"的嘱托,主动服务于建设创新型国家的宏伟战略,积极投身改革创新的新时代洪流,努力在新时代展示新担当、贡献新作为、创造新业绩。

二、制度与政策的保障

前述针对青年农民工的问卷分析发现,能否顺利地融入城市生活既影响他们的生存现状,也影响他们对政府服务内容、服务效率、基层干部形象以及社会公平感的评价,而青年农民工认为,住房、公共服务对他们的排斥成为城市融入的最大阻力,当然就业的不稳定也让他们产生无根的漂泊感,由此使他们在城市没有归属感,对社会缺乏责任意识,权利和义务观念淡薄,对社会不信任,在一定条件下可能走向与社会的疏离甚至与社会对抗。青年学生很关心毕业以后的就业问题,能否顺利就业和找一个什么样的工作事关他们的生存和发展。基于此,各级政府需要为他们的安居乐业提供制度保障和政策支持。

(一) 针对青年农民工的制度政策保障

1. 推进户籍制度改革,为农民工进城提供制度保障

我国现行的户籍管理制度,初步形成于 20 世纪 50 年代,定型于 20 世纪 80 年代,至今尚未彻底摒弃。在工业化初期,户籍管理制度在稳定社会、促进社会建设方面起到了一定的积极作用。但是在城市化快速发展的背景下,现行的户籍管理制度仍将农村与城市隔离起来,在农民和市民之间竖起一道壁垒,这道壁垒带来了身份的区隔和制度歧视。

从计划体制时期沿袭下来的户籍管理制度并非仅仅只是对人口的常住、暂住、出生、死亡、迁入、迁出、变更等情况实行登记,这种制度更多的是赋予城乡居民不同的社会保障待遇。城乡居民待遇的差别带来了城乡间巨大的发展差距,这种差距不仅仅表现在经济方面,更重要的是表现在人的思想、行为、素质等精神文化方面。这些差别,在市场经济飞速发展的过程中不断加剧,增加了农民工融入城市的难度。并且在城乡二元管理制度的影响下,一些城市居民也以市民自居,觉得自己是城里人就要高农民一等,形成对一个群体的冷漠和歧视。当前我国已进入城市反哺农村发展的新阶段,必须改革不合时宜的城乡二元户籍管理制度,将农村与城市放在同一发展平台上,从制度上保障农民能够顺利进城且融入城镇。

当前,虽然户籍制度改革的模式不尽相同,但全国各地基本循着打破城乡二元体制束缚、促进人口的自由流动这一改革思路持续推进,并且已然取得了较为明显的进展。党的十九大报告就明确指出要破除妨碍劳动力、人才社会性流动的体制机制弊端,使人人都有通过辛勤劳动实现自身发展的机会。从实践来看,当前的户籍制度改革仍然存在一些突出的问题亟待解决:一是户籍制度改革所针对的落户人口仍然带有明显的局限性,青年农民工城市落户依然面临着较高的门槛,诸如住房、学历等限制;二是户籍制度改革虽然形式上取消了非农与农业户口之间的差异,然而

实质性的福利差异弥合依旧困难重重；三是户籍制度改革模式和推进力度的差异，造成了户籍制度改革中新的地区间不均衡现象。

如何以户籍制度改革助力青年农民工城市融入乃是当前和今后一个时期解决"三农问题"的重要任务。为此，应当从以下几方面展开努力：一是坚持以人为本，积极推动户籍制度功能转换。在推进户籍制度改革进程中，应当更加注重以人为本的理念，逐步弱化户籍制度的管控功能，转变为更加注重户籍登记与公共服务职能，从而为青年农民工的城市融入提供制度保障。二是稳步推进基本公共服务均等化，积极促使户籍与社会福利制度脱钩。积极稳妥地发展社会公共服务的同时，逐步降低和取消公共服务的门槛界限，使其与户籍制度相剥离，这也是户籍制度改革的难点所在。三是针对城市发展规模、青年农民工城市融入的现实问题，制定差异化的户籍制度改革策略。积极借鉴发达国家和发达地区的户籍制度改革经验，并根据当前青年农民工城市融入中的实际困难和主要障碍予以分类指导，制定差异化、针对性的户籍制度改革策略。

2. 推进土地制度改革，为农民工进城提供一定的物质基础

传统乡村社会中，农民以种地为业、以土地为生，土地之于农民乃是衣食父母，更是旱涝保收的一份保障。因而，农民具有深厚而特殊的土地情愫，以至于费孝通先生称"传统的中国社会是带有'乡土性'的"。在城镇化加速发展的今天，土地仍然是维系农村社会稳定的重要基石，仍然具有强烈的社会保障和风险规避功能，而随着城市化进程中土地价值的飙升，如何顺应新的发展形势积极推进土地制度改革，进而为农民工进城提供一定的物质基础已经成为当前各级政府面临的重要课题。

在新型城镇化背景下，积极稳妥地推进土地制度改革，提升农民工的物质资本，可以从以下几点着手：一是积极稳妥地推进农村土地流转，充分实现土地价值的多元化。伴随着新型城镇化的加速，农民工市民化成为绕不过的议题。然而，农民工市民化面临诸多障碍，其中最为突出的是市民化需要巨大的成本支撑。相当长一段时期内，农村的土地财产权利并未得到充分保障，致使农村土地沦为"沉睡的资本"，农民的土地财产权益未能充分实现。积极稳妥地推进农村土地流转，有助于极大地盘活

农村土地资源,农民从中可以获得一定的土地租金、入股分红、政府补贴、征地拆迁补偿以及其他财产性收益,从而大幅增加农民的家庭收入,为农民市民化提供良好的资本支持。二是全面完成农村土地确权,完善农村产权结构体系。通过土地确权,能够明晰土地承包经营权的归属,进而赋予农民更多的土地产权权能,不仅有助于完善土地经营权益和为农民财产权利提供保护,而且有利于化解和减少土地利益纠纷和矛盾。作为配套,还应当进一步建立和完善"市、县(区)、乡(镇)、村"四级联动的产权服务体系,完善农村产权交易市场,确保农村土地财产权益保值增值。三是更加尊重农民意愿,妥善处理城镇化进程中农民进城与承包地和宅基地保留与否之间的关系。在农民市民化过程中,江苏无锡地区的"土地换社保"模式、浙江嘉兴地区的"两分两换"模式、河南新乡农民的"被迫上楼"等实践均因一些具体做法违背了农民的意愿、侵犯农民权益而被迫中止。为此,在城镇化进程中推进土地制度改革,理应更加注重对农民意愿的调查与了解,更加注重农民权益的维护与保障,更加注重把农民的财产权利转换为其市民化的物质资本。

3. 实现基本公共服务的全覆盖,为农民工进城解决后顾之忧

公共服务是联系居民与社会的纽带,根据阿玛蒂亚·森的观点,公共服务能有效改善社会环境和自然环境的差异给人们带来的不利影响,通过完善公共服务可以改善弱势群体自身状况。[1] 完善的公共服务体系对于提高农民的城镇认同感和归属感都具有非常重要的意义。

实现基本公共服务的全覆盖,为农民工进城解决后顾之忧,需要从以下几个方面着力:一是促进公共服务供给主体的多元化。我国城镇公共服务供给主要由政府的公共财政支持,供给主体单一,使得城市的公共服务陷入供小于求的窘境。随着越来越多的农村人口进入城镇,人口膨胀给城镇公共服务提出了很大的挑战,所以应完善城镇公共服务的供给方式,由原来的单一主体提供向政府、社会、居民、市场四者联合分工提供的

---

[1] 参见褚宏启:《新型城镇化与教育行政职能转变——城镇化进程中的教育行政改革》,《教育学报》2015 年第 6 期,第 32—41 页;[印]阿玛蒂亚·森:《贫困与饥荒》,王宇、王文玉译,商务印书馆 2001 年版。

方式转变,形成公共服务供给的整体合力,切实提高公共服务供给的质量。二是不断优化公共服务供给的内容。伴随着城镇化进程的加速推进,大量青年农民工、青年学生进一步涌向城市,有的甚至举家搬迁,加之老龄化趋势的日趋严峻,城市中的人口结构进一步分化,城市公共服务需求越来越带有明显的群体性特点和差异性格局,如此一来,城市公共服务供给模式单一、内容缺乏特色的弊端便开始显现。为此,需要针对不同群体的需求特点,加强个性化、差异化的公共服务供给,完善针对老年人口、青年农民工、青年学生、儿童、妇女等多元供给对象的服务体系。同时,还要进一步完善公共服务的类型项目,"不仅包括教育、医疗、环境等社会性公共服务项目,也包括水电气、路桥、通讯、邮电、气象等基础性公共服务项目,还包括各类经济性公共服务以及安全性公共服务项目"①。三是坚持以人为本的理念,畅通公共服务的需求表达机制。公共服务不但是供给方的事情,更是攸关需求侧的重大民生问题。在推进和优化公共服务供给过程中,必须更加注重以人为本的发展理念,畅通包括青年农民工、青年学生等在内的弱势群体的需求表达机制,政府部门要切实关注青年群体的利益需求,并通过听证会等制度设计让青年群体把对医疗、住房、教育、养老等公共服务的群体利益诉求和个体需求表达出来,进而能够影响和改善公共服务供给决策,优化和提升公共服务的供给质量。

4. 创新社区管理体制,逐步落实社区居民的政治权益

国家发展和改革委员会社会发展研究所所长杨宜勇研究员指出,农民工市民化是一个多层次、动态化的演变过程,需要经历劳动力的城市化、公共服务待遇的城市化、人的权利的城市化等逐渐加深的发展阶段,而人的权利的城市化之核心要义是政治权利的城市化②。社区是城市社会的基础单位和细胞,随着城市化进程的逐步加深,社区日渐成为人们生产生活的重要场所、心灵归属的重要家园、公共参与的重要平台。如何在

---

① 宋连胜、金月华:《论新型城镇化视角下的公共服务均等化》,《探索》2016年第2期,第123—127页。

② 杨宜勇、魏义方:《农民工融入城市社会的政策机制研究》,《人民论坛·学术前沿》2017年第3期,第70—81页。

社区的场域内维护青年农民工的政治权益已经成为增强青年农民工城市融入的重要举措。然而，尽管我国提出社区自治的口号已有一段时间，但现行的社区管理体制行政色彩依旧浓厚，社区管理目标不明确、管理制度不科学不规范等问题依旧比较突出，限制了社区的发展活力，所以应真正还自治于社区，实现由居民深度参与管理社区。

创新社区管理体制对于保障社区居民的政治权益、提高青年农民工的城市融入程度具有重要作用。为此，一是要建立和完善社区组织。社区组织是汇聚社情民意、增进社区共识、协调社区矛盾、维护居民权益的重要载体。应建立和完善社区组织，积极鼓励居民通过加入相应的组织，有秩序地表达自己的诉求，参与社区建设和管理，充分实现自己作为居民应该享有的社区管理权利。二是要积极促使政府职能转型。长期以来，社区居委会及其活动渗透着强烈的政府意愿，成为政府向基层延伸的触角，致使真正的自治功能未得到充分发挥。首要的破解之道在于政府的职能转型，政府组织要摆脱事无巨细、无所不包的管制思维，从大量社会事务中解脱出来，向社区及社区居民赋权，加强政府与社区、社区组织的合作共治。同时，又要积极发挥公共服务职能，在如何推动社区发展、规范社区管理运作上下功夫。三是积极完善社区自治机制。首要的是把外来务工人口当成社区管理的主体，让外来人口参与到社区管理之中，这不仅有利于加强社区民主建设，还有利于外来人口的城镇生活融入，通过完善的社区参与，他们更会以积极的主人翁姿态面对城镇生活；其次是要完善社区自治和公共参与的组织载体，完善居民代表会议、户代表会议、居民议事会等基础平台，大力培育社区志愿组织、社区服务组织等，使之成为辅助平台；最后是要落实社区自治制度，提升参与意愿。社区参与是社区自治的灵魂和持续发展的力量源泉。要健全和落实社区民主管理、民主决策、民主选举、民主监督等制度框架，提升社区公共事务的透明度和公开性，以社区居民普遍关注的利益联结点作为凝聚社区共识的重要契机，提升社区居民的参与质量。

5. 加大农民工技能培训的政策支持力度

近年来，伴随着我国经济社会的发展、产业结构的升级、城镇化进程的加快,青年农民工的技能匮乏与城镇化对高素质人才的需求之间的张力越来越大,已经从劳动密集型产业用人匮乏的"民工荒"演变为技术密集型人才短缺的"技工荒"。如何通过政策支持体系强化青年农民工的技能培训已经成为提升青年农民工综合素质、缓解结构性的人才匮乏和推动城镇化持续健康发展的重要因素。

近年来国家逐步加大了对农民工技能培训的政策支持力度,并且开展了包括"阳光工程"等重大职业技能培训示范项目,取得了较为良好的成效。然而现有的政策支持体系中,仍然存在着一些不足和缺陷:一是专项财政政策支持乏力,使得现有的职业技能培训普惠性不足。2017年我国农民工总量达到28652万人,1980年及以后出生的新生代农民工占全国农民工总量的50.5%,逐渐成为农民工的主体。面对如此庞大的人口基数,现有的财政拨款显得杯水车薪,青年农民工参加职业技能培训不得不缴纳高昂的培训费用,影响了职业技能培训的效果和普惠性。二是职业技能培训市场不够规范。由于监管不力,一些职业技能培训学校缺乏培训办学资质,在办学场所、教师配备、硬件设备等方面都不达标,更有甚者作假骗取国家的专项培训经费,严重干扰了培训市场。三是职业技能培训体系仍有待健全。青年农民工融入城市的愿望更强,对创新性、实用性、应用型职业技能培训的需求自然就更高。然而,当前的职业技能培训体系仍然不尽科学,创新性、实用性、应用型职业技能培训仍然比较短缺。

鉴于此,应当切实加强职业技能培训的政策支持力度,为青年农民工的职业素养提升创造条件。第一,要加大对青年农民工职业技能培训的财政金融政策支持力度。逐步完善财政金融政策,在重新审查人均培养经费的基础上,加大对青年农民工职业技能培训的专款投入,完善青年农民工培训经费分摊机制,减轻其参加职业技能培训的经济负担。第二,切实加强培训市场的监督管理,规范职业技能培训市场的运转。严格审查培训机构办学资质,完善职业技能培训的法律法规,依法打击扰乱培训市场的违法行为。同时,完善职业技能培训的质量监督与考核评估机制,保障职业技能培训市场质量的稳步提升。第三,整合优势资源,完善职业技能培训体系。整合现有职业技能培训学校资源,重点打造一批示范性农民工职业技能培训基地,总结他们的办学经验并逐步推广。同时,根据经济社会发展需求,加大青年农民工创新创业能力、实用性技术等培训课程所占比重,建立和完善层次丰富的课程培训体系。此外,政府还要积极改善企业用工环境,提升职业技能培训的社会认可度。

党的十八大以来,无论是在推进农民工城镇落户、子女上学,还是技能培训方面,党和政府都做了大量的工作,取得了明显成效。十八大以来的近五年,我国城镇化率年均提高一点二个百分点,八千多万农业转移人口成为城镇居民。[①] 十九大以来,新型城镇化继续稳步推进,仅2018年就有近1400万农业转移人口在城镇落户。2019年政府将继续抓好农业转移人口落户,推动城镇基本公共服务覆盖常住人口;保障进城务工人员随迁子女教育,发展"互联网+教育",促进优质资源共享;还将实施职业技能提升行动,从失业保险基金结余中拿出1000亿元,用于1500万人次以上的职工技能提升和转岗转业培训。[②] 随着这些政策的实施,青年农民工的城市融入水平将得到进一步提升。

(二) 针对青年学生的制度政策保障

1. 推进城乡统筹发展,促进社会公平

城乡之间二元社会体制造成城乡之间在教育、就业、医疗以及其他生存和发展权方面的差异,同时也是导致新生代青年群体对政治经济文化社会等的认知评价和行为选择出现偏差的重要原因。为此,必须积极推进城乡统筹发展,促进社会公平。

统筹城乡发展、促进社会公平,缩小城乡差距,为青年学生成长提供相对公平的条件,有助于为青年学生相关问题的解决提供政策环境保障。具体来看,可以从以下几方面着力:

---

① 习近平:《决胜全面建成小康社会　夺取新时代中国特色社会主义伟大胜利——在中国共产党第十九次全国代表大会上的报告》,人民出版社2017年版,第3页。

② 李克强:《2019年国务院政府工作报告——在中华人民共和国第十三届全国人民代表大会第二次会议上的报告》,《人民日报》2019年3月17日。

一是要因地制宜将城乡发展纳入一体规划。统筹城乡发展,首先需要统筹规划,坚持因地制宜的同时,又要以统一规划的思想为指导,坚持全域一盘棋,积极寻求全面解决各种类型区域问题的途径,将统筹城乡发展与城乡资源配置、城乡经济发展、城乡环境保护等多方面因素纳入综合考虑,形成统筹城乡发展的一体规划和一体发展格局。

二是要着重促进教育公平。在一定程度上,教育仍然是改变农村学生命运和帮助他们进入城市的重要途径,担负着促进社会公平的重要职能。尽管近年来促进义务教育均衡发展的试点在全国各地进行,然而,由于经济发展和地域条件等多方面的限制,基础教育发展仍然存在着严重的城乡不均衡状态,使得来自农村的青年大学生面临诸多不公平的机会。为此,需要政府进一步加大对农村义务教育、偏远山区义务教育的经费投入、师资配备、政策保障力度,逐步实现城乡义务教育均衡发展。尽管高等教育发展和高等教育改革日益推进,然而,地区之间的高等教育资源配置也极为不均衡,农村学生在经济条件上处于不利地位,入学机会的下降势必导致他们期望通过受教育改变命运进入城市的机会下降,不少农民的后代辍学直接进入劳动大军或成为社会闲散人员,受教育机会的缺乏自然会引发相应的社会问题。此外,积极改革高考招录制度,更加注重不同区域考生数量的招生名额分配问题,保证招生过程和各环节的公正性,同时更加注重完善财政转移支付、绿色通道、奖助学金政策等,解决贫困家庭青年学生上大学的费用问题。

三是逐步缩小城乡之间就业、医疗、社会保障、生态环境、公共服务等方面的差距。推动城乡统筹发展,需要积极完善就业、医疗、社会保障等有关政策,按照标准统一、适当补贴的基本要求,支持和促进农村地区的产业发展、医疗和社会保障事业的发展。另外,在积极促进城市环境保护、公共服务完善的同时,还要积极推进农村地区的生态环境保护、公共服务延伸等有关工作,缩小城乡青年学生成长环境的差异。

2.增加就业机会,实现公平竞争

党的十九大报告指出,就业是最大的民生。要提供全方位公共就业服务,促进高校毕业生等青年群体、农民工多渠道就业创业。近年来,党和政府高度重视青年学生的就业工作,2019 年的《政府工作报告》提出就业优先政策要全面发力,并首次将就业优先政策置于宏观政策层面,旨在强化各方面重视就业、支持就业的导向,强调必须把就业摆在更加突出位置。

这些年来,随着国内外环境的变化、就业人数的逐年增加和经济发展中结构性矛盾的凸显,大学生就业问题日渐成为国家和社会关注的热点。大学毕业后能否找到工作成为一些学生和家长日夜焦虑的问题,就业的困难对青年学生的心理和行为都可能带来某些消极的影响。比如,青年学生在就业过程中遭遇的歧视、不公与困难容易使他们滋生心理疾患,进而累积社会不满情绪,造成新的贫困固化与社会不公,甚至诱发影响社会稳定的极端行为①。就业是民生之本,解决青年学生的相关问题需要就业政策的完善、就业机会的拓展、就业岗位的稳定和就业环境的公平。

一是大力实施积极的就业政策,努力增加青年学生就业岗位和就业机会。以创业带动就业,是加大就业岗位供给的有效路径。国家有关部门要积极出台与创业有关的支持性金融财税政策,鼓励青年学生自主创业和自谋职业,并为其营造良好的市场环境。大力发展经济是扩大就业岗位的重要保障。要积极顺应经济发展新常态,在推动产业结构的优化升级与稳定青年群体就业、促进经济社会健康发展中寻找动态平衡。二是努力规范就业市场,提供公平有序、良性竞争的就业环境。在多渠道、多方式扩大就业机会、增加就业岗位的同时,要把促进就业公平、营造良好的就业环境摆到更加突出的位置上来。要更加关注贫困大学生、女大学生、残疾大学生等特殊群体的就业问题,要逐步消除制度性歧视、规范各种限制条件,同时还要及时发现和严肃处理公务员招录、企事业单位招聘和人才市场求职过程中的不正当竞争行为,打造科学合理公平公正的用人环境。此外,还要积极加大对青年学生就业的人文关怀,对于有特殊困难的青年学生就业给予适当补贴,为已经就业的青年学生提供劳动保护条件,让其能够更加有尊严、更加安心地工作。三是完善就业培训和职

---

① 颜志刚:《论大学生就业与社会稳定》,《学理论》2009 年第 16 期,第 231—233 页。

业能力提升政策体系,促进青年学生稳定性就业。稳定性就业是青年学生职业忠诚感塑造的必然要求,同时,又有赖于青年学生自身素质能力的不断提升。通过完善青年学生就业培训和职业能力提升的政策体系,帮助青年学生实现能力训练和素质提升,进而促进青年学生能够获得相对稳定的工作岗位和职业发展期望。

3.提高政府服务水平,强化社会保障

当前,我国正处在社会转型的重要时期,加上青年学生身心不够成熟,在政治认知和行为选择过程中易出现理想化、功利性、实用性等倾向,并与社会中呈现的不公正、不和谐现象相互交织,极容易诱导部分青年学生形成偏离主流价值的政治态度、经济思维、社会观念和文化意识,形成不利于社会和谐稳定的亚文化。通过提升政府服务水平、强化社会保障,能够在一定程度上弥补和降低社会不公正和不和谐现象对青年学生的负面影响,直接提升青年学生的满意度和获得感,从而使得青年学生成为社会和谐稳定的建构者。

提高政府服务水平,强化社会保障,可以从以下几方面着力:

一是完善与青年学生切身利益相关的就业安居等政策支持体系。青年学生最突出的利益诉求是就业与安居,农村户籍的青年学生尤甚。能否在城镇中找到合适的工作并且顺利在城市中落户定居,已经成为相当一部分农村户籍的青年学生衡量读书改变命运这一命题正确与否的重要标尺。例如,通过加大对青年学生创业的政策支持,在青年学生落户制度、政策扶持、资金支持等方面予以适当倾斜,有助于优化青年学生的就业创业环境,培育和提升青年学生自我发展能力。通过高层次人才引进计划,实施安家费+岗位津贴+科研启动经费等政策组合大礼包,优化高层次人才的就业环境,有助于形成尊重知识、尊重人才的良好社会氛围,促进部分青年学生继续深造,提升自身综合素质。

二是积极强化政府的公共服务职能,切实提升青年学生群体的获得感。以青年学生成长成才的发展阶段和基本节点为视角,逐步完善政府的公共服务和专项支持。例如,政府和高校联合出台有关政策并配套资金、人才等支持地方建设和完善教学实践基地建设,促进青年学生学思结合、知行合一,实现知识水平、实践能力与个人成长的有机融合与共同提升。又如,简化与青年学生有关的入学贷款、奖助学金等申请程序,完善毕业生档案保存、失业保障等公共服务,改善政府就业部门在就业信息发布、虚假就业信息筛查打击等方面的职能,通过青年学生可感知的变化和服务,让青年学生群体真切地感受到政府服务带来的便利。

三是以社会保障为兜底,维护青年学生生存发展的基本权益。社会保障具有保基本、兜底线、促公平等重要功能,通过发挥社会保障的作用,保障家庭经济困难的青年学生能顺利入学、安心求学,将白血病、脑瘫、再生障碍性贫血等大病纳入在校青年学生医疗保险范畴以缓解这些家庭的经济负担,等等。总之,通过社会保障基本功能的发挥,确保青年学生的生存权和发展权,维护社会的和谐稳定。

三、企业与社会组织的支持

前述针对青年农民工的问卷分析发现,工资水平、收入水平的高低以及婚姻状况会影响他们对政府的公信力、社会的信任感、社会的公平感以及对政府服务水平和效果的感知与认识;在校大学生对自己未来收入的担忧、对当下收入分配制度和社会资源占有状况的不满也影响他们对党和政府的评价,为此改善农民工工作环境、提高劳动者在初次分配中所占的比例和发挥社会组织的黏合剂和缓冲阀作用,有助于缓解新生代青年群体的社会不满情绪,进而有利于社会稳定。

(一) 改善工作环境,强制实行社会保障费用的分摊制度

工作环境不仅关系到员工的工作质量和工作效率,更重要的是事关劳动者的身体健康以及劳动安全。外来务工人员在促进经济增长、建设现代化城市的同时,承受着一些不良生产环境和劳动损害的风险,我国出台了《劳动法》《安全生产法》《职业病防治法》等一系列法律文件,以从制度方面促进劳动者工作环境的改善,但是现实执行的情况却难尽如人意。从前文的调查结果可以看出,在他们对缺乏比较自由的选择权的情

况下,对工作环境"满意度一般"成为多数青年农民工的第二选项,选择"不太满意"和"比较不满意"的比例虽然不是很高,但他们的职业安全不容乐观。一些高危险的行业主要由外来务工人员从事,这一群体患职业病的比例较高,但是他们的劳动保障不完善,没有享受到务工人员应该享受的各种社会保障待遇,这就降低了他们承担风险的能力,一旦发生职业安全事故,就会让他们陷入灭顶之灾,而维权的艰难容易使他们走极端,危及社会稳定。

为此,必须积极采取措施,着力改善农民工的工作环境,强制推行社会保障的费用分担。一是积极改善外来务工人员的工作环境。应采取有关措施,切实保障务工人员的工作环境达到相关安全标准。例如,积极推进城中村改造工程,着力改善农民工居住环境;同时,适度放宽保障性住房的户籍等限制条件,允许农民工按照有关程序申请居住。作为配套,还应协调各部门的服务与管理,有效监督用工单位的工作环境状况,依法惩处、取缔不合工作环境安全标准的单位,促使用工单位严格按照劳动法的相关规定,切实保障务工人员的劳动安全。

二是积极探索并强制推行社会保障的费用分担制度。就外来务工人员社会保障方面的待遇来说,最为紧迫的是强制推行企业、政府、社会协同和务工人员个人分担的社会保障制度,以减少外来务工人员的经济负担,提高外来务工人员承担风险的能力,保障其基本权益。在当下,需要落实好2019年《政府工作报告》中提出的"继续提高企业职工基本养老保险基金中央调剂比例、划转部分国有资本充实社保基金"的政策,在减轻企业缴费负担的同时切实保障职工的社保待遇不变。

三是逐步完善外来务工人员相关的社会保障和救助体系。由于外来务工人员从事的职业、技术工种的差异,对社会保障的需求也呈现出多层次性,应当探索和完善差异性的社会保障体系。首先针对职业病高发、工伤高发的外来务工人员群体,紧要的是完善工伤保险制度,并且加强对工伤保险费缴纳的监督,减少工伤鉴定中的烦琐手续,切实维护外来务工人员的身体健康权利。其次是完善多层次的医疗保险制度。给予职工基本医疗保障的同时,针对大病、职业病等病种实现国家、企业和职工的医疗成本分担。再次是完善外来务工人员的社会救助体系。满足外来务工人员遭遇突发变故时的紧急救助需求,确保当被拖欠工资、遭遇工伤等权益受损时的法律援助等等。还要完善外来务工人员的养老保险制度。2012年12月某地区通过抽查全区42家建筑工业发现,农民工参加职工养老保险的比率仅为0.36%,这既需要增强外来务工人员的维权意识,更要加强政府对企业社保缴纳的监督和管理,切实维护外来务工人员的基本权利。总之,要提升外来务工人员的社会福利水平,完善外来务工人员随迁子女的教育政策,放宽保障性住房等限制条件,破除社会福利上的社会排斥现象。正如蒂特马斯所说,社会政策本身就是一种团结机制,能够降低造成分割的不平等,维护和增进社会团结①,防止社会断裂。

(二) 改革收入分配制度,提高农民工和初就业者的工资水平

目前我国的收入分配差距拉大现象比较显著,已经超过国际警戒线,而较大的贫富差距不利于社会稳定。农民工干着最脏、最累的活,但是他们拿到的工资却与他们的付出不完全匹配。同时从初就业者的角度看来,很多的工作单位都会以他们没有工作经验为借口,降低他们的工资,甚至还会克扣他们本不多的工资,有些初就业者甚至会出现借钱吃饭的现象,这种情况不仅在农民工群体中有,在大学毕业生群体中也并不鲜见。

我国的经济发展实行的是"两步走"的政策,第一步使一部分人先富起来;第二步是先富带动后富,实现共同富裕。现在我国正处于第二阶段。而在这一过程中,完善收入分配制度是关键。收入分配制度改革是实现共同富裕的基础,是经济体制改革的重要内容,完善的收入分配制度是实现社会公平的前提。收入分配制度改革涉及利益结构的调整,需要把握改革的长期性和复杂性的特点,注重可持续性、系统性和整体性。改革收入分配制度,切实提高农民工和初就业者的待遇,对缩小贫富差距,

---

① 保罗·怀尔丁、刘继同:《福利与社会的关系:社会福利理论渊源与蒂特马斯典范》,《社会保障研究》2009年第2期,第1—14页。

实现共同富裕意义重大。

通过收入分配制度改革以提高农民工和初就业者的工资水平,可以从以下几方面着力:

一是要适当提高最低工资标准,改善初入职场的青年农民工和青年学生的收入状况。在收入初次分配过程中,要以经济增长率、劳动生产率提高、利润率变化、物价指数、劳动报酬在国民收入初次分配中的合理比例等为依据①,制定初就业者的工资水平,建立和完善工资增长的长效机制,从而不断提高最低工资标准,使初就业者获得较好的生存和发展条件。

二是积极制定和有效落实与初就业者有关的收入保障政策。青年农民工、青年学生中的初就业者作为城市中的低收入群体,不仅工资水平较低,而且收入稳定性也较差。因而,提高青年农民工、青年学生等初就业者的工资收入,就需要相应的政策支持与保障,通过完善工资保证金、工资支付制度等制度约束来确保青年农民工和青年学生等初就业群体的工资按时足额发放。

三是加大政府对收入分配改革的宏观调控,营造一种更加公平公正的劳动环境。在相当长一个时期内,我国劳动(报酬)占 GDP 的份额一直处于低水平的稳定状态②,这种特殊的状态严重影响了初就业者工资水平的提升,破解之道在于政府有关方面加强对初次分配中劳动价值比重的重新审视和优化制度设计,有效遏制市场竞争对低收入群体的排斥,从而保证初就业者的工资水平得到提升。

(三) 提高青年农民工和劳动者的组织程度,增强他们的谈判能力

目前我国农民工和劳动者的权益多通过单一的政府保护加以维护,这种方式被动且容易形成"路径依赖",弱化务工人员自身的权利意识和

①　李小玉:《当前我国农民工收入现状及提升路径》,《企业经济》2012 年第 12 期,第 148—152 页。

②　张车伟、张士斌:《中国初次收入分配格局的变动与问题——以劳动报酬占 GDP 份额为视角》,《中国人口科学》2010 年第 5 期,第 24—35 页。

维权能力。组织是成员得以立足社会和求得发展的保证,尤其对于处于社会边缘群体的农民工,组织对他们自身发展的意义是不言而喻的。组织化是实现农民工市民化的一条切实有效的道路,通过提高务工人员的组织程度,确保他们在就业、工资、社会保险、子女教育、劳动保护等合约签订时,更有讨价还价的能力,从而享有相对公平的待遇。

个人力量是微弱的,通过提高组织程度,务工人员可以通过组织表达自己的诉求,有了组织载体,使自己的声音更有"震撼力"。同时,有助于摒弃以往的"非暴力不解决问题"的维权"怪象";借助组织平台,可以建立相关的对话机制,以和平的方式、最小的成本解决问题,维护他们的合法权益。同时,大量的农民工进入城镇,给城镇的管理带来很大的挑战,如果让有关的组织承担起管理农民工的责任,对于缓解城镇行政管理压力,降低城镇行政管理成本,实现外来人口与城市原居民的和谐相处,形成良好的社会秩序等意义重大。

为此,可以从以下几个方面着手:一是因势利导,大力培育青年社会组织。为满足青年农民工和劳动者闲暇生活需要,解决其在权益维护、自我发展等方面的话语权不足的问题,可以积极组建和大力发展健康的、形式多样的青年群体自组织。诸如广州打工族文化服务部、深圳小小鸟打工互助热线、律师行业协会、广州珠江工友服务部等自发形成的社会组织,对化解青年农民工的工作和生活困境起到了一定实效。当然,社会自组织的发展既有赖于作为主体的青年群体文化素质的提升,也有赖于其权利意识的觉醒,更有赖于青年群体的积极参与。二是重视发挥青年工会等社会组织在青年群体权益维护中的作用。我国《工会法》第二条规定:"工会是职工自愿结合的工人阶级的群众组织。"在一些经济较为发达的地区,已经开始出现了青年群体成立的工会组织,并在维护职工权益方面发挥作用。三是提升青年群体的组织参与意识和能力。除了积极的组织建构之外,青年群体的组织参与意识和参与能力也是影响其组织程度的重要因素。要积极宣传和合理引导,促使青年群体选择通过组织化的力量表达和维护自身权利,避免个人的冲动与蛮干;同时,鼓励青年群体通过积极参与组织活动的实践来提高参与意识,锻炼参与能力。

（四）加强政府与社会的互动与互补，提升公共服务水平

当前，人们的公共服务需求日益扩大化、多样化，传统的以政府为主的供给模式遭遇困境，供需错位与低效供给共存，难以满足人们日益增长的公共服务需求，需要加强政府与社会的互动合作与有效互补，切实提高公共服务水平和质量。具体来看，需要从以下几方面发力：

一方面，要理清政府与社会在公共服务供给中的功能定位。推动政府与社会在公共服务供给过程中的互动合作，首先要转变政府的治理理念，秉持合作而非排斥的思路，积极将社会纳入公共服务的供给主体，并且积极规范政府的服务行为，为改善公共服务供给质量奠定基础。同时，政府部门要在完善公共服务体系中更加有所作为，积极完善包括核心公共服务、基础公共服务以及支持性公共服务等在内的公共服务体系。①而作为社会一方，则需要积极发动公民个体、企业组织、第三部门等多方力量参与到公共服务的供给中来，发挥各自在公共服务供给中的优势和长处，互为补充，以延伸公共服务供给范围、拓展公共服务半径、提升公共服务质量。

另一方面，要实现政府与社会在公共服务供给中的互补。在公共服务供给过程中，政府与社会各有优势与不足，其中政府介入公共服务的供给源于"市场的失灵"，而社会介入公共服务供给的合法性依据则是为了弥补"政府失败"的弊端。以往的公共服务供给实践已经表明，政府能够为公共服务供给设定总体规划和出台政策举措，然而，若单纯由政府组织生产并供给产品则会影响公共服务供给的效率和质量，同时也不利于满足公众日渐多样化的公共服务需求。在弥补政府不足方面，社会能够大有作为，例如，通过合同外包、特许经营等方式，社会能够缓解政府组织在公共服务生产和供给中的不足，保障公共服务供给的多样化；同时，借助多元化的载体，社会能够将公共服务供给的服务半径延伸到居民身边，有效克服公共服务供给中的"最后一公里"问题。当然，社会在公共服务供

---

① 陈娟：《"双向互动"：公共服务供给主体的角色定位与路径选择》，《中共福建省委党校学报》2012 年第 2 期，第 53—59 页。

给过程中也会存在"失灵"与"失败",导致公共服务供给的公益性丧失,这也有赖于政府部门加强对社会合作治理规则的制定,通过正式的组织制度约束来规范社会供给公共服务的公益性,同时政府组织还能够通过培植社会资本、提升社会信任等办法为社会组织的公共服务供给提供良好的外部环境和文化氛围。

（五）发挥社会组织的作用,解决新生代青年群体的婚姻和心理问题

法国学者托克维尔认为,民间团体是现代民主制的基础,社会组织在促进居民间交流、认同和融合的过程中,起着不可替代的作用。工作劳动强度大、工资低、劳动环境不好、收入不稳定等一系列客观问题,易使新生代青年群体产生不同程度的心理疾患,较大的生活压力使得他们对未来的生活感到迷茫,四处漂泊的生活境况使他们的感情缺乏归宿。身心亚健康、婚姻问题的困扰容易让他们积累对社会和他人的不满情绪,形成与社会对抗的心理和行为趋向。而发挥社会组织的作用,吸纳更多的青年加入多样化的社会组织,帮助他们解决婚恋难题,找到生活归宿,有利于规制他们的行为,实现高质量的社会化。

发挥社会组织在解决新生代青年群体婚恋等问题方面的作用,可以有以下作为:一方面,积极开展心理健康教育,引导青年群体树立正确的婚恋观。社会组织可以发挥其教育优势,针对新生代农民工和青年学生群体开展心理健康专题教育,帮助他们形成健康的婚恋心理,筑牢婚恋的法制防线,引导他们树立正确的婚姻观、爱情观,正确对待和妥善处理婚恋中出现的问题,维护和增进青年群体的身心健康。另一方面,充分发挥社会组织的组织优势,开展形式多样的交友活动。最近颁布实施的《中长期青年发展规划（2016—2025 年）》明确将青年婚恋纳入重点工作任务,并给出了指导性意见。有关部门应当借助类型多样的社会组织广泛开展各种兴趣交流、聚会交友等活动,通过组织活动增进新生代青年群体的情感交流,扩大他们的交友空间和择偶机会,帮助他们解决个人的终身大事。

另外,新生代青年群体分化的利益诉求、多样化的观念认识、特立独行的价值判断如果不加以合理有效的疏导,将会是社会不稳定的导火索,通过社会组织建设,构建缓冲地带,充分发挥其中介功能,在一定程度上对社会矛盾能够起到减压阀的作用。

四、充分发挥学校教育的功能,提升家庭教育的效能

(一)学校强化理想信念、正确价值观与社会规范的教育,培养合格人才

学校教育对一个人的成长至关重要。现代学校以其职能的专门性、组织的严密性、作用的全面性、内容的系统性、手段的有效性和形式的稳定性等特点在人的社会化过程中承担重要职能。从某种意义上说,学校教育决定着一个人社会化的水平和性质。

伴随着市场经济的发展,社会上拜金主义、享乐主义等不良思潮影响着新生代青年群体。同时,我国正处于全面深化改革的攻坚期,各种利益纠纷、矛盾冲突日益凸显,急需通过积极的精神力量来影响和感染青年一代,汇聚建设中国特色社会主义的磅礴力量。因而,在这个多元思潮激荡的时代,学校的思想政治教育功能必须加强,牢牢把住培养合格接班人的根本方向。

其一,学校要强化对青年学生的中国特色社会主义理论体系教育。学校担负着培养中国特色社会主义事业的合格建设者和接班人的重任,尤其是高等学校,要回答为谁培养人、培养什么样的人、如何培养人这些本质性的问题。为此,要通过课堂教学和多样化的思想政治教育渠道,对青年大学生强化中国特色社会主义理论体系的教育,尤其是习近平新时代中国特色社会主义思想的教育,以社会主义核心价值观引领青年群体成长,帮助他们增强理论自信、制度自信、道路自信和文化自信,澄清模糊认识,正确看待社会发展中的矛盾和曲折,形成正确的世界观、价值观和人生观,成为中国特色社会主义事业的中坚力量。

其二,学校要完善对青年群体的公民精神塑造。以珍视权利、敬畏规

则、平等尊重、积极参与、开放宽容、信守契约、勇担责任等为表征的公民精神是现代社会不可或缺的非制度资源。学校在公民精神塑造中担负着重要的使命，是塑造公民精神、培育公民人格的重要阵地。学校既要通过开设政治、经济、法律、道德等公民教育课程，也要借助丰富的社会实践和多样化的教育形式（比如创作公民精神教育的文艺作品、动画视频等）引导学生自觉树立和不断强化敬畏规矩、理性参与、勇担责任、恪守诚信等公民道德，把青年学生塑造成优秀的公民。

（二）高等教育实行分层发展，提升青年学生的就业技能

国家大计，教育为本。目前我国的高等教育培养机制与社会发展需求有些脱节，一方面是很多企业招不到合适的人才，另一方面是不少大学毕业生找不到工作，这种矛盾现象向我国的高等教育培养模式提出了挑战。促进高等教育特色化、分层发展成为化解高校毕业生能力素质同质化、单一化的重要途径，也是解决青年大学生就业难题的重要举措。为此，高等学校应转变观念，适应多元化的社会产业结构和多层次的人才市场需求，走特色化和多样化发展的道路，从办学层次和人才培养结构两个方面进行相应的调整。

美国学者马丁·特罗在《高等教育新论》一书中系统介绍和解释了高等教育系统分层的现象，指出在名望、财富、权力等因素的作用下高等教育系统被客观上划分为不同的类型与层次，造就了高等院校多元发展的格局，为我们推进高等教育分层发展提供了重要启示。为此，一是构建科学合理的教育分层系统。推进高等教育的多元化发展，既要构建新的高等教育质量评估体系，又要引导高校立足自身特色，明晰自身的办学定位和办学特色，促进综合性大学和专门性大学的均衡发展，促进理论型人才和实用型人才的均衡培养。二是推动一些文化底蕴较薄的大学向应用型高校转变，以培养社会需要的技能型人才为主要办学方向，提升青年学生的就业技能，以满足社会的多层次人才需求。三是有效保障和落实高等学校的办学自主权。高等教育发展需要有相对独立的空间，政府部门在对高校的管理过程中应更加注重运用灵活的、柔性的管理手段，避免刚

性的行政权力渗透压缩高等院校在办学模式、课程设置、教学科研等环节的自主权,通过高校的多元、分层发展提升人才培养质量,提高青年学生的就业能力。

（三）关注青年学生的人格健全,提升综合素质

人格可以视为人的社会自我,是指人的性格、气质、道德品质、潜在能力、尊严等方面的总和,反映了一个人在心性、才情、人品等方面的综合指数。① 健全人格是生理、心理、社会、道德和审美等方面的和谐发展与统一。健全人格至少应当包括社会适应性良好、自我角色定位清晰、社会人际关系和谐、情绪意志积极向上、道德审美健康正确、创新性实践能力较强等几个方面②。可见,培养青年学生的健全人格,不仅是促进青年学生成长的内在要求,同时也是高等教育的重要使命。

关注青年学生的人格健全,提升综合素质,应当从以下几方面入手:一是要突出学校教育在培养青年学生健全人格方面的主渠道作用。课程与课堂是大学生健全人格教育的主渠道,是育人的核心和关键环节③。高等学校要积极完善从入学到毕业的人格教育课程体系,整合学校的教育资源,通过教师垂范、课堂教育等手段切实加强对青年学生的引导,塑造青年学生的健全人格。二是要求青年学生从传统的道德文化资源中汲取人格教育的营养。以儒家为代表的传统道德文化资源提出了理想而完满的道德人格,为青年学生人格修养树立了目标;提供了修身、慎独、自省等人格修炼方法,为青年学生加强人格修养提供了途径;指明了道德践履的实践取向,为青年学生持续的人格修炼提供了保障。三是充分发挥人文学科在陶冶情操、培养健全人格方面的功能。将人格教育融入哲学、文学、历史、艺术、科学等教育之中,拓宽德育的范围和视野,培养学生的学科素养和人文精神,提高其求真精神、达善之能、审美情趣,促进青年学生

---

① 张晔、秦华伟:《人格理论与塑造》,国防工业出版社 2006 年版,第 13 页。
② 许惠英:《人格教育论》,学苑出版社 2000 年版,第 113—114 页。
③ 蔡先金:《人格本位:大学生健全人格之培育》,《现代大学教育》2007 年第 6 期,第 82—88 页。

人格的健全和完善。四是引导青年学生积极参与社会实践。人格的养成和完善不是自发的,需要在丰富的社会实践中才能逐步完成。高等学校通过建立社会实践教育基地,鼓励和支持青年学生利用寒暑假参加形式多样的社会实践活动,在实践中认真开展道德人格反思,促进道德人格的完善和提升。五是积极开展行之有效的心理健康教育。心理健康教育是矫治青年学生心理问题、塑造其健康人格的必要手段。高等学校要设立心理咨询室并配备专业的心理咨询师,有针对性地开展心理健康辅导,对心理疾患进行必要的干预,解决青年学生成长成才过程中的突出心理问题,促进其心理健康和人格健全。

(四) 发展农村职业教育,提升农民工后备队伍的劳动技能

伴随着我国城镇化步伐的加快,可以预见的是未来将有更多的人脱离农业、农村,走入城镇,为此,提升青年农民工的职业技能,让其获得一技之长有利于改善他们进城后的处境,改变他们的弱势地位,发展农村职业教育就成为完成这一任务的重要举措。而农村职业教育不仅要着眼于现有的青年农民工群体,更要关注农民工后备队伍的综合素质与劳动技能问题。"农村职业教育要转变进城务工农民的境遇,便需要向其提供进城所需的文化技术资本及适应城市生活生产发展所需的知识和技能。"[1]基于此,发展农村职业教育,提高农民工后备队伍的劳动技能,可以从以下几方面努力:

一是切实提升农民工后备队伍的市场竞争意识。农村职业教育对于农民工后备队伍的改变首先于观念意识上。通过农村职业教育培训,增强农民工后备队伍的竞争意识,转变固有的安土重迁、自给自足、求稳怕变等保守观念,为走向城镇、融入城镇消除观念障碍。

二是让农民工后备队伍掌握专业的知识和技能,并提供必要的岗位实习机会,以增强其岗位适应能力和工作稳定性。拥有一技之长是

---

① 张宇、肖凤翔:《农村职业教育促进农民社会流动的理性思考》,《职教论坛》2012年第34期,第4—7页。

进城务工的敲门砖,农村职业教育要做实做细,真正让农民习得一项专门技能,能在城市立足。同时,为减少频繁找工作的成本,要通过一定岗位实习训练增强他们的适应性,以提高其在城市就业的成功率和稳定性。

三是为农民工后备队伍提供获取职业资格证书的条件,强化其职业素养训练。与从事第一产业不同,城镇就业所需的能力结构和准入资格都更为严格,这些都给农民工进城就业带来了一定的难度和挑战。农村职业教育通过提供职业资格证书考试的机会,让农民工后备队伍获得城市就业所必备的职业资格,提高其就业质量。同时,开展专门的职业素养培训,进行职业态度、职业精神等方面的教育,让他们形成一定的职业忠诚感,以便更好地适应非农产业的职业要求。

2019 年的《政府工作报告》提出要改革完善高职院校考试招生办法,鼓励更多应届高中毕业生和退役军人、下岗职工、农民工等报考,2019 年拟大规模扩招 100 万人[①],这对青年农民工来说是一大喜讯。

(五) 促进新生代青年群体家庭的和谐与稳定,提升原生家庭的正面影响

和谐的家庭氛围对促进新生代青年群体的健康成长具有重要意义。家庭是社会的基本单元,是社会和谐稳定的基础,良好的家庭环境有助于家庭成员建立良好的人际关系,形成健康的情绪品质,保持积极乐观、阳光向上的心理状态,这些来自原生家庭的正面影响有助于新生代青年群体更好地适应社会,成长为健全的社会人。

和谐的家庭关系包括夫妻关系和睦、亲子互爱、亲属有爱和代际融洽等方面。其中既指原生家庭的和谐,也包括青年农民工群体新生小家庭的和谐。在新生代青年群体和谐家庭关系构建中,仍需要坚实的物质基础。俗语说"仓廪实而知礼节,衣食足而知荣辱","贫贱夫妻百事哀",没

---

① 李克强:《2019 年国务院政府工作报告——在中华人民共和国第十三届全国人民代表大会第二次会议上的报告》,《人民日报》2019 年 3 月 17 日。

有一定的物质条件,生存的艰难难免影响家庭的稳定和谐。为此,家庭成员要善于捕捉市场发展契机,通过诚实劳动、勤俭持家,不断改善生活条件,为和谐家庭关系的构建奠定坚实的物质基础。其次,和谐家庭关系的构建,需要家庭成员的共同努力。从夫妻层面来讲,平等尊重、互信互让、积极沟通,以身作则地践行对父母长辈的孝亲之爱。同时,做事有原则有底线,处理好与邻里、亲友、同事、朋友的关系,成为晚辈的榜样;从父母层面看,关心子女成长,给子女创造力所能及的生活和学习条件,宽严有度,促进子女成才;从子女层面看,孝敬长辈,学会付出,努力学习和勤奋工作,用自己的成长和自立回报父辈的养育之恩。可见,只有每个家庭成员扮演好自己的角色,和谐的家庭关系便可形成。最后,全社会要注重培育深厚的家庭文化底蕴。文化是维护家庭和谐的软力量,优良的家风是和谐家庭关系的反映和升华。家庭成员要一道努力共同营造平等沟通、理性宽容的家庭文化,促使家庭成员形成和谐权变的思维方式、相互尊重的行为方式、宽容理性的处事态度,进而能够妥善处理家庭内部矛盾,构建安全、互爱、融洽的原生家庭,促进新生代青年群体的健康成长。

五、加强法治建设,彰显社会公平正义

法治是历史进步的要求,是人类孜孜以求的理想目标,同时,也是保障弱者权利、彰显公平正义的重要手段。通过全面推进法治社会建设,有助于增强青年群体的获得感,维护和保障其基本权利的实现,进而为促进和维系社会和谐稳定奠定坚实的基础。

(一) 完善相关法律法规并让法律真正落地

法律的生命在于实施。维护和保障青年群体的基本权利,切实提升其对政治经济社会文化等层面的总体满意度,进而维护社会的和谐稳定,需要积极推动创业就业、社会保障、子女教育等与农民工和青年学生密切相关的法律法规真正落地。为此,需要从以下两个方面努力:

一方面,要完善与青年群体利益攸关的法律法规。法律是治国之重

器,良法是法治之前提。① 在全面依法治国的背景下,保障和维护青年群体的基本权利需要通过深入调研,切实掌握事关青年群体的法律法规的现状,及时完善与青年群体密切相关的法律法规。鉴于我国的城镇化进程还将持续,青年农民工在当下的创业就业中处于弱势地位,特别是针对就业歧视、劳动保护缺乏、工资遭遇拖欠等权益被损害的问题,在《宪法》《劳动法》《就业促进法》《劳动合同法》等较为原则性规定的基础上,可以考虑研究制定针对性较强的《农民工权益保护法》和《监督法》,有效弥补青年农民工在权益维护中的法律薄弱环节。针对青年农民工在社会保障中遭遇的社会排斥现象,特别是医疗、养老等方面的现实困境,加之我国目前的社会保障体系不完善,可以考虑出台农民工社会保障方面的法规,对农民工的医疗、养老、工伤、失业、救济等方面的权益予以维护。同时,面对青年农民工随迁子女的入学问题、青年大学生的创业问题,可以出台一些临时性的法规,保障农民工子女的受教育权,为青年农民工的城市融入创造重要条件,也为广大青年学生的创业实践提供坚定的支持,进而增强他们对党和政府的认同感,提升他们的获得感和公平感。

另一方面,要切实推进有关法律法规的良性实施。善治是法治的目标追求,也是推进法治的重要法宝。为了有效推进与新生代青年群体有关的法律法规落地生根,需要让良法真正运转起来。具体来看,一是要加强顶层设计。有关部门要积极研究新生代青年群体面临的现实问题,提出一揽子解决方案和规划,并通过立法的形式加以稳固。二是要强化法律法规的实施细则建设。通过对法律法规的实施细则、实施办法的进一步解读和践行,让广大青年群体熟知有关法律法规,在自身权益受损时切实能够运用法律武器进行维权。同时,加强政策衔接和配套,有效防止法律法规实施中的"真空"与"空白"。三是要切实加强监督管理。必要的监督管理是法律法规落地的重要保证。事实上,法律法规的有效实施,不仅需要有执法人员和广大青年群体对法治的信仰与遵循,也需要有关部门、社会组织、社会公众等多元力量对法律执行效果的监督和评价,以防

---

① 王利明:《法治:良法与善治》,《中国人民大学学报》2015 年第 2 期,第 114—121 页。

范和纠正与新生代青年群体有关的法律法规在执行过程中出现的偏差。

（二）加大针对农民工侵权事件的法律援助力度

青年农民工由于在知识结构、能力素养、维权意识与能力、社会关系网络等方面均处于相对弱势地位，在务工过程中经常遭遇工资被拖欠、工伤赔偿难等权益维护问题，单靠个人力量无力应对，要么忍气吞声，要么制造轰动效应，极端维权。为此，加大对青年农民工侵权事件的法律援助，既是维护广大青年群体基本权益的重要途径，也是切实推进法治建设的应有之义，更是维护社会和谐稳定的必然要求。

加大对涉及青年农民工侵权事件的法律援助，可以从以下几个方面着手：

一是建立健全法律援助机构。依托工会、共青团、妇联、残联等相关部门和街道、社区建立完善的省市县三级法律援助中心、法律援助工作站、法律援助联络点，积极完善公证处、基层法律服务所等机构，并增设法律援助窗口、开设法律援助热线。与此同时，还要积极完善民间法律援助机构建设，适当放宽民间社会组织介入法律援助的门槛限制，合理给予民间法律援助机构以财税和政策上的优惠，推动法律援助机构的多元发展，为加大对青年农民工侵权事件的法律援助提供坚强支撑。

二是加强和改善法律援助工作的制度机制。制度化是推进法律援助事业健康发展的重要保障，通过制度对法律援助的目标对象、经费保障、人员配备以及成效考核进行清晰界定尤为必要。加大法律援助机构的经费投入，努力完善法律援助机构的硬件设施，不断拓宽法律援助的服务对象和范围，积极推动法律援助专业队伍的建设，不断强化跨部门间的协调合作与优势互补，切实提高法律援助机构的工作效率和服务质量。

三是简化法律援助程序，搭建便民服务平台。一方面，要积极简化农民工、初就业者等特殊群体申请法律援助的程序，可单独开辟农民工法律援助接待服务窗口，公布和完善服务热线、服务地址，同时，要拓宽针对农民工、初就业者的法律援助范围，特别是涉及劳动伤害、劳资纠纷等方面的援助，不得因事项烦琐、成本高、取证难等原因加以推脱或拒之门外，以确保农民工的法律援助诉求得到及时有效的回应。另一方面,要积极推动跨部门法律援助平台的搭建,综合发挥行政、司法等机构的合力,减少农民工等特殊群体维权的成本。此外,还可利用春节、中秋、国庆等农民工集中返乡的季节开展法律援助的相关培训,让有关群体了解通过法律维权的机构、基本程序、主要渠道等常识,以增强他们依法维权的意识,提升依法维权的能力和素养,把问题的解决纳入法制轨道,减少极端维权事件的发生,从而有利于社会的安定和谐。

（三）保持反腐高压态势,提升新生代青年群体的公平感

腐败问题破坏社会风气、败坏党的形象、侵蚀民众利益,影响新生代青年群体对社会资源占有、收入分配公平感的评价。旗帜鲜明地反对腐败、建设廉洁政治历来是中国共产党一贯坚持的鲜明政治立场。党的十八大以来,以习近平同志为核心的党中央不断深化全面从严治党、强力推进反腐倡廉建设,腐败蔓延势头得到有效遏制,反腐败斗争压倒性态势已经形成。但与此同时,反腐败斗争形势依然十分严峻而复杂,与人民群众的期待仍然有不小差距。为此,必须继续坚持反腐败无禁区、全覆盖、零容忍,力度不减,节奏不变,努力提升新生代青年群体的公平感。

一是要筑牢反腐必胜的信念,始终保持对腐败问题的"零容忍"态度。当前,反腐败斗争形势仍然严峻,始终保持高压反腐,意味着对反腐必胜抱有坚定信念,对腐败问题秉持"零容忍"态度,有腐必反、有贪必惩①。党的十八大以来强力反腐已经初步实现了不敢腐的目标,不想腐的堤坝正在构筑,必须继续保持高压反腐的战略定力,巩固已经形成的强大反腐震慑力。正如习近平总书记 2017 年 10 月 19 日在参加党的十九大贵州省代表团讨论时强调的,在全面从严治党问题上,"要持之以恒,善作善成,把管党治党的螺丝拧得更紧"。反腐也一样,不能有松口气、歇歇脚的想法,继续推进反腐败向纵深发展。

二是要多头并举,切实加大反腐惩戒力度和提高惩办效率。继续充

---

① 邓联繁:《保持高压反腐的战略定力》,《湖南社会科学》2014 年第 6 期,第 5—8 页。

分发挥好巡视的利剑作用,在查处和惩办"老虎"的同时,又要及时发现和有效惩处危害群众切身利益的腐败问题,从而为反腐败斗争赢得坚实的群众基础。充分发挥党内监督和社会监督的作用,积极开展网络反腐、群众反腐等"开门反腐"形式来吸纳包括青年群体在内的广大民众参与到反腐败斗争中,并且要通过切实可见的反腐成效来赢得包括新生代青年群体在内的广大民众的认可,提高他们对党和政府政策的满意度。

(四) 拓展利益表达渠道,广泛吸纳民意

畅通、多元的利益表达渠道是新生代青年群体表达利益诉求、维护自身权益的必要条件,同时也是维护社会公平正义与达成社会和谐稳定的必要途径,更是维护和增进政府合法性资源的重要支撑。然而,现阶段我国民众的利益诉求表达渠道仍然相对单一,且存在渠道不畅的问题,如何拓宽和畅通利益表达渠道,进而广泛吸纳社情民意,搭建理性平和的矛盾化解平台,也是建构和谐平稳的社会秩序的需要。可以从以下方面发力:

一是要借助互联网的便利,拓展利益诉求表达的"电子"渠道。积极开展"互联网+政府服务"工作,充分利用新生代青年群体熟悉网络的特点和优势,利用官方网站开设专门的农民工维权服务网站、电子投诉信箱、领导热线电话等便民通道,形成快捷高效的网络利益表达渠道。二是以制度建设为取向,完善制度化的利益表达渠道。要积极推行和努力完善领导接访日制度,有效应对群众来访,及时协调解决群众最关心、最迫切的热点现实问题。要推行干部"下访、约访、陪访"制度,通过有关人员与信访群众的良性互动与真诚沟通,引导他们合理表达利益诉求,在法律框架范围内依法维权。三是要以组织化为基本形式,完善群众代表参与利益表达的基本渠道。新生代青年群体尤其是青年农民工,其组织化程度较低,在利益表达过程中表现出分散性、个体化,严重削弱了其利益需求的影响力,导致弱势群体利益不能够有效实现。[1] 通过加强组织化的

---

[1] 付建明:《中国弱势群体利益表达中的组织化问题研究》,硕士学位论文,外交学院 2008 年。

利益表达渠道建设,完善群众代表、社会组织参与社情民意表达的渠道,对于维护和保障广大青年群体的基本权益,维护社会的公平正义都大有裨益。

六、新生代青年群体的素质提升与观念转变

(一) 提升自身文化素质,增强在劳动力市场上的竞争力

美国学者林格尔和皮奥里在20世纪60年代提出了劳动力市场分割理论,该理论将劳动力市场分为主要市场和次要市场。对农民工群体而言,由于自身素质的受限和信息的不对称,大多从事的技术含量不高、可替代性的边缘工种,多属补充原就业体系的工作,或者占据的是次级工作岗位,所以他们的工作缺乏稳定性和持续性,且待遇欠佳。对青年大学生而言,近年来随着高等教育毛入学率的不断提高,人才市场上供大于求的问题日益严峻,用人单位有更多的选择机会,所以他们对应聘者提出了更多更苛刻的要求,工作难找、待遇不好、年年都是"最难就业季"是青年大学生将要面临的处境。

当今世界各国之间经济、科技的竞争实质是人才的竞争。正如有研究者指出的,在知识经济到来的今天,劳动者文化素质的高低,已成为一个国家经济能否快速、持续、稳定、健康发展的关键[1]。积极提高自身的文化素质,增强劳动力市场的竞争力就显得尤为必要。对于青年农民工来说,提升自身文化素质,既有利于促使他们从心理上和思想上发生转变,积极地应对进城后的新环境和新生活,也有助于提升在劳动力市场上的竞争力,帮助他们找到环境更好、薪资更高、成长更快的工作。随着高校扩招,入学门槛的降低,就业大军人数年年翻新;与此同时,我国总体上难进易出的大学人才培养模式,使得部分学生进入大学后放松了学习,没有习得参与就业市场竞争的特有本领,自身综合素养未达到用人单位的

---

① 李薇、欧杰:《论知识经济与劳动者的文化素质》,《企业经济》2001年第7期,第15—16页。

要求,毕业即陷入失业困境。这需要引起青年大学生的高度警醒,只有有效增强自身的核心竞争力,才能在激烈的就业竞争中胜出,获得改变自身命运和个人成长的机遇,成为和谐社会建设的积极力量。

(二) 正确对待社会发展中的问题

亨廷顿指出,现代性带来稳定性,现代化却带来不稳定。对于处在向现代化转型的我国社会来说,问题、矛盾、冲突都在所难免。社会发展是一个动态的过程,恩格斯曾指出,"文明是一个对抗的过程",一个国家迈向文明的不同时期会有不同的问题出现。尤其是我国地域广袤、人口众多、国情复杂,不同行业、区域都会有自己的特殊问题,这些带有行业性、区域性的问题可能没有上升到国家层面,国家还没有出台相应的措施及时应对,需要社会以一定的耐心和包容心态来理性对待之。作为新生代社会成员,在向社会获取资源的同时,也要学会思考如何看待社会发展中的问题,思考自己如何回馈社会。由于青年群体易被影响,易冲动,就更需要理性的力量,以理性的智慧做出判断,用积极的情绪和心态来正确对待成长中的挫折和国家、社会发展中的不足。为此,青年大学生要在观念上实现以下转变:

一是转变过于理想化的观念。理想社会是人类普遍的追求,但实现理想社会的过程却不是处处鲜花盛开,有可能荆棘丛生。当前,我国正处在全面深化改革的深水区、社会转型发展的加速期,各种矛盾纠纷和利益冲突比以往更加突出和复杂,我们既要承认问题的客观存在,又要能够理性地分析和把握。正如邓小平同志指出的,"改革没有万无一失的方案,不犯错误不可能,要争取犯得小一点,遇到问题及时调整"。换言之,新生代青年群体要摒弃绝对公平和过分理想化的社会认知,以一种平和的心态认识、对待这个目前还不完满但正在走向完满的社会。二是转变以偏概全的观念。马克思主义哲学关于主要矛盾和次要矛盾的观点告诉我们,认识和看待问题要善于抓主流、看待主要矛盾,同时又要重视支流、着眼全面系统分析。新生代青年群体由于生活阅历不够、心智发展不成熟、社会历练不足等原因,在认识社会问题时易出现极端化的倾向,进而影响对社会政治经济文化等总体认识和评判。例如，一些青年群体看到党的十八大以来，一桩桩腐败案件的查处后不少贪官相继落马，便偏颇地认为"腐败越反越腐、越反越多"。这种以偏概全的观念容易遮蔽对真实世界的认知，妨碍了对实质问题的判断。三是转变静止思维的观念。新生事物的发展是螺旋式上升的过程，中国特色社会主义建设事业更是如此。前进中的曲折、不断积累的矛盾和冲突都是发展中的问题，是我们用几十年时间走完西方国家几百年历程中遭遇的难题，为此，青年群体要学会发展地看问题，而不被眼前的困境所束缚，不为当下的矛盾所困扰，不因当下的障碍而失去信心，坚信发展中的问题要通过发展来解决。

（三）强化法治观念，帮助依法维权

在社会发展的转型期，人们的日常生活中充斥着各种矛盾和利益纠葛。当新生代青年群体面对这些问题时，他们的知识水平、法律意识、应对矛盾的能力制约了解决问题的手段或方式的选择；加之我国的法治还不健全，所以出现了一些极端维权行为，甚至引发群体性事件，影响了社会稳定。为此，无论是青年农民工，还是青年大学生，都需要强化法治观念，增强法律意识，改变原来要么逆来顺受、要么暴力维权的不正常状态，学习并学会走法律途径解决问题。唯有如此，社会的法治水平才能提高，青年群体的权益才能得到有效维护，社会的稳定才可持续。

为此，一方面，新生代青年群体要学法懂法。用法的前提是懂法，青年群体自身要加强法律知识的学习，同时，国家的普法教育也应加强，改变重立法、轻执法、轻宣传的现状。普法教育的不够使得相关群体不了解相关的法律，对于务工人员来说，很少有人能够清楚了解《劳动法》以及由《劳动法》引申出来的具体法规，甚至有人不知晓有此法律，所以国家应加大法制教育的力度，完善务工人员法律知识的相关培训机制，引导他们知法用法。另一方面，要积极营造公平公正的法治环境，引导新生代青年群体树立和增强法治信仰。青年农民工在就业环境、工资待遇、晋升空间、福利保障、劳动保护等诸多方面处于不利地位，青年大学生毕业时由于缺乏经验、专业不匹配、技能不突出等原因也在就业中面临诸多挑战，

这些都会影响他们对国家政策、政府作为、社会支持等方面的认知和评价。为此,积极遏制腐败,扭转收入分配、用人晋升、违法追责等方面的不公正现象,打造风清气正的法治社会环境,有助于增强青年群体对依法治国的信心,树立法治信仰,提高依法维权的自觉性和主动性。此外,新生代青年群体在维权过程中往往面临资金匮乏、人力不足、渠道不畅等难题,可以开辟务工人员维权绿色通道,为其维权提供简单、易行的便捷途经,鼓励专门性的社工人员、社会组织对其进行维权帮扶,切实帮助他们廓清依法维权过程中的障碍,坚定他们依法维权的信念,促进法治社会的建设。

(四) 培养新生代青年群体的社会责任感和奉献精神

季羡林曾说到,在人类社会发展的长河中,我们每一代人都有自己的任务,而且绝不是可有可无的。每个人都是社会的一分子,有自己的使命,正是这种深藏在国民内心深处的社会责任感推动着社会不断发展进步。但是,在当下,国民的社会责任感缺失的现象并不鲜见,现实中人人都在批评缺乏社会责任感的人,争当评判员,但自身的社会责任感并没有得以提升。为此,每一社会成员,尤其是青年群体,更需要从自身做起,逐渐强化社会责任意识,增强自己的社会责任感。正如党的十九大报告中指出的,"青年兴则国家兴,青年强则国家强。青年一代有理想、有本领、有担当,国家就有前途,民族就有希望"。新生代青年群体是未来社会建设的中坚力量,他们的责任和担当意识对于和谐社会的建设极其重要。

培养新生代青年群体的社会责任感和奉献精神,需要从以下两方面着手。一方面,要以社会主义核心价值观为统领,切实加强对新生代青年群体社会责任感的方向引领。社会主义核心价值观涵盖国家、社会、个人三个层面,是加强青年群体社会责任感和奉献精神教育的重要遵循和基本指南。新生代青年群体要自觉按照社会主义核心价值观的基本要求,在增强爱国情怀、培养奉献精神、提升道德情操等方面不断提升自己的素养,坚定理想信念,成为有作为有担当的一代。另一方面,要积极完善新生代青年群体社会责任感的培养机制,积极构筑社会、学校、家庭以及自我四位一体的育人体系。从社会层面来说要以创新驱动为动力,从现实需要出发,不断创新教育途径、方式和载体,营造浓厚的文化氛围,并将社会责任感的培育融入实践。同时,通过不断推进全面深化改革,积极营造风清气正的政治社会环境,引导青年群体在维护社会和谐、促进公平正义的过程中强化其社会责任感。在学校层面,要发挥社会责任感教育主阵地的作用,开展形式多样的校园文化活动以增强青年学生的社会责任意识,开展丰富多彩的社会实践活动让青年学生体悟、感受并承担社会责任。从家庭层面来看,既要注重和加强对青年群体的家庭教育,及时对青年群体中出现的责任缺失问题进行预防和纠正,又要积极营造温馨和睦的家庭氛围,并且充分发挥家长的示范引领作用,为青年群体责任担当意识的形成和负责任的良好行为提供亲情支持和模范榜样。与此同时,社会在鼓励和提倡负责任、有担当的行为、营造富于奉献的舆论氛围时,要关心新生代青年群体的成长,积极改善他们的工作、生活条件,让他们获得公平发展的机遇,为他们实现人生精彩搭建舞台,使他们把个人梦想的实现与民族、国家利益的实现融为一体,促进社会的稳定与和谐发展。

可以预见,在习近平总书记关于青年工作的重要论述的指导下,党和政府保障青年群体学习、工作、生活与发展的制度和政策将不断完善,企业和社会组织积极参与对青年群体的引导和培养,为他们提供更多元的选择和更充分的施展才能的机会,新生代青年群体自身的能力和素质不断得到提升,他们必将成长为社会建设的骨干力量和时代先锋,成为社会主义核心价值观的引领力量,为社会稳定提供坚强保障。

参考文献

一、著作类

1. ［德］达伦多夫:《现代社会冲突——自由政治随感》,林荣远译,中国社会科学出版社 2000 年版。

2. ［法］托克维尔:《旧制度与大革命》,冯棠译,商务印书馆 1992 年版。

3. ［法］迪尔凯姆:《社会分工论》,王力译,商务印书馆 1933 年版。

4. ［加］约翰·贝曼主编:《萨提亚转化式系统治疗》,钟谷兰等译,中国轻工业出版社 2009 年版。

5. ［美］塞缪尔·亨廷顿、劳伦斯·哈里森:《文化的重要作用——价值观如何影响人类进步》,程克雄译,新华出版社 2002 年版。

6. ［美］刘易斯·科塞:《社会冲突的功能》,孙立平等译,华夏出版社 1989 年版。

7. ［美］塞缪尔·亨廷顿:《变化社会中的政治秩序》,王冠华、刘为等译,上海人民出版社 2008 年版。

8. ［美］T.W.舒尔茨等:《人力资本投资》,吴珠华等译,北京经济学院出版社 1990 年版。

9. ［美］罗伯特·D.帕特南:《独自打保龄球:美国社区的衰落与复兴》,刘波等译,北京大学出版社 2011 年版。

10. ［美］罗伯特·D.帕特南:《使民主运转起来:现代意大利的公民传统》,王列、赖海榕译,江西人民出版社 2001 年版。

11. ［美］伯顿·克拉克:《建立创业型大学:组织上转型的途径》,王承绪译,人民教育出版社 2003 年版。

12. ［印］阿玛蒂亚·森:《贫困与饥荒》,王宇、王文玉译,商务印书馆 2001 年版。

13. 林毅夫等:《中国经济研究》,北京大学出版社 2000 年版。

14.《马克思恩格斯选集》第四卷,人民出版社 1995 年版。

15. 聂运麟:《政治现代化与政治稳定》,湖北人民出版社 2000 年版。

16. 王浦劬:《政治学基础》(第二版),北京大学出版社 2006 年版。

17. 许惠英:《人格教育论》,学苑出版社 2000 年版。

18. 翟振武、段成荣等:《跨世纪的中国人口迁移与流动》,中国人口出版社 2006

年版。

19. 张晔、秦华伟:《人格理论与塑造》,国防工业出版社 2006 年版。

20. 中共中央文献研究室:《十八大以来重要文献选编》(上),中央文献出版社 2014 年版。

二、期(报)刊、网络文章类

1. 习近平:《携手建设中国—东盟命运共同体——在印度尼西亚国会的演讲》,《人民日报》2013 年 10 月 4 日。

2. 习近平:《致全国青联十二届全委会和全国学联二十六大的贺信》,《人民日报》2015 年 7 月 25 日。

3. 习近平:《在北京大学师生座谈会上的讲话》,《人民日报》2018 年 5 月 3 日。

4. 习近平:《在联合国教科文组织第九届青年论坛开幕式上的贺词》,《人民日报》2015 年 10 月 27 日。

5. 习近平:《青年要自觉践行社会主义核心价值观——在北京大学师生座谈会上的讲话》,《人民日报》2014 年 5 月 5 日。

6. 习近平:《致 2013 年全球创业周中国站活动组委会的贺信》,《人民日报》2013 年 11 月 9 日。

7. 王沪宁:《乘新时代东风,放飞青春梦想——在中国共产主义青年团第十八次全国代表大会上的致词》,《人民日报》2018 年 6 月 27 日。

8. 安徽社会科学院《舆论监督与社会稳定》课题组:《舆论监督是社会稳定的重要手段——"舆论监督与社会稳定"问卷调研报告》,《江淮论坛》2000 年第 3 期。

9. 白呈明:《法治下的农民政治参与与农村社会稳定》,《理论导刊》2002 年第 10 期。

10. 白书祥:《就业不充分是影响社会稳定的重要因素》,《宁夏社会科学》2008 年第 3 期。

11. 白书祥:《就业与社会稳定的关联性探析》,《武警学院学报》2008 年第 3 期。

12. 保罗·怀尔丁、刘继同:《福利与社会的关系:社会福利理论渊源与蒂特马斯典范》,《社会保障研究》2009 年第 2 期。

13. 曹德本:《中国传统政治文化与社会稳定》,《吉林大学社会科学学报》2000 年第 5 期。

14. 程颖:《谈当代青年学生的政治社会化》,《现代教育科学》2003 年第 1 期。

15. 程建新、刘军强、王军:《人口流动、居住模式与地区间犯罪率差异》,《社会学研究》2016 年第 3 期。

16. 陈娟:《"双向互动":公共服务供给主体的角色定位与路径选择》,《中共福建省委党校学报》2012 年第 2 期。

17. 蔡先金:《人格本位:大学生健全人格之培育》,《现代大学教育》2007 年第 6 期。

18. 戴继诚：《宗教与社会稳定》，《青海民族研究》2008 年第 3 期。

19. 邓大才：《农民打工：动机与行为逻辑—劳动力社会化的动机——行为分析框架》，《社会科学战线》2008 年第 9 期。

20. 丁水木：《维护社会稳定的两个理论问题》，中国社会学会编：《中国社会学会学术年会获奖论文集 NO.1》，社会科学文献出版社 2000 年版；另见《党政论坛》2000 年第 11 期。

21. 丁开杰：《社会管理体制的基本阐释、变迁动力与阶段划分》，《重庆社会科学》2012 年第 2 期。

22. 邓联繁：《保持高压反腐的战略定力》，《湖南社会科学》2014 年第 6 期。

23. 董金秋、孟祥林：《新生代农民工市民化水平及影响因素分析——基于河北 691 个新生代农民工的调查》，《甘肃行政学院学报》2010 年第 4 期。

24. 董宁波、刘满意：《新生代农民工社会稳定观培育》，《人民论坛》2012 年第 32 期：138—139。

25. 杜斌、李松柏：《新生代农民工城市认同的影响因素研究——以山东 Y 县为例》，《特区经济》2013 年第 4 期。

26. 杜胜利：《农村社会保障与农村社会稳定关系的研究》，《安徽农业科学》2008 年第 1 期。

27. 额尔敦吐：《和谐社会视阈下高考录取制度改革的思考——基于高等教育入学机会公平的视角》，《黑龙江高教研究》2008 年第 12 期。

28. 樊欣欣：《新生代农民工就业影响因素及其对策》，《宁波职业技术学院学报》2013 年第 1 期。

29. 方秀娟：《人口流动与社会稳定》，《中国人口科学》2005 年增刊(S1 期)。

30. 冯菲菲、史春林：《论农民工思想观念的嬗变》，《东北师范大学学报(哲学社会科学版)》2013 年第 1 期。

31. 高发水、王建基：《青年学生的政治参与意识及其在社会发展中的作用》，《新疆大学学报(哲学社会科学版)》1992 年第 2 期。

32. 龚绵春：《试论劳动就业的社会稳定机制作用》，《江西社会科学》1990 年第 4 期。

33. 管典安：《新生代农民工生存处境对社会稳定的影响及对策研究——以山东省为例》，《天津市财贸管理干部学院学报》2012 年第 1 期。

34. 官灵芳：《我国公共政策制定中公民参与的制度缺陷及对策分析》，《湖北社会科学》2009 年第 3 期。

35. 郭宁月：《新生代农民工思想道德培训研究——基于伦理学的视角》，《河北大学成人教育学院学报》2013 年第 1 期。

36. 郭政浠：《FDI 东西部差异对人口流动的影响研究》，《经济研究导刊》2010 年第 35 期。

37. 国家统计局发布 2015 年农民工监测调查报告，中华人民共和国统计局，

http://www.stats.gov.cn/http://www.stats.gov.cn/。

38. 顾爱华:《国家治理现代化的前提与基础:政治稳定与制度创新》,《行政论坛》2016 年第 2 期。

39. 韩玲梅:《影响社会稳定的政治因素分析》,《理论与现代化》2003 年第 3 期。

40. 韩雪松:《新生代农民工的心理困境与解决策略》,《西安社会科学》2009 年第 4 期。

41. 韩余、张旭东、崔永红:《高校在新生代农民工教育培训中的作用、模式与路径——以承德地区高校为例》,《中国成人教育》2013 年第 3 期。

42. 韩长赋:《谈"90 后"农民工》,《农村·农业·农民(A 版)》2010 年第 2 期。

43. 韩宏伟:《超越"塔西佗陷阱":政府公信力的困境与救赎》,《湖北社会科学》2015 年第 7 期。

44. 郝丽:《政治亚文化是社会稳定的"双刃剑"》,《中共福建省委党校学报》2012 年第 9 期。

45. 何瑞鑫、傅慧芳:《新生代农民工的价值观变迁》,《山东省青年管理干部学院学报》2005 年第 6 期。

46. 洪巧俊:《新生代农民工的青春与梦想》,《政工研究动态》2009 年第 4 期。

47. 胡联合:《辩证认识宗教对社会稳定与发展的双重作用》,《毛泽东邓小平理论研究》2004 年第 11 期。

48. 黄晓赟、马建富:《基于新生代农民工需求的职业教育与培训体系建构研究》,《职业技术教育》2010 年第 34 期。

49. 侯力:《从"城乡二元结构"到"城市二元结构"及其影响》,《人口学刊》2007 年第 2 期。

50. 蒋俊明:《阶层分化中社会稳定的挑战及政府应对——基于马克思主义利益观视角》,《云南行政学院学报》2008 年第 5 期。

51. 金民卿:《影响我国社会稳定的几个因素简析》,《中国浦东干部学院学报》2010 年第 6 期。

52. 惠宁:《农村剩余劳动力转移理论研究述评》,《西北大学学报(哲学社会科学版)》2005 年第 4 期。

53. 雷卫平:《社会稳定的文化方略》,《学术交流》2012 年第 6 期。

54. 黎野:《构建和谐社会视野下的农民工问题研究的现实意义》,《现代商业》2010 年第 36 期。

55. 李宏昌:《略谈影响当代中国社会稳定的政治因素》,《吉林师范大学学报(人文社会科学版)》2003 年第 3 期。

56. 李家伟、刘贵山:《当代西方人口转移与流动的理论、模式和假说评述》,《新学术》2007 年第 5 期。

57. 李晶:《新生代农民工市民化存在的问题与对策》,《前沿》2011 年第 6 期。

58. 李延华、王云江、王育德:《浅论我国现阶段社会发展的不稳定因素》,《邢台职业技术学院学报》2003 年第 4 期。

59. 李卫华：《公共政策民主化、科学化、法制化的实现条件及其内在关联》，《理论探讨》2015 年第 1 期。

60. 李薇、欧杰：《论知识经济与劳动者的文化素质》，《企业经济》2001 年第 7 期。

61. 李小玉：《当前我国农民工收入现状及提升路径》，《企业经济》2012 年第 12 期。

62. 廖传忠：《人民政治参与与社会稳定》，《社会科学战线》2002 年第 2 期。

63. 廖元新、卢忠萍、王欣：《新生代农民工思想道德建设思考》，《江西社会科学》2012 年第 11 期。

64. 林建鸿：《合理社会分层与农村稳定》，《云南社会科学》2005 年第 5 期。

65. 刘传江：《新生代农民工的特点、挑战与市民化》，《人口研究》2010 年第 2 期。

66. 刘传江、程建林：《第二代农民工市民化：现状分析与进程测度》，《人口研究》2008 年第 5 期。

67. 刘建平、陈文琼：《"最后一公里"困境与农民动员——对资源下乡背景下基层治理困境的分析》，《中国行政管理》2016 年第 2 期。

68. 龙春霞：《当代中国的社会分层对社会稳定的效应分析》，《新疆社科论坛》2009 年第 2 期。

69. 陆冰：《底线公平：社会稳定的基本保障》，《湖北社会科学》2007 年第 5 期。

70. 陆学艺、杨桂宏：《破除城乡二元结构体制的当前对策》，《人民论坛》2013 年第 21 期。

71. 罗艺：《青年学生政治参与冷漠的原因分析及对策》，《当代经理人》2006 年第 17 期。

72. 吕世辰：《国外学术界关于农民流动与社会结构变迁的研究综述》，《中国农村观察》1998 年第 3 期。

73. 毛锋：《论社会稳定与可持续发展》，《北京大学学报（哲学社会科学版）》2000 年第 3 期。

74. 钱结海：《当前影响社会稳定的高校学生因素分析》，《广西青年干部学院学报》2011 年第 3 期。

75. 钱正武：《农民工问题事关社会稳定》，《前沿》2006 年第 2 期。

76. 钱正武：《新生代农民工的主观诉求与政策建议》，《中国青年研究》2006 年第 4 期。

77. 乔靖：《新生代农民工价值观的变迁及对策研究》，《南京广播电视大学学报》2011 年第 1 期。

78. 乔东亮、李雯、李新利：《习近平青年工作思想论析》，《北京青年研究》2017 年第 4 期。

79. 青连斌：《当前中国社会稳定的影响因素及其对策》，《科学社会主义》2012 第 2 期。

80. 曲文勇、周桂林：《社会边缘群体对社会稳定的影响及对策——以哈尔滨建筑业农民工为例》，《学术交流》2005 年第 4 期。

81. 全国总工会新生代农民工问题课题组：《关于新生代农民工问题的研究报告》，原载《工人日报》2010 年 6 月 21 日。

82. 任义科、张彩、杜海峰：《社会资本、政治参与与农民工社会融合》，《甘肃行政学院学报》2016 年第 1 期。

83. 沈蕾、周豫洁：《生活方式细分下新生代农民工消费决策研究——基于全国六省市的调研数据》，《消费经济》2013 年第 2 期。

84. 史成虎：《新生代农民工道德信仰的现状及对策》，《西安文理学院学报（社会科学版）》2012 年第 1 期。

85. 宋春玲、曲彩练：《新生代农民工就业路径探究》，《当代世界与社会主义》2013 年第 1 期。

86. 宋林飞：《当前我国社会稳定性评估与对策》，《南京大学学报（哲学社会科学版）》1996 年第 2 期。

87. 宋连胜、金月华：《论新型城镇化视角下的公共服务均等》，《探索》2016 年第 2 期。

88. 孙红永：《新生代农民工社会情绪的危害与对策》，《重庆文理学院学报（社会科学版）》2012 年第 1 期。

89. 汤啸天：《维护社会稳定与提高执政能力》，《社会科学》2006 年第 5 期。

90. 唐锦宗：《司法公正与社会稳定问题研究》，《学术探索》2007 年第 6 期。

91. 汪树民：《当前影响我国社会稳定的多种因素及对策分析》，《政法学刊》2011 年第 6 期。

92. 王彩元：《21 世纪初期影响我国社会稳定的因素分析》，《求索》2005 年第 6 期。

93. 王春光：《对新生代农民工城市融合问题的认识》，《人口研究》2010 年第 2 期。

94. 王春光：《新生代农村流动人口的社会认同与城乡融合的关系》，《社会学研究》2001 年第 3 期。

95. 王丽萍、王郁美、罗发恒：《农民工职业规划意识与就业竞争力相关性研究》，《湖南农业大学学报（社会科学版）》2015 年第 2 期。

96. 王利明：《法治：良法与善治》，《中国人民大学学报》2015 年第 2 期。

97. 王佃利、刘保军、楼苏萍：《新生代农民工的城市融入——框架建构与调研分析》，《中国行政管理》2011 年第 2 期。

98. 王艳艳：《浅谈新生代农民工的自我认同、发展困惑及路径选择》，《山东行政学院·山东省经济管理干部学院学报》2010 年第 3 期。

99. 闻英：《论合理社会分层结构体系的建构》，《河南大学学报（社会科学版）》2006 年第 2 期。

100. 吴春莲：《司法公正与社会稳定问题研究》，《法治研究》2011 年第 7 期。

101. 吴海燕：《社会分层体系与农村社会稳定》，《浙江社会科学》2005 年第 3 期。

102. 吴施楠：《论社会保障与社会稳定发展》，《延边大学学报（哲学社会科学版）》2000 年第 1 期。

103. 吴漾：《论新生代农民工的特点》，《东岳论丛》2009 年第 8 期。

104. 夏丽霞、高君：《新生代农民工市民化进程中的社会保障》，《城市发展研究》2009 年第 7 期。

105. 辛世俊：《宗教与社会稳定》，《青海社会科学》1991 年第 4 期。

106. 徐秦法：《当代青年大学生政治信仰问题研究》，《理论月刊》2011 年第 3 期。

107. 许若兰、许传新：《新生代农民工现代性人格发展状况及影响因素》，《南京人口管理干部学院学报》2007 年第 3 期。

108. 许晓鸿：《影响高校青年学生稳定问题分析及对策》，《求索》2004 年第 3 期。

109. 许桂苹、沈蕾、赵袁军：《新生代农民工城市适应障碍评价分析》，《技术经济与管理研究》2015 年第 8 期。

110. 阎秀丽、苑旸、宋真：《家庭经济状况与学生心理健康的相关性研究》，《济南职业学院学报》2013 年第 2 期。

111. 颜志刚：《论大学生就业与社会稳定》，《学理论》2009 年第 16 期。

112. 杨海蛟：《权力制约与社会稳定》，《政治学研究》1988 年第 5 期。

113. 杨贺男、齐宏伟：《文化冲突视角下民族地区社会稳定的影响因素及对策》，《学术界》2010 年第 7 期。

114. 杨慧：《青年农民工"城市化"的问题与对策》，《云南社会科学》2008 年第 2 期。

115. 杨晋川：《政治稳定与政治制度的完善》，《科学社会主义》1992 年第 6 期。

116. 杨前蓉：《新生代农民工就业问题及解决对策》，《新乡学院学报（社会科学版）》2012 年第 3 期。

117. 杨亚佳、刘艳梅：《政治参与与政治稳定》，《社会主义研究》2001 年第 3 期。

118. 杨宜勇、魏义方：《农民工融入城市社会的政策机制研究》，《人民论坛·学术前沿》2017 年第 3 期。

119. 姚海波：《提高农民法律地位，构建和谐农村——对农民法律保护问题的调查与思考》，《中共珠海市委党校珠海市行政学院学报》2007 年第 6 期。

120. 尹学朋、龙志芳：《成长中的政治人——对当代青年学生的政治心理透视》，《天府新论》2007 年第 5 期。

121. 袁金辉、刘琳娜：《基于社会稳定背景下的青年就业问题研究》，《北京行政学院学报》2011 年第 4 期。

122. 张传亮：《政治制度的有效性：我国政治稳定的基本前提》，《北京邮电大学学报（社会科学版）》2006 年第 4 期。

123. 张蕾、王燕：《新生代农民工城市融入水平及类型分析——以杭州市为例》，

《农业经济问题》2013年第4期。

124. 张胜利、孙良：《农民工政治参与的现状及对社会稳定的挑战》，《中国青年研究》2008年第7期。

125. 张素云、李晓燕：《30年来中国阶层结构变迁中的社会稳定问题研究》，《中国特色社会主义研究》2009年第1期。

126. 张婷婷：《青年就业：中国就业面临的新难点》，《河北青年管理干部学院学报》2008年第2期。

127. 张学涛：《浅议社会舆论与社会稳定》，《理论导刊》2008年第10期。

128. 张逸：《论青年学生政治参与的诉求理性》，《江西社会科学》2002年第11期。

129. 张玉鹏：《后人口红利时代新生代农民工就业趋势探析》，《经济研究导刊》2013年第5期。

130. 张祝平：《农民政治参与的现实困境与发展路径——基于社会稳定视角的分析》，《浙江师范大学学报（社会科学版）》2009年第5期。

131. 张宗法：《新生代农民工价值观变迁的特征及原因分析》，《法制与社会》2008年第11期。

132. 张车伟、张士斌：《中国初次收入分配格局的变动与问题——以劳动报酬占GDP份额为视角》，《中国人口科学》2010年第5期。

133. 张宇、肖凤翔：《农村职业教育促进农民社会流动的理性思考》，《职教论坛》2012年第34期。

134. 张剑、吴丽华：《略论习近平新时代职业教育理念》，《职业教育探索》2018年第7期。

135. 张月、马玉海：《当代青年非理性政治参与的原因及消解》，《中国青年研究》2016年第1期。

136. 张克荣、郭锐：《习近平青年教育观初探》，《吉林工商学院学报》2015年第4期。

137. 张剑：《从社会稳定的视角解读青年大学生的就业压力》，《中国青年研究》2014年第10期。

138. 张鹏翼：《基于网络舆情的数字鸿沟与数字融入问题研究——以"新生代"农民工为例》，《情报杂志》2013年第11期。

139. 长子中：《当前新生代农民工价值观念透视》，《北方经济》2009年第9期。

140. 长子中：《新生代农民工值得关注的"动向"》，《人民论坛》2009年第8期。

141. 赵进东：《提高新生代农民工素质的对策分析》，《山西建筑》2009年第19期。

142. 赵延民：《现阶段影响我国社会稳定与社会和谐的因素分析》，《学术交流》2007年第12期。

143. 刘立宏：《农村社会稳定关联因素分析》，《探索》2007年第6期。

144. 周贵卯:《试论社会稳定与政治文明建设的内在联系》,《学术论坛》2004 年第 3 期。

145. 周明宝、张波、唐霞:《"工荒"背景下的青年民工组织化与劳资关系整饬》,《山东省青年管理干部学院学报》2009 年第 4 期。

146. 朱曼、杨秋莲:《社会主义核心价值观对新生代农民工的影响现状及培育策略》,《知识经济》2016 年第 22 期。

147. 左岫仙、谷文双:《论人口较少民族的社会稳定》,《黑龙江民族丛刊》2010 年第 1 期。

三、硕博论文类

1. 付建明:《中国弱势群体利益表达中的组织化问题研究》,硕士学位论文,外交学院 2008 年。

2. 刘江宁:《当代中国大学生信仰问题研究》,博士学位论文,山东大学 2012 年。

3. 刘细发:《转型时期青年学生价值观教育若干问题的探析与对策研究》,硕士学位论文,江西师范大学 2005 年。

4. 毛业昆:《新生代农民工城市就业歧视问题研究》,硕士学位论文,郑州大学 2017 年。

5. 石新宇:《当代大学生网络舆情分析及对策研究》,博士学位论文,辽宁大学 2015 年。

6. 徐伟伟:《农民工的政治参与与社会稳定》,硕士学位论文,哈尔滨理工大学 2010 年。

7. 咸星兰:《中国新生代农民工就业歧视与收入不平等问题研究》,博士学位论文,东北师范大学 2016 年。

8. 于涛:《大学生群体政治心理研究》,硕士学位论文,内蒙古大学 2012 年。

9. 赵晶:《我国青年学生集群政治行为的心理研究》,硕士学位论文,复旦大学 2009 年。

10. 仲怡帆:《阶层固化趋向对大学生人格发展的影响研究》,硕士学位论文,山东大学 2017 年。

后　　记

　　本书是在四川省达州市政法委委托项目"新生代青年群体对社会稳定的影响研究"成果的基础上扩充、修改而成。在完成该委托项目的过程中，设计了专门针对在校大学生和青年农民工的问卷，在部分高校和青年农民工群体中进行了问卷调查和访谈。在修改过程中，做了补充问卷调查和访谈。赵普兵、江春雷对最初的问卷进行了初步处理，赵普兵、加芬芬对部分图表进行了完善。在此，感谢他们的辛勤劳动！

　　作者分工如下：吴晓燕（中共四川省委党校马克思主义学院教授、重庆市公民道德与社会建设研究中心兼职研究人员）负责本书的总体设计、确定研究框架、拟定全书写作提纲，并负责统稿、修订与完善书稿，独立撰写前言、导论、第二章，合作撰写第四章，共计 20 万字；李赐平（西华师范大学教育学院教授）独立撰写第一章，合作撰写第三、四章，共计15 万字；关庆华（中共重庆市巴南区委党校助理研究员）合作撰写第三、四章，共计 2 万字。

　　感谢人民出版社翟金明编辑为本书面世付出的辛勤劳动！

　　因水平有限，本书尚存在不足之处，热诚欢迎读者们批评指正！